Kerstin Leitner

# Als moderne Nomadin um die Welt

*Für meine Eltern*

*in Dankbarkeit*

# Inhalt

# Einführung:
# Entwicklungspolitische
# Zusammenarbeit – überflüssig
# oder unabdingbar?

Ich habe diese Memoiren auf Anregung meiner jüngeren Kolleginnen und Kollegen und später meiner Studentinnen und Studenten geschrieben. Sie alle wollten immer über die Erfahrungen meiner dreißigjährigen Arbeit mit und für die Vereinten Nationen lesen können und nicht nur mündlich davon hören. Oft wussten junge Mitarbeiterinnen und Mitarbeiter am Beginn ihrer Tätigkeit sehr wenig über die entwicklungspolitische Arbeit der Vereinten Nationen. Ähnliches galt für die Studentinnen und Studenten der Politologie in Berlin und Potsdam. Die Vereinten Nationen waren für sie der Weltsicherheitsrat und die VN-Friedenstruppen. Alles andere war für sie verborgen im Nebel einer undurchsichtigen Bürokratie.

Besonders Kolleginnen und Studentinnen wollten wissen, wie man einen »internationalen Arbeitsplatz« mit Familie und Freundschaften in Einklang bringen kann. Ich werde mich zwar in diesen Memoiren auf die professionellen Aspekte konzentrieren, möchte aber vorab doch sagen, dass es Momente der Einsamkeit und Entfremdung, des Selbstzweifels und der Verunsicherung gegeben hat, aber wahrscheinlich kamen diese Momente nicht häufiger vor oder dauerten nicht länger als in einem konventionelleren Leben, das ich in Deutschland geführt hätte. Sicherlich wäre mein Leben in meinem Heimatland jedoch weniger aufregend und befriedigend gewesen als das Leben, das ich 30 Jahre lang auf 4 Kontinenten leben durfte.

Mit diesem Buch möchte ich deshalb junge Menschen, die sich mit dem Gedanken tragen, eine internationale Tätigkeit aufzunehmen, unbedingt ermutigen, dies ohne Zögern umzusetzen. Für eine internationale Organisation zu arbeiten, stellt besondere Ansprüche und Herausforderungen dar. Ich hoffe, ich kann diese anschaulich schildern. Viele machen Ferienreisen nach Afrika, China, Genf oder New York. Meine Leser werden sehen, dass die Arbeit dort kein Ferienaufenthalt war oder ist. Lange Arbeitstage, außergewöhnliche Managementaufgaben, tropische Krankheiten, bürgerkriegsähnliche Auseinandersetzungen machten jeden Tag zu einer besonderen Erfahrung. Aber es gab nicht nur schwierige Arbeit, sondern viele Pluspunkte: das Zusammentreffen mit wunderbaren Menschen aus aller Herren Länder, die Auseinandersetzung mit anderen sozialen und kulturellen Gewohnheiten und Traditionen, viele Gemeinsamkeiten trotz großer Unterschiede und die häufigen Rückmeldungen, dass unsere Arbeit für viele eine Verbesserung ihrer Lebensumstände brachte.

Bevor ich nun meine beruflichen Erfahrungen wiedergebe, möchte ich ein paar Worte zur Bedeutung der entwicklungspolitischen Zusammenarbeit sagen, so wie ich sie gesehen habe und immer noch sehe.

## Was ist entwicklungspolitische Zusammenarbeit?

Viele Menschen in OECD-Ländern betrachten entwicklungspolitische Zusammenarbeit, so sie denn etwas darüber wissen, als eine Verschwendung von menschlichen und finanziellen Ressourcen. Im Gegensatz dazu gibt es viele Menschen in Entwicklungsländern, die in bitterer Armut leben und aus verschiedenen Gründen keine Chancen bekommen, ihre Lebensumstände zu verbessern oder überhaupt Zukunftspläne für sich und ihre Kinder zu verwirklichen. Diese Menschen sind dankbar für die Hilfe und Unterstützung, die sie über entwicklungspolitische Projekte und Programme erfahren. Dabei genießen die VN-Programme eine besondere Wertschätzung. Denn die VN sind vertrauenswürdig, da die Regierungen in den Gremien mitreden können und die Mitarbeiter vor Ort an strikte Neutralität gebunden sind. Auch sind die Geldmittel der VN-Organisationen meistens so begrenzt, dass sie keine wirkliche Konkurrenz für die Mächtigen in einem Land darstellen. Trotzdem sind Politiker oder Verwaltungsbeamte in diesen Ländern manchmal nicht sehr empfänglich für diese Form der internationalen Zusammenarbeit, die sie als Einmischung in die inneren Angelegenheiten ihres Landes verstehen – vor allem dann, wenn die internationalen Partner persönliche Integrität, Offenlegung von Entscheidungen und die Beachtung von Menschenrechten fordern. Einen deutlichen Kurs im Sinne des Geistes und der Paragraphen der VN-Charta einzuschlagen und sich von den eben genannten Ansichten nicht von diesem Kurs abbringen zu lassen, ist eine permanente Herausforderung. So muss man als VN-Mitarbeiter ständig eine kritische Distanz wahren zu spezifischen wirtschaftlichen und politischen Interessen in den Einwicklungsländern. Gleichzeitig muss man aber auch vermeiden, arrogant und besserwisserisch zu erscheinen. Professionelle Glaubwürdigkeit gewinnt man, indem man auf Anfragen und Anregungen eingeht, aber dabei seinen kritischen Blick nicht verbirgt.

Entwicklungspolitische Zusammenarbeit ist ein schwieriges Geschäft. Per Definition stellt sie den Status quo in Frage. Dabei muss die Zusammenarbeit in der nationalen Gesellschaft und Politik verankert sein, und zwar sowohl im Empfänger- wie im Geberland. Im Falle der VN muss die Arbeit auf der Basis der VN-Charta stattfinden, dem internationalen Frieden, dem Schutz der Menschenrechte und der Verbesserung des Lebensstandards aller dienen. Nationale Partikularinteressen sind im Rahmen der Arbeit der VN immer nachrangig, auch wenn der Respekt für nationale Souveränität prinzipiell gewahrt bleiben muss. Hier ergibt sich ein Spannungsverhältnis in der täglichen Arbeit, auf das ich noch öfter eingehen werde. Entwicklungspolitische Zusammenarbeit zielt immer, ob national oder international finanziert und durchgeführt, darauf ab, einen nachhaltigen Prozess des Wandels und der Veränderung von Strukturen und Arbeitsweisen im Gastland in Gang zu setzen. Die finanziellen Ressourcen der Entwicklungspolitik, insbesondere die Mittel der VN-Organisationen, sind für eine allgemeine Verbesserung des Lebensstandards zu knapp, deshalb wird der Focus der Zusammenarbeit darauf gelenkt, dass der Entwicklungsprozess für alle Interessierten offen und unabhängig gestaltet ist, ohne Betrachtung von Geschlecht, Rasse und religiöser Zugehörigkeit.

Entwicklungszusammenarbeit ist ein ständiger Lernprozess für alle Beteiligten. Der institutionelle Beginn lag in der Entkolonialisierung. Regierungen und Verwaltungen in neuen, unabhängig gewordenen Staaten sollte durch internationale Experten und internationale Finanzhilfe auf ihrem Weg zu funktionierenden Nationalstaaten geholfen werden. Diese Staaten sollten in die Lage versetzt werden, von Regierungen geführt zu werden, die sich um das Wohl ihrer Bevölkerung bemühen und in der internationalen Gemeinschaft auf politischer und wirtschaftlicher Augenhöhe mit anderen Staaten und Partnern agieren.

Entwicklungspolitische Zusammenarbeit ist deshalb eine Kombination von altruistischem Wohlwollen einerseits und der Durchsetzung wirtschaftlicher und sozialer Veränderungen andererseits. Ein immer feiner gewobenes Geflecht von Verfahrungsweisen soll dabei helfen, dass gleiche und gemeinsame Standards von allen, die im entwicklungspolitischen Bereich tätig sind, angewandt werden.

## Ist Entwicklungspolitik gut oder schlecht?

Zweifel am Sinn und der Effektivität tauchen immer wieder auf, besonders zu Zeiten der Debatten über öffentliche Haushalte. Unter dem Strich würde ich mit einem langjährigen Mitarbeiter der deutschen Entwicklungszusammenarbeit übereinstimmen, als er bei seiner Pensionierung am Ende der 1990er Jahre sagte, dass das 20. Jahrhundert ein Jahrhundert der Kriege, Zerstörungen und Katastrophen war. Er nahm an, dass spätere Generationen zurückschauen und die Entwicklungszusammenarbeit als einen der wenigen positiven Aspekte des Jahrhunderts ansehen würden. In der Tat, Entwicklungsarbeit ist eines der wenigen internationalen Berufsfelder, in dem Brücken für friedliche Zusammenarbeit gebaut werden, die sonst niemand bauen würde. Die neuen Führungskräfte in den ehemaligen Kolonien hatten, als sie an die Macht kamen, zu diesem Zeitpunkt weder die Ziele noch die Arbeitsmethoden für ihre Verwaltung und Regierungstätigkeit gewählt. Diese waren bestimmt worden von den sich zurückziehenden Kolonialverwaltungen. Sie mussten somit schnell in ihre Führungsrolle hineinwachsen und dabei Sorge tragen, dass sie die Erwartungen der Bevölkerung erfüllen konnten. Wirtschaftliche Abhängigkeit musste in eine wettbewerbsfähige Wirtschaft verwandelt werden, die der lokalen Bevölkerung Arbeit und die Sicherung eines verbesserten Lebensstandards gewährleistete. Die Industrieländer galten als Vorbilder, aber nicht immer konnten die Erfahrungen und Arbeitsmethoden dieser Industrienationen eins zu eins umgesetzt werden. Oft fehlte es an Fachkräften für eine solche Umsetzung. Verschiedene arbeitsmarktpolitische Anpassungen mussten vorgenommen werden, die Experten der Entwicklungspolitik halfen dabei und füllten bestehende Kapazitätslücken.

Diejenigen, die Projekte und Programme der Zusammenarbeit planen und mit den Regierungsstellen aushandeln, so wie es UNDP tut, müssen daher darauf achten, dass die gesteckten Kooperationsziele den Interessen der nationalen Machthaber entsprechen – aber auch den nachhaltigen Zielsetzungen sozialer, wirtschaftlicher und umweltpolitischen Entwicklung Genüge tun. Dies ist oft leichter gesagt als getan. Die Lücke zwischen langfristigen Entwicklungskonzepten und -bedürfnissen sowie den täglichen politischen Anforderungen zu füllen, ist eine aufregende und inspirierende Aufgabe. An dieser Schnittstelle muss man dem politischen Druck zur Umsetzung schneller Lösungen widerstehen können und stattdessen technischen wie professionellen Konzepten den Weg bahnen. Projekte und Programme können schlecht entworfen sein. Dann muss man den Mut aufbringen, sie zu stoppen. In solchen Momenten bleibt der Zweifel, ob dies alles Sinn macht und den großen Zielen der Vereinten Nationen dient. Jedoch sind ausschließlich die Korrektur solcher Fehler und der erneute Versuch, es besser zu machen, eine zukunftsträchtige Reaktion auf solche Zweifel.

## Die Grundlagen entwicklungspolitischer Zusammenarbeit

Die Arbeit im Bereich der internationalen – insbesondere der technischen – Zusammenarbeit erfordert exzellente fachliche Qualifikationen verbunden mit politischem Geschick. Dabei muss man die politischen Kräfte sowohl im Einsatzland wie auch im Ursprungsland und der internationalen Organisation, bei der man angestellt ist, gut einschätzen können. Die Finanzierung des ausländischen Beitrags (Experten, Ausrüstungsgüter, Aus- und Weiterbildung von einheimischen Fachkräften) ist meistens für die Nehmerseite ein kostenloser Zuschuss, wie im Falle von UNDP. Dieser Finanzierungsmodus ist umstritten. Einige argumentieren, dass solche kostenfreien Zuschüsse eine geringe Wertschätzung bei den Betroffenen erfahren. Andere sagen, dass die kostenfreie Hilfe Veränderungen in Gang setzen kann, die sonst nicht initiiert würden. Ich gehöre zur zweiten Gruppe und viele meiner Erfahrungen, die ich später schildere, werden dies belegen. Gleichzeitig bin ich aber auch der Meinung, dass die professionellen Anforderungen an diejenigen, die technische Zusammenarbeit managen, sehr hoch sind und an dieser Stelle ausschließlich der höchste Standard genügt.

Ursprünglich, das heißt in den 1950er/60er Jahren, wurde technische Hilfe gewährt, um jungen, unabhängigen Regierungen zu helfen, ihre Länder auf international akzeptable Weise zu regieren. Nur die Rivalität des Kalten Krieges, der zeitlich parallel zur Entkolonialisierung lief, kompromittierte das Ziel einer »akzeptablen« Regierungsform. Oft wurde ein Diktator an der Macht akzeptiert, damit der Westen oder der sowjetische Block ihren Einfluss wahren oder festigen konnten. Manch eine junge und noch instabile Demokratie wurde fallen gelassen, wenn beispielsweise ihre Wirtschaftpolitik dem einen oder anderen Lager nicht passte. Allerdings gab es auch »Lieblinge« der Entwicklungspolitik. Tansania zum Beispiel gelang es unter Präsident Nyerere, beide Lager zufriedenzustellen und so von beiden Seiten unterstützt zu werden. Über viele Jahre hinweg erhielt Tansania die höchste finanzielle Entwicklungshilfe pro Einwohner weltweit, die ein Vielfaches des Pro-Kopf-Einkommens ausmachte und deren Nachhaltigkeit fragwürdig war.

## Wegbereiter der Globalisierung

Heute können wir auf mehr als 50 Jahre entwicklungspolitische Arbeit zurückschauen: UNDP begeht 2016 sein 50jähriges Jubiläum. In der Rückschau können wir sehen, dass die Zusammenarbeit oft dazu diente, den Weg für die wirtschaftliche Globalisierung zu ebnen. Viele Programme zielten darauf ab, internationale Regeln akzeptabel und durchsetzbar zu machen, um so wirtschaftlichen Kräften Investitionen und Handel über nationale Grenzen hinweg zu erleichtern. Das China der späten 1970er Jahre ist dafür ein Paradebeispiel. Gleichzeitig setzte sich eine Kommerzialisierung durch, die immer tiefer alle Gesellschaften durchdrang. Viele in der Entwicklungspolitik Tätige haben sich oft die Frage gestellt, ob diese Kommerzialisierung wünschenswert und unumgänglich war und ist. Doch bittere Armut zu überwinden, Volkswirtschaften zu stabilisieren, die Einkünfte von lokalen Gemeinschaften und jedem Einzelnen zu erhöhen waren die oberste Priorität – hier gab es wenig Raum und

Zeit, sich nach Alternativen umzusehen. Meistens blieb es bei einer Kritik der bestehenden neoliberalen Wirtschaftspolitik, die nicht zu einem lebensfähigen Gegenentwurf reifte. UNICEFs Konzept einer Strukturanpassung mit einem menschlichen Gesicht in den afrikanischen Ländern ist eine der wenigen Ausnahmen, ebenso wie die im September 2015 verabschiedeten Nachhaltigen Entwicklungsziele (SDGs), deren Verwirklichung angesichts geopolitischer Entwicklungen aber leider in vielen Ländern in Frage gestellt ist.

Die in der Entwicklungspolitik Engagierten sind sensibilisiert in Bezug auf die kulturellen Eigenheiten ihrer internationalen Einsatzorte und sie versuchen, ein Aufoktroyieren ausländischer Werte und Verfahrensweisen zu vermeiden. Aber meistens sind die Ressourcen und der Zeitrahmen zu kurz, um eine Übertragung ausländischer Standards ausschließen zu können. Die Modernisierung traditioneller Werte, Bräuche und Gewohnheiten werden zu wenig beachtet, aber hin und wieder gibt es einen offenen Dialog und eine konstruktive Auseinandersetzung mit diesen Aspekten, der dann auch zu einem größeren Erfolg führt. Dafür werde ich mehrere Beispiele geben, besonders aus meiner Tätigkeit in Afrika. Dort war ich mehrfach damit konfrontiert, dass nationale Entscheidungsträger Vorschläge und Angebote von Gebern annahmen, ohne wirklich davon überzeugt zu sein. Das Ergebnis war, dass sich Projekte entweder von ihrer vereinbarten Zielsetzung entfernten oder aber vor sich hin dämmerten. Auch gab es Projekte, die aufgrund ihres Erfolges von lokalen Politikern übernommen wurden, um die eigenen Machtansprüche oder ihr eigenes wirtschaftliches Interesse zu befriedigen. Glücklicherweise gab und gibt es Mittel und Wege, Korruption dieser Art aufzuhalten oder von Anfang an zu vermeiden. Aber: Dieser Gefahr muss man sich bewusst sein.

## Finanzquellen für Entwicklungszusammenarbeit

Im Laufe der Jahrzehnte haben sich die Finanzquellen für entwicklungspolitische Zusammenarbeit vervielfacht. Damit konnten die Kooperationen für friedliche Entwicklung diversifiziert, staatliche oder offizielle Hilfe erweitert und nichtstaatliche Organisationen gestärkt werden. Heute gibt es daher neben der staatlichen Hilfe auf bilateraler oder multilateraler Ebene, zum Beispiel durch die EU oder die VN-Organisationen, auch die Finanzierung durch Stiftungen, kirchliche Einrichtungen und Nichtregierungsorganisationen sowie durch Unternehmen über deren *corporate social responsibility*-Programme.

Für einen Außenstehenden mag diese Vielfalt als Verschwendung erscheinen. Aber wer lange genug im »Geschäft« der Entwicklungspolitik ist, der weiß, dass sich diese Auffächerung in verschiedene Akteure zu einem sehr effektiven Zusammenspiel produktiver Initiativen ergänzen kann. Nicht immer kommt es zu einem wohl abgestimmten Projekt, aber da, wo entweder die Regierung des Entwicklungslandes die Geber koordiniert oder die VN beziehungsweise die Weltbank eine koordinierende Rolle übernimmt, kann es zu erhöhter Effektivität auf allen Ebenen kommen.

Darüber hinaus spiegelt die Diversifizierung der Geber einen Trend wieder, der seit den späten 1970er Jahren erkennbar wurde. Nichtstaatliche Organisationen halfen nichtstaatlichen Partnern in den Entwicklungsländern. Sie vertieften mit ihrem Engagement das Verständnis und die Unterstützung für zivile Gruppen, die bis dahin oft in den staatlichen Programmen vernachlässigt wurden. Sie ermöglichten Eigenbeteiligung und Verantwortung, die besonders in autoritären Regimen oder nach Katastrophen unerlässlich waren. Viele ausländische Spezialisten in diesen Programmen erfuhren Verfolgung oder fanden gar den Tod. Meine Kolleginnen und Kollegen von UNHCR, WFP und UNICEF sind die nicht anerkannten Helden der internationalen Zusammenarbeit.

## Der spezifische Charakter des VN-Entwicklungssystems

Manchmal wird gefragt, ob den VN eine besondere Rolle im Bereich der Entwicklungspolitik zukommt. Aufgrund meiner Erfahrungen würde ich diese Frage mit ja beantworten. Mir sagte einmal der Vertreter eines bilateralen Gebers: »Die VN können sich auf einem Entwicklungspfad bewegen, wo niemand sonst gehen kann.« Die VN sind verpflichtet, menschliches Wohlbefinden, das heißt die Lebensqualität auf allen Ebenen der Gesellschaft durchzusetzen, unabhängig vom jeweiligen Stand einer Gruppe in der betreffenden Gesellschaft. Damit müssen sie Veränderungen anstoßen, die weit über bestehende Macht- und Wirtschaftsverhältnisse hinausgehen. Einen solchen Prozess erfolgreich zu initiieren, bereitet die größten Schwierigkeiten, aber die VN können aufgrund ihrer Neutralität gegenüber bestehenden Machtverhältnissen solche Anstöße geben. Wenn es gelingt, geben solche Erfolge die größtmögliche professionelle Zufriedenheit.

Dabei muss das Öffnen von verschlossenen Türen und Fenstern jenseits von bestehenden bilateralen Kontakten ohne viel Aufhebens passieren. Oft sind die ungewöhnlichen Kontakte, die über die VN eingeleitet werden, die erkenntnisreichsten. Meistens bleiben die VN-Mitarbeiter – vor allem bei erfolgreichen Verhandlungen oder Ergebnissen – diskret im Hintergrund und lassen nationalen Politikern und Beamten den Vortritt in der Öffentlichkeit.

Als ein weiteres Beispiel möchte ich die Regierungen der früheren Kolonien oder der ehemaligen Sowjetunion erwähnen. Oft misstrauten sie den Vertretern der ehemaligen Herrschaftssysteme. In solchen Fällen konnten die VN als neutrale »Vermittler« fungieren, selbst dann, wenn sich die Experten aus den ehemaligen Kolonialmächten oder aus Teilen der ehemaligen Sowjetunion rekrutierten. In der Tat begründete dieses Misstrauen, dass die technischen Hilfsprogramme geschaffen wurden und dies 1966 in die Gründung von UNDP mündete.[1]

Während des Kalten Krieges entsendeten die VN Experten aus westlichen Ländern in Entwicklungsländer, deren Regierungen politisch zum sowjetischen Lager gehörten. In anderen Ländern, die politisch dem Westen verbunden waren, wurden Experten aus Ländern positioniert, zu denen die Entwicklungsländer aus eigener Kraft keinen Zugang gehabt hätten. Vielleicht waren nicht alle Experten immer erfolgreich, aber zumindest waren die VN-Programme ein Mittel, um global nach den besten Experten zu suchen, und zwar unabhängig von Nationalität oder politischer Herkunft.

## Entwicklungspolitik nach 1989

Mit den Veränderungen in der Sowjetunion, dem Fall der Berliner Mauer und der Entstehungen vieler neuer Nationalstaaten in Osteuropa und Zentralasien änderten sich die VN sowie die globale Entwicklungspolitik. Das VN-Entwicklungssystem – bis dahin in erster Linie auf Entwicklungsländer in Afrika, Asien, dem arabischen Raum und Lateinamerika konzentriert, um dort als Brücke zwischen Ost und West zu dienen – wurde zu einer globalen Organisation mit

---

1  Siehe Craig N. Murphy: *The United Nations Development Program – A Better Way?* Cambridge, 2006

dem Fokus darauf, allen Mitgliedsländern der VN internationale Zusammenarbeit zugänglich zu machen. Gleichzeitig wurde in den Länderprogrammen die Lösung globaler Probleme, zum Beispiel im Umweltbereich, als vorrangig betrachtet.

Zwar gab und gibt es keine Entwicklungsprogramme in den OECD-Ländern, aber es wurden nach 1989 immer engere Verknüpfungen von technischen Institutionen in diesen Industrieländern durch internationale Netzwerke und Partnerschaften geschaffen. Da Finanzmittel weiterhin ausschließlich in Entwicklungsländer flossen, insbesondere in die LDCs, nahmen OECD-Länder an diesen Netzwerken mit ihren eigenen Ressourcen teil. UNDP wurde in den Ländern Osteuropas und Zentralasiens zum Pionier für globale internationale Zusammenarbeit, selbst dann, wenn es die Finanzmittel von anderen Gebern einwerben musste.

1966 war UNDP geschaffen worden als zentrale Finanzierungsquelle für technische Zusammenarbeit im VN-System. Diese Aufgabe wurde 1972 noch einmal bekräftigt. Aber letztlich konnte UNDP dieser Rolle nie gerecht werden. Zu groß waren die Anforderungen der Entwicklungsländer, zu gering die Kapazität und die Geldmittel. Deshalb löste sich UNDP seit den späten 1970er Jahren aus der Verpflichtung, technische Zusammenarbeit über die technischen Organisationen des VN-Systems durchzuführen, und wurde daraufhin sehr erfolgreich darin, Drittmittel zu akquirieren und technische Ressourcen auf eigenen Wegen zu identifizieren.

In den späten 1990er Jahren wurde UNDP dann wieder eine zentrale Rolle übertragen: die der Koordination von allen Länderprogrammen der VN. Trotz aller Risiken wurde diese Änderung des VN-Entwicklungssystem ein Erfolg. Zwar ist das finanzielle Volumen aller VN-Programme in einem Land meistens nicht höher als 3–4 Prozent der zufließenden Entwicklungshilfe, aber im politischen Bereich haben die VN-Vertretungen ein sehr viel größeres Gewicht, vor allem, wenn ihre Ländervertreter in einem funktionierenden Team gut zusammenarbeiten. Selbst bilaterale Geber greifen dann auf das VN-System zurück, wenn sie die richtigen Regierungsstellen nicht erreichen können. Die Vertreter der Entwicklungsländer wissen, dass VN-Mitarbeiter politisch unparteiisch sein müssen und der Umsetzung von Resolutionen und anderen Beschlüssen der VN-Mitgliedsländer ebenso verpflichtet sind wie sie selbst. Darum ist der Zugang von VN-Mitarbeitern in den Länderbüros zu den höchsten Regierungsstellen fast unbegrenzt.

In den Jahren seit dem Ende des Kalten Krieges hat es viele Veränderungen in der Art und Weise, wie Entwicklungspolitik entworfen, finanziert und durchgeführt wird, gegeben. Es ist hier nicht ausreichend Raum, um auf alle diese Veränderungen eingehen zu können. In Bezug auf die VN gibt es eine sehr aufschlussreiche Buchreihe des *UN Intellectual History* Projects[2]. Ein charakteristischer Zug jedoch gilt für jegliche Form von entwicklungspolitischer Zusammenarbeit über alle Veränderungsprozesse hinweg: Das Ziel sind friedliche Kooperation und Anhebung des Lebensstandards – der diametrale Gegensatz jeglicher Form von militärischer Intervention. Der finanzielle Aufwand liegt dabei bei einem Bruchteil der Kosten für eine militärische Operation. Manchmal kann falsch dimensionierte und motivierte Entwicklungshilfe, wie im Falle Somalias, einen schwachen Staat soweit aushöhlen, dass das Land politisch auseinanderfällt. Dies blieb jedoch bisher die Ausnahme.

Im Großen und Ganzen gilt, dass das finanzielle Volumen der Entwicklungshilfe zu gering war und ist. Das gesteckte Ziel, dass die reichen Mitgliedsländer der VN 0,7 Prozent des jährlichen Bruttoinlandsproduktes ausgeben sollen, wurde nur von einer sehr kleinen Zahl von Ländern erreicht. So konnte die Stärkung ziviler Kräfte in Staat und Gesellschaft mit den rapiden Veränderungen, die die wirtschaftliche Globalisierung mit sich brachte, nicht Schritt halten. Korrupte Verwaltungen und Politiker, mangelnde öffentliche Kontrolle von privaten Investitionen oder die Zahlung entsprechender Steuergelder, Fortdauer von bitterer Armut und politischer Ausgrenzung gut ausgebildeter nationaler Kräfte waren nur einige der verheerenden Folgen. Letztere wanderten in die Industrieländer ab; und so blieb den Entwicklungsgesellschaften nur die Rückführung von Einkünften der Migranten an die zurückgebliebenen Familien.

Nach dem Zyklus der *Millennium Development Goals* (2000–2015) werden nun für den Zeitraum 2016–2030 vermehrt Aufgaben auf die Entwicklungspolitik zukommen. Die Ziele für nachhaltige Entwicklung, die im September 2015 von den Mitgliedsländern der VN für alle Länder verabschiedet wurden, sehen vor, sich um diejenigen zu bemühen, die vom Hauptfluss neoliberaler Wirtschaftspolitik ausgeschlossen worden sind, und die globalen Probleme anzugehen, die die jetzige Wirtschaftspolitik vernachlässigt. Zwar hat bittere Ar-

---

2    Herausgegeben wurde diese Buchreihe von Louis Emmerij, Richard Jolly und Thomas G. Weiss seit 2001. Besonders lesenswert ist der 1. Band mit dem Titel »*Ahead of the Curve? UN Ideas and Global Challenges*«.

mut kontinuierlich abgenommen, aber die Zahl derjenigen, die relativ schnell in eine prekäre Situation kommen können und aus eigener Kraft nicht mehr aus ihrer Notlage herausfinden, nimmt zu. Nicht nur in Entwicklungsländern, sondern in allen Ländern. Damit wird die Herausforderung eine globale. Dass die Ziele für eine nachhaltige Entwicklung (SDGs)[3] nun für alle Mitgliedsländer gelten, wird spürbare Auswirkungen auf die Gestaltung von entwicklungspolitischer Kooperation haben.

## Entwicklung denken und leben

In der Entwicklungspolitik tätig zu sein bestimmt auch die Sicht des alltäglichen Lebens. Ein entwicklungspolitisch tätiger Mensch ist überzeugt, dass mit angemessenem Wissen und ausreichenden fachlichen und finanziellen Ressourcen jedes Problem, insbesondere solche, die von Menschen geschaffen wurden, gelöst werden kann. Natürlich muss man die Interessenlage der an einem Problem beteiligten Menschen genau kennen und einschätzen können. Gegenwind muss man antizipieren, um Konflikte zu entschärfen. Offenheit für unterschiedliche Ansichten und mögliche Lösungen ist unersetzlich. Nur wer zuhört, kann schließlich einen geeigneten Vorschlag machen und dann auch überzeugend vertreten. Die Gewissheit, dass man jeden Tag etwas Neues lernen wird und mit vielen Menschen einen Dialog führen wird, ist eine der vielen Freuden entwicklungspolitischer Arbeit.

## Zur Gliederung des nachfolgenden Textes

Meine Karriere im VN-System brachte mich zweimal nach Afrika. Schon als Doktorandin war ich 18 Monate lang zu Feldforschungen in Kenia. Alles in allem verbrachte ich 9 Jahre in Afrika. Ich war für UNDP zweimal in China: das erste Mal in den frühen 1980er Jahren und das zweite Mal von 1998 bis 2003. Fraglos waren diese 8 Jahre die aufregendsten meines Berufslebens. Entgegen gängiger Praxis bei UNDP war ich sogar zweimal am Hauptsitz von UNDP in New York tätig. Beim ersten Mal begleitete ich Programme in ara-

3   Siehe https://sustainabledevelopment.un.org/sdgs

bischen Ländern (1983–87) und das zweite Mal war ich in der zentralen Verwaltung beschäftigt, um unter anderem moderne Informationstechnologien in die Organisation einzuführen. Zum Abschluss meiner Laufbahn arbeitete ich bei der WHO in Genf als Beigeordnete Generaldirektorin, zuständig für Gesundheit und Umwelt. Im Laufe aller dieser Positionen besuchte ich 120 Länder. Das Buch schildert somit meine Erfahrungen an all diesen Dienstorten, wo ich im Schnitt 3–5 Jahre lebte.

Obwohl ich diese Laufbahn nicht geplant hatte, so bedaure ich keineswegs, diesen Berufsweg gegangen zu sein. Es war eine umfassende Erfahrung, aufregend, frustrierend, überwältigend, so wie es Kofi Annan ausdrückte, als er sein Amt nach vielen Jahrzehnten bei den VN beendete. Die Arbeit für die VN ist ein ständiger Antrieb, weiter zu gehen. Lassen Sie mich nun schildern, wie es in meinem Fall gewesen ist.

# I

# Wirkungsorte einer VN Nomadin

# Der Anfang einer dreißigjährigen Reise: Cotonou (1975–1979)

ch begann bei den VN durch einen Zufall. Dieser Zufall stellte sich als eine wunderbare Chance für ein befriedigendes Berufsleben heraus – und für ein interessantes Leben über den Beruf hinaus.

Als mir ein Zweijahresvertrag mit dem Dienstort Cotonou in Dahomey angeboten wurde, wusste ich weder etwas über das Land noch über die Stadt. Auch über UNDP wusste ich nur wenig. Aber diese Unkenntnis hinderte mich nicht daran, den Vertrag zu unterschreiben und im Oktober 1975 auszureisen.

Vorausgegangen war, dass ich im April 1975 in Frankfurt/M. von einem jungen Personalbeamten des UNDP interviewt wurde, der mir am Ende unseres Gespräches sagte, üblicherweise würde UNDP Juristen oder Wirtschaftswissenschaftler rekrutieren. Aber in meinem Falle würde er eine Ausnahme machen und mich, obwohl Politologin, ohne Vorbehalte empfehlen. Ich war froh, dies zu hören, denn mein Vertrag mit der Freien Universität lief aus und ich suchte eine andere Stelle. Die Aussicht, nach Afrika zurückzukehren, war ein zusätzlicher Anreiz. Ich hatte 1972/73 für meine Doktorarbeit in Kenia geforscht. Ich hatte in Nairobi die Lernprozesse einer zweiten Kindheit erlebt. Ich kannte weder Baum noch Strauch, keine der vielen Vogelstimmen, und der Rhythmus der Stadt war mir völlig fremd. Ich liebte die kleinen und großen Entdeckungen des afrikanischen Lebens und fühlte erst Heimweh, als ich nach 14 Monaten den Film »Cabaret«[4] in Nairobi sah. Einige Wochen später sah ich ihn noch einmal in Tanga/Tansania. Da wusste ich, dass es Zeit war, nach Berlin zurückzugehen.

---

4    Ein Film über das vibrierende Leben Berlins unmittelbar vor der Machtübernahme der Nazis.

Aber ich war enttäuscht vom Desinteresse meiner Umwelt in Deutschland an den vielen neuen Erfahrungen, die ich in Afrika gemacht hatte. Deshalb war ich froh, als sich die Gelegenheit bot, wieder nach Afrika zu gehen.

## Stolz, für die VN zu arbeiten

Ich war auch stolz, für die VN zu arbeiten. Ich hatte keine sehr konkreten Vorstellungen, was UNDP war und was es machte, aber ich hatte gelesen, dass es kostenfrei Unterstützung für die jungen unabhängigen Regierungen in den ehemaligen Kolonien beim Aufbau moderner Strukturen bot. Ich fand das eine noble und spannende Aufgabe – und für mich den idealen Arbeitsplatz. Als Studentin hatte ich mich gegen jegliche Form von Neokolonialismus und Imperialismus eingesetzt, stattdessen für internationale Solidarität und Kooperation geworben.[5] Hier bekam ich eine Chance, dieses Engagement weiter zu verfolgen.

Allerdings war meine Karriere fast schon beendet, noch bevor sie beginnen konnte, aufgrund bürokratischer Hürden. New York hatte mich informiert, dass ich ein Reisebüro auf dem Kurfürstendamm kontaktieren sollte, um mein Flugticket zu bekommen und alles Weitere für den Transport meiner Haushaltsgüter zu veranlassen. Ich hatte Oktober als Abreisedatum angegeben und UNDP Cotonou hatte mir einen herzlichen Willkommensbrief mit nützlichen Tipps geschickt. Aber das Reisebüro erhielt keine Autorisierung aus New York für meine Reise. Nach einer Reihe von vergeblichen Besuchen dort nahm es der Mitarbeiter des Reisebüros auf sich, mir ein Ticket auszustellen und den Transport meiner Umzugssachen zu genehmigen, und das auf der Basis meines Einstellungsschreibens. Ganz offensichtlich war ich nicht der erste Fall, wo die Bürokratie der VN nicht zeitnah funktionierte. Und ich hatte meine erste Erfahrung mit dem Sprichwort: »Es ist einfacher, Vergebung zu erlangen als eine Erlaubnis von der VN-Bürokratie.«

---

5    Zum Beispiel nahm ich an einer Aktion teil, die den Arbeitern der AEG in Berlin Wedding verdeutlichte, dass sie Triebwerke für ein Kraftwerk im portugiesischen Mozambique, Cabora Bassa, herstellten, dessen Elektrizität ins Apartheid-regierte Südafrika geliefert werden sollte. Viel später konnte ich dann feststellen, dass Cabora Bassa den Kolonialismus überlebte und dem unabhängigen Mozambique dringend benötigte Devisen einbrachte.

Als ich Berlin am 16. Oktober verließ, hatte ich in der Woche davor mein Rigorosum hinter mich gebracht, meinen Doktorabschluss mit Freunden gefeiert und mich von meiner Großmutter in der DDR und meinen Eltern in der Nähe von Frankfurt/M. für die kommenden zwei Jahre verabschiedet.

Ich kam zwei Tage später in Cotonou/Dahomey an. Zwei Wochen danach lebte ich in der Volksrepublik Benin unter einer Militärregierung, die mit linksorientierten Intellektuellen eine Allianz einging, nachdem der Führer des Militärs, Oberst Kerekou, die Angebote wohlhabender Händler, mit ihnen eine Regierung zu bilden, ausgeschlagen hatte. So gab es seit dem 1. November 1975 die marxistisch-leninistisch orientierte Volksrepublik Benin.

## Afrikanisches Leben: Tradition und Moderne – eine zerbrechliche Kombination

Ich fühlte mich gleich zu Hause. Ich war wieder in Afrika, das ich seit meinem Aufenthalt in Kenia liebte, und ich war im Kontakt mit Intellektuellen, deren politische Sprache ich verstand. Oft kam es vor, dass ich sofort nach der Klärung eines Problems mit hochrangigen Beamten in die Diskussion darüber einstieg, ob Hegel und Marx relevant in Afrika waren oder nicht. Ich hatte keine Probleme mit der neuen Führung des Landes wie manche anderen.

Auch das Eingewöhnen in das Cotonouer Leben fiel mir leicht. An Wochenenden setzte ich mich in mein Auto und fuhr aufs Land, um in den Dörfern traditionellen Zeremonien beizuwohnen oder über die ländlichen Märkte zu bummeln. Dort sah ich traditionelle Medizin, die ich nicht verstand, aber ich war auch zu scheu, um danach zu fragen. Ich hatte von den immer noch praktizierten Voodoo-Kulten gehört und wollte nicht in etwas verwickelt werden, dessen Ausgang ich im Vorhinein nicht sehen konnte. Danach versuchte ich, von unseren lokalen Kollegen und Kolleginnen die Hintergründe zu erfragen. Sie waren jedoch immer sehr zurückhaltend. Ich spürte, dass es eine Glaswand zwischen uns, den internationalen Mitarbeitern, und den afrikanischen lokalen Kollegen gab, die nicht zu erklären war, aber dennoch spürbar existierte.

Einige Jahre später kam ein hoher Mitarbeiter der UNESCO aus Paris nach Cotonou, der der königlichen Familie in Porto Novo, der ehemaligen Hauptstadt Dahomeys, entstammte. Er erzählte mir einiges über traditionelle Medizin und Medizinmänner, die in einer strikten Hierarchie organisiert waren. Kenntnisse konnten nur auf derselben Niveaustufe geteilt werden. Der Kollege war in die Riten bis zu einem recht hohen Niveau in der traditionellen Hierarchie eingeweiht. Er hatte deshalb Zugang zu den betreffenden Kenntnissen. Aus diesem Grunde hatte ihn der UNESCO-Generaldirektor entsandt. Der Prinz (einen Titel, den er offiziell führte) versicherte uns, dass er seine Erfahrungen im Archiv der UNESCO deponieren würde, sein Bericht allerdings erst nach 50 Jahren Außenstehenden zugänglich gemacht würde. Er selbst hatte Bedenken, dass eine frühere Bekanntgabe seines Wissens seine eigene Sicherheit bedrohen würde. Der Geheimhaltungsdruck war so stark, dass er sich dem nicht entziehen konnte. Vermutlich nahm er an, dass weder er noch seine Interviewpartner nach 50 Jahren noch am Leben sein würden.

Kenntnisse über die Heilkraft von Pflanzen und anderen Materialien waren eng verknüpft mit den religiösen Weihen. Dieses Wissen konnte nur an diejenigen weitergegeben werden, die die religiösen Vorstellungen teilten und darüber Stillschweigen bewahrten. Allerdings hatten junge Leute an einer solchen geheimnishegenden Ausbildung kein Interesse mehr. So ging viel sinnvolles Wissen verloren. Interessanterweise hatte ein katholischer Missionar Kontakt zu einem einheimischen Medizinmann. Als sich mein Chef eine schwere Hepatitis einfing, half ihm der Missionar dabei, an ein traditionelles Medikament zu kommen. Sobald mein Chef wieder flugfähig war, flog er nach Schweden zur weiteren Behandlung. Die schwedischen Ärzte dort sagten ihm, dass die Medizin erstaunlich gut seine Leberwerte normalisiert hatte, aber erklären konnten sie es nicht.

Es kursierten viele Gerüchte in Cotonou über die Macht der Medizinmänner und die traditionellen Heiler. Vergiftungen wurden relativ oft im Zusammenhang mit sozialen Konflikten konstatiert. Auch wir hatten einen solchen Fall im Büro. Der Konflikt begann mit Anschuldigungen darüber, dass ein einheimischer Kollege ein Dieb sei. Dieser Kollege reagierte darauf, indem er sich immer öfter krankmeldete. Mein Chef bat mich, herauszufinden, was los sei. Meine lokalen Kollegen wussten, dass ich an ihren Traditionen interessiert war; etwas, das sie nicht ganz nachvollziehen konnten, aber mein Interesse brachte mir ihr Vertrauen ein. Schließlich akzeptierten sie mich als Mediatorin des Falles. Ich rief eine informelle Versammlung aller nationalen Kolleginnen und Kollegen ein. Zu meiner Überraschung kamen fast alle. Anschuldigungen wurden ausgesprochen, die ich jedoch nicht sehr überzeugend fand. Ich schloss die Sitzung mit der Feststellung, dass entweder die Beschuldigungen nicht weiter geäußert würden oder ich dem Management des Büros nahelegen würde, die Polizei einzuschalten. Dieses Sitzungsende gab uns einige Zeit Ruhe. Aber dann erfuhr ich zu meinem Entsetzen, dass der beschuldigte Kollege zu Hause sei und an einer Vergiftung litt, die er mit traditionellen Mitteln zu kurieren suchte. Sobald ich diese Neuigkeit gehört hatte, sprach ich mit einigen Kollegen und Kolleginnen einzeln. Aus diesen Gesprächen ergab sich das folgende Bild: Der beschuldigte Kollege, der vom Management des Büros (das nicht afrikanisch war) aufgrund seiner Arbeit sehr geschätzt wurde, hatte eine Beförderung erhalten, die ihm, nach Ansicht seiner afrikanischen Kollegen, nicht zustand. Er hatte sich, so meinten sie, »vorgedrängelt«. Ich berichtete das Ergebnis meiner Gespräche meinem Chef. Guter Rat war nun teuer. Einerseits mussten wir den betroffenen Kollegen schützen, den wir nicht verlieren wollten, andererseits mussten wir seinen Gegnern beziehungsweise Neidern zum Ausgleich etwas geben, um den Frieden im Büro wiederherzustellen. Und so wurde folgende Lösung gefunden: Derjenige, dem angeblich die Beförderung zustand, bekam den Titel einer höheren Position. Der andere behielt das Gehalt und die Verantwortung. Natürlich hatten wir damit nicht das tiefer liegende Problem gelöst, aber wir hatten eine pragmatische Lösung gefunden. Im Laufe der Jahre meiner Tätigkeit in Afrika wurde mir klar, dass das post-koloniale Afrika voll von solchen Kompromissen war. Diese führten dazu, dass keine Klarheit darüber bestand, welche Werte entscheidend sind für eine Management- oder auch eine politische Entscheidung. Diese Unklarheit führt dann eben auch zu einem Verlust der Glaubwürdigkeit, zu Willkür und bestärkt eine Kultur der Intransparenz. Leider sind diese Mängel heute noch in vielen Teilen der afrikanischen Gesellschaft zu finden.

## Mein Arbeitsplatz und mein Arbeitsgebiet

Den ersten Arbeitsplatz, der mir im Büro in Cotonou zugewiesen wurde, teilte ich mit allen Aktenschränken des Büros. So hatte ich ständig Besucher. Entweder kam jemand, um eine Akte zu konsultieren, oder die Sekretärinnen legten Dokumente in den Akten ab. Statt mich zu ärgern nahm ich die Gelegenheit wahr, auf diese Weise viele Mitarbeiter aus anderen Abteilungen zu sprechen, mit denen ich sonst keinen Kontakt gehabt hätte. Als die mir übertragenen Verantwortungen wuchsen und ich Gespräche mit Projektleitern und Besuchern von außerhalb des Büros führen musste, wurde diese räumliche Situation allerdings untragbar. Entweder hatten andere keinen Zugang zu den Akten, oder ich musste hinnehmen, dass unsere Gespräche mitgehört wurden. So wurde ich recht bald in ein anderes, eigenes Büro umgesetzt.

Cotonou war in den 70er Jahren ein Dienstort, den Ausländer entweder liebten oder hassten. Diejenigen, die das Leben dort hassten, verließen Cotonou nach einigen Wochen, die anderen blieben viele Jahre. Ich gehörte zur zweiten Gruppe. Alles in allem war ich 4 Jahre lang in Cotonou und kletterte 3 Dienstränge nach oben. Ein etwas ungewöhnliches Fortkommen in einem Dienstort. Als der Leiter des Büros versetzt wurde, fragte die Regierung, ob ich nicht sein Nachfolger werden könnte. Glücklicherweise war dieser Karrieresprung für mich nicht möglich, weder für UNDP noch wollte ich dies. Ich wollte nicht gerade meinen ganzen beruflichen Lebensweg in Cotonou absolvieren!

Die Arbeit in Cotonou eröffnete faszinierende Aspekte entwicklungspolitischer Arbeit. Zum einen waren dort die schon erwähnten Linksintellektuellen, die nicht gerade bestens auf die Aufgaben einer öffentlichen Verwaltung vorbereitet waren. Sie konsultierten uns in den VN-Büros häufig und ausgiebig. Zu bestimmten Momenten wäre es ihnen wohl am liebsten gewesen, dass alle Entwicklungshilfe über UNDP gelaufen wäre. Wir lehnten dies höflich ab, da wir uns voll darüber im Klaren waren, dass andere Geber – insbesondere Frankreich – ein solches Arrangement nicht tolerieren würden. Frankreich blieb als ehemalige Kolonialmacht der größte Geber, und sein Programm belief sich auf ein finanzielles Volumen, das ein Vielfaches des unsrigen war. Koordinierung und Harmonisierung der Entwicklungshilfe waren damals noch nicht erfunden. Neben Frankreich waren Deutschland und die Sowjetunion engagiert. Die USA zogen sich zurück, nachdem die links-orientierte Regierung unter Präsident Kerekou die Macht übernommen hatte. Für die USA hatte die Volksrepublik Benin eine geringe geostrategische Bedeutung. Der Hafen von Cotonou diente zwar als Ein- und Ausfuhrhafen für einige Länder der Sahelzone, war aber nur über zum Teil schlechte Straßen angebunden. Als der Hafen von Lagos durch eine große Einfuhr von Zement blockiert war, nutzten nigerianische Spediteure Cotonou für den Im- und Export von Gütern. Aber all das gab Benin weder eine entscheidend wichtige regionale noch eine weltpolitische Rolle in der Auseinandersetzung der beiden Blöcke, denn es verfügte über keine wichtigen Rohstoffe, die im internationalen Handel eine Bedeutung gehabt hätten.

Vielen dienten die VN-Büros als »Informationszentrum« für die Situation im Land. Einmal kam sogar der Leiter des französischen Entwicklungsprogramms in mein Büro und fragte nach einigen Informationen. Ein noch nie dagewesenes Ereignis, über das in der französischen Gemeinde tagelang gesprochen wurde.

Der absolut aufregendste Aspekt des Lebens in Cotonou war die internationale Zusammensetzung der UN-Beschäftigten und das aktive soziale Leben in der Gruppe der Diplomaten und entwicklungspolitischen Fachkräfte. In mancher Hinsicht eine Art Ghettosituation, vor allem nachdem nach einer Söldnerattacke die Bewegungsfreiheit für Ausländer jenseits von Cotonou stark eingeschränkt wurde. Aber trotz dieser Beschränkungen war Cotonou ein komfortabler Wohnort. Selbst auf dem Höhepunkt der marxistisch-leninistischen »Revolution« wurde die wöchentliche Einfuhr von französischem Käse, Wein und anderen Delikatessen nicht eingestellt. So traf man sich oft zum Abendessen und am Sonntag am Strand zum Aperitif. Das französische Kulturzentrum zeigte regelmäßig in einem Freiluftkino französische Filme, vor allem Klassiker. Natürlich hatte diese enge Verbundenheit auch ihre Schattenseite. Mehrere Ehen zerbrachen, und nicht immer ging dies friedlich vor sich. Zum Beispiel jagten sich an einem Wochenende zwei internationale VN-Mitarbeiter mit ihren Dienstautos durch die staubigen Straßen Cotonous. Der eine hatte die Frau des anderen als Geliebte erkoren. Am nächsten Tag wurde der eine ausgeflogen und der andere erhielt eine offizielle Ermahnung. Denn abgesehen davon, dass dies selbstverständlich ein völlig inakzeptables Verhalten war, hatten die beiden Herren darüber hinaus eine Anordnung der beninischen Regierung missachtet, die besagte, dass keine Dienstwagen am Wochenende zu benutzen seien. Da die UN-Fahrzeuge als beninische Dienstfahrzeuge registriert waren, waren auch sie betroffen.

Drei Ereignisse markierten meinen Aufenthalt in Cotonou auf unterschiedliche Weise und mit verschiedenen Folgen. Das eine war der frühe Tod meines Vaters, das zweite die schon erwähnte Söldnerattacke und das dritte eine Evaluierung unseres bedeutendsten Projektes im Lande.

## Tod in der Familie

Oft werde ich gefragt, wie man ein internationales Leben mit den Anforderungen einer Familie in Einklang bringen kann. Man kann – und zur heutigen Zeit deutlich besser als damals in den 70er Jahren.

Als ich im Oktober 1975 ausreiste, war mein Vater erkrankt, allerdings realisierte ich nicht, wie schwer seine Erkrankung war. Trotzdem flog ich Weihnachten nach Hause und es dämmerte mir, dass sein gesundheitlicher Zustand kritisch war. Anfang März 1976 wurde er 60 Jahre alt und konnte schon nicht mehr arbeiten. Wir verabschiedeten uns bis Anfang September zum Geburtstag meiner Mutter, aber er starb einige Tage vor meiner Ankunft. So konnte und musste ich mich ganz auf meine Mutter konzentrieren, die eine Menge Gewicht verloren hatte, da sie meinen Vater zu Hause gepflegt hatte. So lud ich sie ein, mich zu Weihnachten in Cotonou zu besuchen. Sie kam auch tatsächlich, und die lauen Tropennächte, die Freundlichkeit der Menschen, die Fürsorge meiner Hausangestellten und die völlig neue Umgebung brachten sie auf andere Gedanken. Sie erholte sich zusehends und über die Weihnachtsfeiertage fuhren wir mit meinem Auto in den Norden Benins, wo ein FAO-Experte den Nationalpark betreute und uns eingeladen hatte, im dortigen Camp der Parkwächter zu übernachten.

Als wir uns dem Camp näherten, kam uns eine großflächige Rauchwolke entgegen. Offensichtlich gab es ein Buschfeuer, das in unserer Richtung verlief. Zurück war keine Option, denn das Feuer war schneller als wir, nach vorne war es gefährlich. Ich bemerkte, dass der Wind von unserer linken Seite kam. Die Chancen, dass das Feuer somit seinen Kurs ändern würde, waren relativ groß, und so fuhr ich langsam weiter. Tatsächlich bog die Feuerfront nach rechts ab und gab den Weg für uns frei. Zwar glühten noch kleine Feuer auf beiden Seiten der ungepflasterten Piste, aber Störche pickten schon die wohl gebratenen Leckerbissen aus dem verbrannten Gras. Wir passierten einen Jeep, der komplett ausgebrannt war.

Als wir das Camp endlich erreichten, erfuhren wir, dass Park Ranger das Feuer gelegt, aber die Windverhältnisse falsch eingeschätzt hatten. Sie ließen den Jeep stehen und flohen zu Fuß, was ihnen das Leben rettete, uns aber einen Moment großen Schreckens bereitet hatte. Der FAO-Experte war geschockt und entschuldigte sich vielmals. Ganz offensichtlich war er nicht nur um unser Wohlergehen besorgt, sondern auch darum, was ich später in Cotonou erzählen würde. Den Bericht fasste ich schließlich so ab, dass das Training der Park Ranger verbessert wurde – das Auto wurde abgeschrieben.

## Ein neo-kolonialer Albtraum – Bob Denards Söldnerattacke

Einige Tage nach der Abreise meiner Mutter nach Deutschland Anfang Januar 1977 lag ich mit einer Grippe im Bett und bemerkte, dass an diesem Sonntagmorgen viele Menschen im Laufschritt vom Flughafen Richtung Stadtzentrum eilten. Kurz danach kam der Verkehr zum Erliegen. Etwa eine halbe Stunde später sah ich, wie sich eine höchst ungewöhnliche Szene abspielte: Afrikaner mit großen Kisten auf ihren Köpfen kamen vom Flughafen und liefen Richtung Stadt, gefolgt von weißen Soldaten mit Gewehren im Anschlag. Während ich mich noch über diesen unzeitgemäßen Anblick wunderte, schloss ich eine Balkontür. Wenige Sekunden später traf ein Kugelhagel mein Haus. Ich rannte nach unten, um Freunde anzurufen, aber das Telefon funktionierte nicht. Da niemand auf der Straße war, traute ich mich nicht, zu Freunden zu laufen, die gegenüber wohnten, um herauszufinden, was sie wussten. Nur gut, dass ich das Haus nicht verließ. Denn wenige Minuten später montierten zwei weiße, französisch sprechende Soldaten ein Maschinengewehr in meinem Vorgarten in Richtung Straße. Dann hörte ich den einen sagen: »Ich hab Durst, und hier gibt es nicht einmal eine Bar.« Im selben Moment gab es wieder Schüsse. Da war mir klar, dass es sich um eine bewaffnete Attacke handelte. Die Frage war nur: Wer attackierte wen?

Am frühen Nachmittag kam ein Kleinlaster, lud die Soldaten samt ihrem Maschinengewehr auf und fuhr Richtung Flughafen fort. Nach einer Weile stieg ich in mein Auto und machte mich auf den Weg zur Residenz meines Bürochefs. Der war nicht sicher, ob er froh sein sollte, mich zu sehen, oder ärgerlich darüber, dass ich mich ins Auto gesetzt hatte. Aber auch er wusste nichts. Schließlich hörten wir die Nachrichten von *France Inter,* die von einer Söldnerattacke berichteten. Erst gegen Abend wurde es brenzlig: Obwohl die Söldner ganz offensichtlich Cotonou per Flugzeug wieder verlassen hatten, verhängte die Regierung eine Ausgangssperre. Alle Ausländer, die auf der Straße angetroffen wurden und keine Ausweispapiere bei sich hatten, kamen ins Gefängnis. Mein Chef war die ganze Nacht damit beschäftigt, mehrere unserer Experten aus der Haft zu befreien, denn bis dahin war es ungewöhnlich, sich mit Ausweispapieren in Cotonou zu bewegen.

Am nächsten Tag kam das Gerücht auf, dass sich einige Söldner in unserem Bürogebäude versteckt hielten. Die Armee wollte deshalb unsere Büros durchsuchen. Eigentlich hatten sie dazu kein Recht, denn das Bürogelände genoss diplomatische Immunität. Aber nach kurzem Zögern gab mein Chef der Armee dann doch die Genehmigung zur Durchsuchung. Am nächsten Tag beschwerten wir uns im Außenministerium, aber die dortigen Beamten waren sehr erleichtert, dass der Vertreter der VN die Immunität aufgehoben hatte und somit die Gerüchte im Keim erstickt werden konnten. Denn natürlich wurde nichts und niemand bei der Durchsuchung gefunden. Darüber hinaus war klar: Benin wurde von den Militärs regiert und nicht von einer Zivilregierung. Niemand hätte uns Schutz gegen die Armee geben können. Dafür garantierte der Kooperationswille meines Chefs uns Schutz und erhöhte das Vertrauen in die VN-Vertretungen.

In Cotonou gab es damals ein einziges Hochhaus, in dem VN-Experten wohnten. Dieses Wohnhaus stand in der Nähe des Palastes des Präsidenten, und die Söldner hatten es mit der Präsidenten-Residenz verwechselt und mehrfach beschossen. In einer der oberen Etagen wohnte Herr Lam, ein VN-Experte aus Vietnam. Obwohl der Beschuss ziemlich heftig war, wurde niemand außer Herrn Lam verletzt, der glücklicherweise nur einen Streifschuss am Kopf hatte – trotzdem hätte ihn dieser Schuss beinahe getötet.

Er war allein in Cotonou. Seine Familie lebte in Paris, wo seine Kinder zur Schule gingen. Ich besuchte ihn einen Tag nach der Attacke am späten Nachmittag nach Dienstschluss und fand ihn in einem Stadium der Panik vor, die ich überhaupt nicht nachvollziehen konnte, denn letztlich war die Wunde wirklich nur sehr oberflächlich. Aber ich blieb bei ihm, denn ich realisierte, dass er einem Nervenzusammenbruch nahe war. Das Telefon funktionierte nicht, die Ausgangssperre hatte begonnen, ich musste also bleiben und hörte ihm zu. Er erzählte von Vietnam, einem Land, das er als für immer für sich als verloren ansah, und er beschrieb mir mit viel Nostalgie die jüngste Geschichte, so wie er sie erlebt hatte. Ich erfuhr, dass Herr Lam als ehemaliger Gouverneur der Zentralbank Südvietnams mit einem der letzten Hubschrauber vom Dach der amerikanischen Botschaft in Saigon 1968 evakuiert worden war. Er hatte Jahre des Krieges in Vietnam unverletzt überlebt, und der Gedanke, dass er fast in einem afrikanischen Land hätte sterben können – ohne seine Familie und weit entfernt von seinem Heimatland – brachte ihn beinahe um den Verstand. Es war klar, dass wir Herrn Lam schnell evakuieren mussten, aber wie? Alle

Grenzen waren geschlossen, einen direkten Flug gab es nur einmal die Woche und wir waren nicht sicher, ob der nächste Flug überhaupt Cotonou anfliegen würde. So organisierten wir eine ständige Begleitung für Herrn Lam, bis wir ihn 10 Tage später ausfliegen konnten.

Ich habe mich später oft gefragt, ob Herr Lam nach Vietnam zurückkehren konnte, nachdem der Reformprozess dort begonnen hatte.

## Stillschweigen über Zwangsarbeit

Der Anlass für das dritte Ereignis, das beinahe meine Beschäftigung bei UNDP frühzeitig beendet hätte, war die Evaluierung eines Agrarprojektes, das UNDP finanzierte und die FAO technisch durchführte. Im Flusstal der Ouème, nahe der nigerianischen Grenze, wurden Sümpfe für den Reisanbau umgestaltet. Der nationale Beitrag zu diesem Projekt bestand darin, dass die lokale Regierung die örtlichen Bauern zur Mitarbeit mobilisierte und deren Arbeitsleistungen mit Nahrungsmittelhilfe der VN (WFP) bezahlt wurden. Die technische Begleitung dieser Arbeiten war durch eine nicht zurückzuzahlende Hilfe seitens UNDPs und der FAO gewährleistet.

Das Projekt war zu meiner Zeit bereits in seiner dritten Phase, in der eine unabhängige Evaluierung vorgeschrieben war. Die Experten kamen, studierten die Akten, sprachen mit internationalen Mitarbeitern und Regierungsvertretern und besuchten die Projektstellen. Bei ihrem mündlichen Bericht am Ende ihres Aufenthaltes konfrontierten sie uns mit einer Beobachtung, die wie eine Bombe einschlug. Sie hatten festgestellt, dass die Bauern, die sich freiwillig an den Arbeiten des Projektes beteiligen sollten, in Wirklichkeit von den örtlichen Regierungsstellen dazu gezwungen wurden. Niemals hatte einer der internationalen Experten des Projektes uns auch nur den leisesten Hinweis hierzu gegeben. Ich war entsetzt und wütend und begann, mein Kündigungsschreiben im Kopf zu formulieren. Denn das wollte ich auf keinen Fall: mit Menschen zusammenarbeiten, die Zwangsarbeit tolerierten.

Nach dem Treffen mit den Evaluierungsexperten suspendierten UNDP und die FAO das Projekt und baten um eine Aussprache mit der Regierung. Während der Sitzung gaben die Regierungsvertreter bekannt, dass sie die örtlichen Beamten versetzt hatten und dafür Sorge tragen würden, dass in Zukunft die Bauern nur auf freiwilliger Basis beschäftigt werden würden. Im Gegenzug erneuerten wir die Verträge einiger Experten nicht, die zugegeben hatten, dass sie von den irregulären Praktiken gewusst hatten, aber nichts hatten verlauten lassen. Nach diesem Ausgang entschied ich mich, es weiter mit UNDP zu versuchen, aber ich beschloss auch, dass ich in Zukunft meine eigenen Projektbesuche vornehmen würde. Damals war dies nicht leicht zu erreichen, aber als ich dann selbst junge Mitarbeiter beaufsichtigte, wies ich sie an, solche Besuche zu unternehmen.

## Bei UNDP bleiben oder nach Deutschland zurückkehren?

Ich hatte 1975 einen Zweijahresvertrag unterschrieben. Einige Monate vor dem Ablaufen meines Vertrages fragte mich der Büroleiter, ob ich länger bei UNDP arbeiten möchte. Ich bejahte dies, erwähnte allerdings, dass ich ohne Vertragsverlängerung auch gerne wieder nach Deutschland zurückkehren würde. Das war mein Fehler. Da ich an Alternativen dachte, gab mein Chef nur eine lauwarme Empfehlung für meine Verlängerung nach New York. So kam zwar die Abreise näher, aber kein Angebot seitens UNDPs. Dann spielte ein glücklicher Umstand in meine Hände. Im Mai 1977 wurde mein Chef nach Mali versetzt, einige Wochen später kam sein Nachfolger, ein Schwede. Der stellte mir die gleiche Frage noch einmal – und dieses Mal gab ich eine eindeutige Antwort: »Ich bleibe, wenn mir ein neuer Vertrag angeboten wird.« In der Zwischenzeit bereitete ich mich aber weiterhin auf meine Abreise vor. Buchstäblich am Tag meiner Abschiedsfeier kam das Angebot. Ich bat mir einige Tage Bedenkzeit aus und schickte meine Zusage letztlich vom UNDP in Mali, wo ich auf meiner Reise nach Deutschland Zwischenstation machte. Mein ehemaliger Chef war nun dort der Büroleiter, und er war souverän genug, mir zu gratulieren und zuzugeben, dass er wohl Schwierigkeiten habe, mit Frauen zusammenzuarbeiten.

Kaum in Berlin angekommen, erhielt ich wiederholte Anrufe aus dem Büro in Cotonou mit der Bitte, meinen Aufenthalt in Deutschland zu verkürzen und baldmöglichst zurückzukommen. Ich kaufte also etwas schneller alles ein, was mir in Cotonou fehlte oder nur schwer zu finden war, und flog zurück. Als ich in Cotonou ankam, erfuhr ich, dass der Büroleiter aus gesundheitlichen Gründen evakuiert worden war und sein Stellvertreter nicht das Vertrauen der Regierung genoss. Ich wurde so de facto zur Büroleiterin und verantwortlich für alle Kontakte mit den Regierungsstellen, die häufig auch auf Ministerebene stattfanden und damit weit über meinem Dienstrang lagen.

Schon vor meiner Abreise war ich vom Erziehungsminister zu einem Treffen in Porto Novo, der alten Hauptstadt Dahomeys, eingeladen worden, um das neue Gebäude der nationalen UNESCO-Kommission zu besichtigen. Ich holte mir die Erlaubnis meines Chefs und fuhr zu dem Treffen. In Porto Novo angekommen sah ich sofort, dass das Gebäude noch eine Baustelle war. Der Minister, ein General der beninischen Armee, informierte mich darüber, dass dem Ministerium das Geld ausgegangen war. Der Minister wollte nun wissen, ob UNDP finanziell einspringen könne. Ich verneinte und riet dem Minister, private Spender zu finden. Denn auch andere öffentliche Geber würden sicherlich ablehnen. Ich versprach eine persönliche Spende und schickte wenig später von Cotonou einen Scheck über 200 US-Dollar für die Türschilder. Ich weiß nicht, ob meine Spende für den Zweck genutzt wurde oder wer sonst noch Spenden gab. Ich weiß nur, dass das Gebäude fertiggestellt und die Türen mit Schildern versehen wurden.

Während des Treffens gab es einen belustigenden Moment. Die Erinnerung daran bringt mich bis heute zum Schmunzeln. Weder bei den VN in Cotonou noch in der beninischen Regierung gab es Frauen in gehobenen Positionen. Auf einmal machte der Sekretär der nationalen UNESCO-Kommission die folgende Bemerkung: »Monsieur le ministre, dans votre gouvernement les femmes brillent par leur absence.« Der Minister war zunächst sprachlos über diese offene Kritik, wir anderen verkniffen uns eine Reaktion. Aber kurz darauf wurde der Sekretär nach Paris versetzt als Vertreter Benins bei der UNESCO. Er hatte wohl auch bei anderen Gelegenheiten seine Zunge nicht zügeln können. Im damaligen Benin war die Versetzung nach Paris durchaus eine »Strafversetzung«. Der Sekretär war zu offen und herausfordernd für die machthabenden Militärs. Dafür war er ein gutes Aushängeschild für sie in Paris.

Anfang 1979 kam der Zeitpunkt für meine Versetzung an einen anderen Dienstort immer näher. Die Frage war nur, wohin? Mir wurde der Stellvertreterposten in Gabon angeboten oder der meinem Dienstrang angemessenere Posten eines *Assistant Resident Representative*[6] in Abidjan. Ich wählte letzte-

---

6  Die UNDP-Länderbüros wurden von *Resident Representatives* (RR) geleitet und hatten einen *Deputy* und meistens mehrere *Assistant Resident Representatives* und *Programme Officers*. In den 70er Jahren waren alle diese Posten von internationalen Mitarbeitern besetzt. Erst im Laufe der Jahrzehnte wurden die Stellen unterhalb des RR mit gut ausgebildeten nationalen Kräften besetzt.

ren, denn ich wollte in ein größeres Land mit einem größeren Programm. Das Programm in Gabon war damals kleiner als das in Benin. Tatsächlich war ich aber an einer interregionalen Versetzung interessiert. Ich hatte jedoch keine Ahnung, wie ich dies anstellen sollte.

## Cotonou verlassen – und auch Afrika

Und wieder spielte ein glücklicher Umstand in meine Hände. Ich wurde zu einem Trainingskurs nach New York eingeladen. Dort erfuhr ich zum ersten Mal, dass UNDP dabei war, ein Länderbüro in China zu eröffnen. In China, dem Traumland vieler Entwicklungspolitiker! Der Posten des *Assistant Resident Representative* war ausgeschrieben. Aber ich hatte zu spät davon erfahren, deshalb bewarb ich mich nicht.

Bevor ich nach New York abreiste, kamen Nessim Shallon und seine Frau Elsie nach Cotonou. Nessim Shallon war auf einer Dienstreise, um die lokalen Büros und nationalen Regierungen für ein Programm zu interessieren, das er in seinem letzten Dienstort Türkei begonnen hatte: TOKTEN[7]. Das Programm war für Länder gedacht, die eine hohe Anzahl an gut ausgebildeten Fachkräften im Ausland hatten. Mit der finanziellen Hilfe von UNDP kamen diese Fachkräfte in ihr Heimatland zurück und stellten ihre Fachkenntnisse dort in nationalen Institutionen und Organisationen zur Verfügung. Meistens verwendeten sie ihren Urlaub für solche Aufenthalte. UNDP bezahlte die Reisekosten und einen Tagessatz für die Arbeitstage. Es war ein Programm, das dem *Brain Drain* aus Entwicklungsländern entgegenwirken wollte, indem Fachkräften die Möglichkeit gegeben wurde, sich beruflich in ihrem Ursprungsland einzusetzen.

Nessim Shallon, der den Ruf hatte, der beste aller damaligen *Resident Representatives* zu sein, war für den neuen Posten in China vorgeschlagen worden. Während er nun auf seine Annahme durch die chinesische Regierung wartete, unternahm er diese Reise. Als er in Cotonou eintraf, war ich niedergeschlagen, weil ich mich nicht für den Posten in Beijing beworben hatte. Dann flog ich zu meinem Trainingskurs nach New York.

---

7  TOKTEN steht für *Transfer of Knowledge through Expatriate Nationals.*

Angekommen am UNDP Hauptsitz erfuhr ich zu meiner großen Überraschung, dass alle bisherigen Kandidaten ausgefallen waren. Ich sprach deshalb mit Manfred Kulessa, dem stellvertretenden Regionaldirektor für Asien und den Pazifik, und er versprach, er werde sich für meine Kandidatur einsetzen. Es folgten mehrere Tage hitziger Verhandlungen zwischen dem Afrika- und dem Asienbüro sowie der Personalabteilung, und Versuche mich zu testen und »zurechtzustutzen«. Der Direktor für Asien meinte, es sei ja wohl äußerst ungewöhnlich, dass sich eine Mitarbeiterin ihren Posten aussucht und bot mir 3 andere Posten an. Ich lehnte ab und sagte, es sei entweder China oder Abidjan für mich. Dann sprach der Personaldirektor mit mir und kündigte an, dass er mir eine schwere Zeit bereiten würde. Eine Beförderung zu dem Dienstgrad des Postens in China käme nicht in Frage. Ich war wütend, denn ich wusste ja, dass ich ihm die Sorge der Stellenbesetzung in Beijing abnahm. Aber ich sagte, im Laufe der Jahre würde sich die Frage des Dienstgrades schon regeln. Darüber hinaus ging ich persönlich zum Regionaldirektor für Afrika und erklärte ihm meine Entscheidung. Ich wollte mich nicht ohne gebührenden Dank aus Afrika verabschieden. Bevor ich abreiste war meine Versetzung nach China besiegelt, und ich kehrte als eine überglückliche Person nach Cotonou zurück.

Die Wochen zwischen zwei Dienstorten sind immer sehr entspannt. Verantwortungen werden transferiert, die Runde der Abschiedsbesuche ist gleichermaßen bitter und süß und es gibt genügend Zeit über die Ergebnisse der Tätigkeit zu reflektieren. Da mein Transfer nun für das Ende des Jahres vorgesehen war, konnte ich Weihnachten zu Hause bei der Familie verbringen und mich vorher mit dem neuen *Resident Representative* für Cotonou in Frankfurt/M. treffen. So gab es noch eine ungewöhnliche zusätzliche Gelegenheit mein akkumuliertes Wissen über das Land, in dem ich ausgewöhnliche 4 Jahre verbracht hatte, weiterzugeben.

Da ich ein tropisches Land verließ und in eine Stadt mit gemäßigtem Klima zog, verkaufte ich zum zweiten Mal meine Möbel. Ich nahm nur Kleidung, Bücher und Haushaltsgegenstände mit, die alle in drei große Umzugskisten passten. Dies war auch das letzte Mal, dass ich mit so wenig Gepäck abreiste und woanders ankam. Als ich mich nach 30 Jahren wieder in Berlin niederließ, hatte sich mein Haushalt auf 200 Kisten und Umzugskartons erhöht!

Ende 1979 war ich für eine neue Herausforderung bereit. Ich war froh, eine neue Kultur und ein neues Land am anderen Ende des eurasischen Kontinents zu entdecken. Ich kam mit großen Erwartungen in Beijing Anfang Januar 1980 an.

# Entwicklung mit chinesischer Prägung – Beijing (1980–1983)

Uns Studierenden der Geschichte und Politologie in Berlin in den 60er Jahren erschien China als das Land, das seit 1949 Entwicklungen in vieler Hinsicht richtig anging. Probleme, die in anderen Entwicklungsländern als unlösbar galten, bekam China in den Griff, zum Beispiel die Reduzierung von Krankheiten wie Cholera, die über verschmutztes Wasser hervorgerufen werden. Eine der weltweit erfolgreichsten Maßnahmen zum Erhalt der öffentlichen Gesundheit wurde in China unter Mao realisiert: das Trinken von abgekochtem Wasser. Die Allgegenwart der Thermosflasche mit heißem Wasser senkte die Infektionsrate innerhalb weniger Jahre auf ein Minimum, selbst in entlegenen ländlichen Gegenden. Zusätzlich setzte die Partei durch, dass alle Brunnen überdacht wurden – und verringerte damit drastisch die Verschmutzung des Trinkwassers.

Natürlich erfuhren wir von dem fehlgeschlagenen »Großen Sprung nach vorn« Ende der 50er Jahre. Aber wir applaudierten Chinas Durchsetzungskraft gegenüber der Wirtschaftspolitik der sowjetischen Führung, und wir bewunderten die Leistungen chinesischer Ingenieure, wo sowjetische versagt hatten, zum Beispiel beim Bau der Brücke über den Jangtse bei Nanjing. Wir verfolgten ebenso mit Staunen und Verwunderung, wie in der Kulturrevolution die protestierenden Studenten eine Anti-Konfuzius-Kampagne lostraten. Konfuzianisches Denken so radikal in Frage zu stellen war etwa so, als ob im Westen die Aristotelische Philosophie abgelehnt würde. Wer würde dies jemals wagen? Wenig wussten wir bewundernden Studenten und Studentinnen in Berlin über das Leiden, die Zerstörungen und die völlige Unkenntnis dieser chinesischen Rebellen hinsichtlich der Geschichte ihres eigenen Landes. Erst mein Aufenthalt in den frühen 1980er Jahren öffnete mir die Augen für die Gräuel der Kulturrevolution.

## Erste Einblicke in den Lebensstil Chinas

Ich kam in Beijing an einem kalten Wintertag Anfang Januar in den frühen Morgenstunden an, nach einem 18stündigen Flug von Frankfurt/M. über Athen und Bombay. Damals war China wirklich noch weit von Westeuropa entfernt.

Ich wurde abgeholt und wir fuhren mit dem Auto in die Stadt zu einem Hotel, in dem ich wohnen würde, bis mir ein Apartment in einem der diplomatischen Wohnblocks zugewiesen werden würde. Die Fahrt führte uns erst durch ländliche Gegenden, über die dritte Ringstraße, die damals die Grenze der städtischen Bebauung darstellte, entlang der Chang'an Avenue, an der Verbotenen Stadt und dem Tiananmen-Platz vorbei zum Minzu Hotel im Westteil der Innenstadt. Die Flughafenstraße war mit großen Betonplatten gepflastert, die mit Teer verfugt waren. Die Reifen machten während der Fahrt das gleiche Geräusch, das mir von den Fahrten über die Autobahn von Westberlin nach Westdeutschland durch die DDR so vertraut war. Andere aus der DDR vertraute Eindrücke kamen hinzu. Der überall wahrnehmbare Geruch vom Heizen mit schlechter Kohle und die roten Banner mit politischen Sprüchen, die ich hier nun allerdings nicht lesen konnte. Dann auf der Chang'an Avenue die großen Straßenkandelaber, deren Licht durch einen dichten Dunst fiel. Ich kannte diesen Anblick von vielen Bildern aus chinesischen Magazinen, war aber nie in der Lage gewesen, diesen Dunst zu erklären. Nun erkannte ich, dass es die Auswirkungen der starken Luftverschmutzung waren, die sich erst verringerten, wenn in den Morgenstunden in allen Wohn- und Bürogebäuden Beijings die Heizung abgestellt wurde – nur die Botschaften und Wohnungen der Diplomaten waren davon ausgenommen. Gegen 11 Uhr begann sich die Sonne zu zeigen und schien an diesen kalten Morgen von einem klaren blauen Winterhimmel.

Die Strecke entlang der Chang'an Avenue war atemberaubend, vor allem wenn man an der äußeren Mauer der Verbotenen Stadt entlang fährt und dann den riesigen Platz des Himmlischen Friedens erreicht. Damals war er noch menschenleer und die Große Halle des Volkes und das Nationalmuseum standen ernst und majestätisch im nebligen gelben Licht der Straßenbeleuchtung. Auf der sechsspurigen Avenue fuhren einige Busse, Taxis oder Dienstwagen, viele Fahrräder und einige Polizisten standen gelangweilt am Straßenrand und schauten auf den Verkehr. Die Autos fuhren mit Standbeleuchtung, nur hin und wieder blendeten die Fahrer das Fernlicht auf und hupten. Dann antworteten die Fahrradfahrer ausdauernd mit ihren Klingeln. Später lernte ich diese Geräusche, besonders während der *Rush Hour* in Beijing, zu lieben.

Bei späteren Gelegenheiten wurde mir erst bewusst, wie gefährlich es war, auf der Landstraße zum Flughafen zu fahren.[8] Denn hier wie auf anderen Landstraßen nutzten die Bauern den Absatz, den die Betonplatten am Rande bildeten, als Kopfkissen während eines Nickerchens. Autos mussten also mehr oder weniger in der Mitte der Straße fahren, um einen Schlafenden nicht zu überfahren. Das war solange in Ordnung, wie es keinen Gegenverkehr gab. Aber den gab es natürlich und somit auch viele Momente des Schreckens. Ich verstand nie, wie man an einer Straße schlafen konnte, während Autos am Kopfende vorbeisausten, aber das war nur eines von vielen Rätseln des alltäglichen Lebens in Beijing.

Als ich im Hotel ankam, nahm ich an, dass ich einen Zimmerschlüssel bekommen würde. Aber weit gefehlt: Eine Hotelangestellte öffnete die Tür und verschwand wieder mit dem Schlüssel. Damals gab es auf jeder Hoteletage eine Zimmerfrau, die die Türen der Zimmer bei jeder Bewegung der Gäste auf- beziehungsweise abschloss. Wenn der Gast im Zimmer war, blieb die Tür unverschlossen. Viele Ausländer fanden diese Situation unmöglich, aber wir, meine Kollegen und ich, waren froh, dass wir so unsere Zimmerschlüssel nicht verlieren konnten. Denn so ein Verlust konnte sehr teuer werden. Wir realisierten, dass dieses Schlüsselregime der Kontrolle diente, aber wohl auch der Knappheit an Schlüsseln geschuldet war.

Ich nahm fast alle meine Mahlzeiten im Hotel ein. Dazu musste man pünktlich sein, sonst riskierte man, dass nichts mehr serviert würde. Die Zeiten für die Mahlzeiten waren für unseren Tagesrhythmus sehr früh. So kamen wir immer in der letzten Minute. Das ging eine Weile gut, aber dann schloss die Küche früher und wir mussten uns anpassen. Denn in den frühen 80er Jahren war die Wahl für Ausländer nicht gegeben, woanders zum Essen zu gehen. Nur im *Beijing Hotel* gab es einen Kiosk, wo man außerhalb der Mahlzeiten belegte Brote und Getränke bekommen konnte.

---

8    Einige Jahre später wurde diese Straße von einer sechsspurigen Autobahn abgelöst, die parallel zur alten lief.

Einige ausländische Hotelgäste arrangierten im Laufe der Zeit, dass sie kleine Kühlschränke und Kocher ins Zimmer bekamen. Vor allem Geschäftsleute, die damals keinen Anspruch auf eine Wohnung hatten, richteten sich so häuslich ein. Besonders einfach war dies für japanische Besucher. Sie brauchten nur eine Thermosflasche mit heißem Wasser und eine große Schüssel Reis. Dann öffneten sie ihre Aktenkoffer und holten vorgekochte Mahlzeiten, zum Beispiel Instantsuppen, heraus. Wenn die Japaner so ihr Essen im Restaurant zubereiteten, schaute das chinesische Personal mit großen Augen zu und staunte. So etwas hatten sie damals noch nicht gesehen.

So unflexibel das Personal des Restaurants war in Bezug auf die Öffnungszeiten, so freundlich waren sie, uns unsere Lieblingsgerichte mit Flair und in großen Portionen zu servieren. Das *Minzu Hotel* war ursprünglich in den 50er Jahren für sowjetische Experten gebaut worden, die Köche hatten einige russische Gerichte wie »Kiewer Hühnchen« und »Gebackenes Alaska« in die Speisekarte aufgenommen. Während das Huhn in zerlassener Butter schwamm, war der Eierkuchen mit Vanilleeis und Schokoladensauce ein Gedicht.

3 Monate wohnte ich im Hotel Minzu, denn das Wohngebäude, in dem mir eine Wohnung reserviert worden war, musste erst noch gebaut werden. Aber ich möchte diese 3 Monate nicht missen. Die Gemeinschaft der Langzeitgäste machte das kleine Zimmer erträglich, ebenso wie die stumme Toleranz des Personals, wenn wir uns für lange Nachtessen gegenseitig besuchten. So hatten wir ein warmes Zuhause.

Das Hotel liegt im westlichen Teil Beijings, während unser Büro im östlichen Teil lag. So fuhr ich jeden Tag zweimal an der Verbotenen Stadt und dem Tiananmen-Platz vorbei. Der Autoverkehr war, wie schon erwähnt, dünn, und so brauchte man für die etwa 10 Kilometer 20 Minuten. In den 1990er Jahren war der Verkehr so dicht geworden, dass man für die gleiche Strecke mindestens 1 ½ Stunden brauchte, vorausgesetzt der Verkehr floss. Als ich Beijing 2003 verließ, war die Chang'an Avenue tagsüber für Taxis gesperrt. Dies war ein vergeblicher Versuch der Stadtverwaltung, den Verkehr auf einer sechsspurigen, beziehungsweise achtspurigen Avenue zu reduzieren und fließen zu lassen.

Als ich dann endlich Anfang April in meine Wohnung einziehen konnte, begann ich mich in Beijing heimisch zu fühlen. So einengend es war, in einem Ghetto der Luxuskategorie zu leben, so hatte es doch auch seine angenehmen Züge. Wir besuchten uns gegenseitig und halfen uns aus. Auch lernten wir schnell, wie man im Geheimen chinesische Bekannte in unseren Wohnkomplex bringen konnte. Wenn wir mit chinesischen Besuchern in unserem Auto durch das Tor fuhren, wurden wir nicht angehalten. Wenn wir sie dann während der Pausen der Fahrstuhlführer in die Wohnung brachten, blieben wir sogar unbeobachtet. Ob solche Besuche wirklich unbemerkt blieben, wussten wir natürlich nie.

Wir halfen uns nicht nur, sondern unternahmen in unserer Freizeit viel zusammen. Wir fuhren zum alten Sommerpalast, der im 17. Jahrhundert von Jesuiten entworfen worden war und 100 Jahre später von europäischen Truppen zerstört wurde. Ein Picknick in den Ruinen an einem lauen Sommerabend war schon ein besonders stimmungsvolles Erlebnis. Damals bauten Bauern noch Lotuspflanzen in den großen künstlichen Seen an und ernteten die Wurzeln im Herbst. Bevor das Wasser völlig abgelassen war, wurden noch die Karpfen herausgefischt und an Restaurants in der Stadt verkauft. Wir waren sogar in bescheidenem Umfang rebellisch. Am Qingming Fest (4. April) 1981 brachten wir tragbare Kassettenradios und spielten Popmusik und tanzten. Einige junge Chinesen tanzten mit – bis die Polizei kam und die »Versammlung« auflöste.

Beijinger waren seit dem 19. Jahrhundert berühmt für ihre Picknicks mit lokalen Spezialitäten. Wir griffen diese Tradition gern auf. Die Westberge waren uns zwar weitgehend verschlossen, da sie militärisches Sperrgebiet waren, aber die Ming-Gräber, zu denen wir auf einer freigegebenen Landstraße ungehindert mit unseren Privatautos fahren durften, wurden häufig Stätten unserer sonntäglichen Ausflüge mit Essen, Getränken, Drachen und Schlägern zum Badmintonspielen. Am Abend konnten wir dann die Satelliten über dem Himmel ihre Runden ziehen sehen. Vor meinem zweiten Aufenthalt in Beijing (1998) bekam ich von amerikanischen Freunden eine CIA-Satellitenaufnahme des Tiananmen-Platzes von 1963 geschenkt. Auf dem Foto konnte man selbst Fußgänger auf dem Platz ausmachen. Beijing war also auch in den 1980er Jahren noch im scharfen Focus westlicher Überwachungskameras.

## Meine Arbeit und mein Arbeitsumfeld

Während das tägliche Leben seine ungewöhnlichen und nicht sehr aufregenden Seiten hatte, war die Arbeit rundum ausnehmend spannend. Einige Tage nach meiner Ankunft nahm mich der stellvertretende *Resident Representative* zu einem Treffen mit dem Vizeminister der Außenhandelskommission mit. Sein Name war Jiang Zemin. Er hatte eine Studiengruppe um die Welt geführt, um Freihandels- und wirtschaftliche Sondergebiete zu besuchen. UNDP hatte die Reise finanziert. Chinesische Höflichkeit gebot es, dem Geber über die Ergebnisse der Studienreise zu berichten. Ich muss gestehen, dass ich damals nicht alles verstand, was der Minister uns mitteilte. Aber Jahre später waren die Ergebnisse deutlich sichtbar. China hatte einige Sonderwirtschaftszonen eingerichtet und für ausländische Investoren geöffnet. Diese Erfahrung trieb die Reformen der Wirtschaft voran. Als Jiang Zemin Präsident war und den Chef von UNDP 2001 empfing, erinnerte er sich und erklärte uns, dass die Erkenntnisse der Studiengruppe damals entscheidend waren, zögerliche Mitglieder im ZK der Partei, vor allem die militärischen Mitglieder, von der Bedeutung dieser Sonderwirtschaftszonen für ausländische Investitionen zu überzeugen. Die Kritiker sahen dies als eine Einschränkung nationaler Souveränität an und als eine ungute Erinnerung an die ehemaligen Kolonien entlang der chinesischen Küste. Aber die Reformer behielten die Oberhand, und ein kleines, von UNDP finanziertes Projekt erzielte eine große Wirkung. Später werde ich noch einige andere Beispiele für solche Erfolge geben.

Intuitiv hatten wir in UNDP einen Ansatz gewählt, der mit der chinesischen Lernmethode sehr gut zusammengeht. Chinesen lernten individuell wie institutionell, zumindest damals am Beginn der Reformen, auf pragmatische Weise. Sie schauten sich die Erfahrungen anderer an, diskutieren dann, ob und wie diese übertragbar sind, und dann wurde experimentiert. So begannen eigentlich alle unsere Projekte mit einer Studienreise. Während dieser Reisen identifizierten die Studiengruppen auch ausländische Experten, die sie nach China einladen wollten. Außerdem machten sie Institutionen aus, an die sie jüngere Mitarbeiter zur Fortbildung schicken wollten.

Zur ersten Generation von nationalen Projektdirektoren gehörten vor allem Wissenschaftler und Ingenieure, die während der Kulturrevolution abgesetzt worden waren und nun wieder Positionen bekleideten, wo sie die Reformen voranbringen konnten. Viele dieser Damen und Herren waren über 70 Jahre alt, einige auch schon über 80. Sie alle hatten vor dem 2. Weltkrieg in Europa oder den USA studiert und waren voll patriotischem Eifer nach 1949 nach China zurückgekehrt. Einige studierten in den 50er Jahren in der Sowjetunion, alle sprachen Englisch, Französisch, Deutsch oder Russisch. Sie alle waren auf angesehenen Universitäten gewesen und hatten beste Examina abgelegt. Viele hatten schon während der maoistischen Kampagnen in den 50er Jahren gelitten und waren dann wieder während der Kulturrevolution gedemütigt und aufs Land verbannt worden. Aber alle wollten das Geschehene hinter sich lassen und nun ihre Träume für ein modernes China verwirklichen.

Ihnen war sehr wohl bewusst, dass sie das Land für die Generation ihrer Enkel bereit machen würden. Die Generation ihrer Kinder, das heißt die damals 40–50-Jährigen, hatte durch die Kulturrevolution zu viel an akademischer Ausbildung und beruflicher Erfahrung verloren. Nur ganz wenige dieser »verlorenen Generation«, wie sie so oft genannt wurde, schaffte es, ins Ausland zu gehen und ein Studium bis zum Master-Abschluss zu absolvieren. In den späten 80er Jahren wurde der Master dann zur Einstiegsqualifikation für den höheren Beamtendienst. Mit 60 Jahren ging man damals in den Ruhestand, Frauen sogar mit 55. Da blieb nicht viel Zeit, eine Karriere zu durchlaufen.

Uns war sehr wohl klar, dass viele, die mit einem Ein-Jahres-Stipendium von UNDP ausreisten, dies als den Beginn eines längerfristigen Studienaufenthalts nutzen würden. Sie waren fast alle erfolgreich darin, eine Anschlussfinanzierung zu bekommen, zumal viele Universitäten im Westen, insbesondere in den USA, begierig waren, chinesische Studierende bis zu einem anerkannten Abschluss zu behalten. Oft erhielten die chinesischen Studenten Stipendien von den Universitäten, sobald sie genügend Englischkenntnisse hatten, um dem angebotenen akademischen Programm zu folgen. Mit einer Einführung des Master-Abschlusses als Einstiegsvoraussetzung für die Beamtenlaufbahn hatte die Regierung dann die uralte chinesische Tradition wiederbelebt, dass nur Bewerberinnen und Bewerber mit ausgezeichneten akademischen Kenntnissen dem Staat dienen konnten.

Diejenigen, die kein Stipendium ergattern konnten, transferierten zu staatseigenen Betrieben, wo die Anforderungen an die akademische Qualifizierung erst in den späten 90er Jahren angehoben wurden. Die Kader, die eine unternehmerische Ader hatten, fanden so ihre Nische. Diejenigen, die ihre Positionen aber nur über persönliche Beziehungen bekamen, wurden im Laufe der Jahre zu einer argen Belastung für die Unternehmen, und der Ablösungsprozess durch jüngere und besser ausgebildete Kräfte gestaltete sich schwierig.

Die Herausforderungen für die Deckung des Personalbedarfs in der staatlichen Verwaltung und in der Wirtschaft waren nach 1978 gigantisch. Während der 1990er gingen jährlich mindestens 100000 Studierende ins Ausland, denn die chinesischen Universitäten konnten ihre Kapazitäten nicht schnell genug aufstocken. Öffnung und Reformen der Universitäten begannen erst um 2000 herum zu greifen. In dieser Zeit konnten entwicklungspolitische Programme helfen, den Personalmangel zu verringern, aber nicht das Problem lösen.

## Die vier Modernisierungen – UNDPs programmatischer Rahmen

Die chinesische Planungskommission hatte als nationalen Rahmen für das Programm des UNDP die Modernisierung von Wissenschaft und Technik aus-gewählt.[9] Viele Parteikader verstanden dies als eine Direktive, Ausrüstungsgü-ter im westlichen Ausland zu kaufen. Wenn möglich jeweils 2 gleiche, damit man ein Gerät auseinandernehmen und studieren konnte. So begannen alle Projektdiskussionen mit der mühseligen Festlegung, dass technische Zusam-menarbeit mehr bedeutete als Maschinen und Laborausrüstungen. Wir wur-den sehr kompetent in der Argumentation, dass Modernisierung bedeutete, neue Wege in einer anderen Verfahrensweise zu gehen. Die älteren Wissen-schaftler, die im Westen studiert hatten, verstanden uns sofort, aber die jün-gere Generation war verwundert und zögerlich, unsere Argumente anzuneh-men. Sie konnten nicht abschätzen, wo dies alles hinführen würde. Oft wurden unsere Vorschläge mit »Ke yi« beantwortet. Das konnte, je nachdem, wer es sagte, unterschiedlich verstanden werden. Wörtlich übersetzt heißt der Aus-druck »vielleicht«. Aber wenn es ein Techniker war, konnte es heißen: »Wir werden sehen, was sich machen lässt«. Wenn es ein verunsicherter Partei-sekretär sagte, meinte es »Vergessen Sie es«. Wenn es ein älterer Wissenschaftler war, hieß es »Vielleicht können wir dies akzeptieren«. Ich erinnere mich beson-ders an eine Episode: Nach besonders anstrengenden Verhandlungen über ein wissenschaftliches Projekt kam es beim anschließenden Dinner zu folgendem Austausch: Die chinesischen Teilnehmer bedankten sich für unser Engagement und unsere Vorschläge. Aber sie wüssten halt am besten, was für China wichtig und richtig sei, immerhin seien sie, die Chinesen, ja ein Viertel der Menschheit, und da könne der Rest der Welt auch was von ihnen lernen. Darauf antwor-tete mein Kollege, der aus New York gekommen war, um uns bei den Gesprä-chen zu unterstützen: Das sei ja unbestritten, aber Dreiviertel der Menschheit

---

9   Die anderen waren Landwirtschaft, Industrie und Militär. Im Bereich Militär/Rüstung wurden wir nicht tä-
    tig, mit den anderen beiden Bereichen gab es allerdings viele Überschneidungen.

tickten halt anders, vielleicht wäre ja doch was für die Chinesen an relevanter Erfahrung zu übernehmen. Wir alle lachten und ließen uns danach die Pekingente schmecken. Übrigens wurde aus dieser eher introvertierten Haltung später während meines 2. Aufenthaltes am Ende der 90er Jahre die chinesische Ansicht, dass sie ein Fünftel der Erdbevölkerung waren und deshalb auch eine globale Verantwortung trügen. Eine markante Akzentverschiebung!

Im UNDP-Team war ich die einzige *Assistant Resident Representative*, die für das Programm zuständig war. Ich hatte eine große Arbeitslast, da ich 70 Projekte mit einem großen fachlichen Spektrum betreute. Drei chinesische Mitarbeiter nahmen mir einen Teil der Arbeitslast ab. Wir alle waren ständig auf einer steilen Lernkurve. Selbst für die chinesischen Mitarbeiter gab es viel über China zu lernen, viele technische Bereiche waren uns fremd, die wir aber verstehen mussten, wenn wir als Gesprächspartner akzeptiert werden wollten. So lernten wir Details über Erdbebenbeobachtung und die verbesserte Technologie für Schlachthäuser. Ich beschäftigte mich in Zusammenarbeit mit UNESCO mit der Verbesserung der Forschungs- und Lehrkapazität von 10 Schlüsseluniversitäten in China und mit der Einführung von Unterrichtsmethoden für das Erlernen von Englisch als Fremdsprache.

## Brokkoli und andere durchschlagende Neuerungen

Schwer zu glauben, aber wahr: China kennt etwa 100 verschiedene Kohlsorten, aber kannte bis in die frühen 80er Jahre keinen Brokkoli. Folgendes passierte: Das Beijing Gemüse-Forschungsinstitut, das im Westen Beijings entlang des Kanals, der zum Sommerpalast führte, lag, hatte uns gefragt, ob wir für sie einen Professor von der Reading-Universität in Großbritannien als Experten rekrutieren könnten. Er galt damals als die größte Autorität in Sachen Blumenkohl. Das Institut wollte den Nahrungswert chinesischer Kohlsorten durch neue Züchtungen erhöhen, denn in Nord- und Zentralchina war Kohl die einzige pflanzliche Vitaminquelle für die Bevölkerung von November bis März. Also flog die FAO den Experten ein. Der hörte sich die chinesischen Forscher an und sagte dann nur, was diese bräuchten, wäre nicht Blumenkohl, sondern Brokkoli. Ausnahmsweise hatten die chinesischen Wissenschaftler von dieser Gemüsesorte noch nicht gehört. Der englische Besucher versprach, Samen aus England zu schicken. Dieser wurde dann auf den Versuchsfeldern des Instituts und von den Bauern in der Umgebung ausgesät, später über ein Netzwerk von landwirtschaftlichen Forschungszentren in ganz China verteilt. Der Erfolg war so durchschlagend, dass heute in China kaum noch ein Essen serviert wird, das nicht wenigstens ein Gericht mit Brokkoli enthält. Damals hatte ich allerdings die schwere Aufgabe, meine Kollegen im Büro von dem hohen Ernährungswert an Vitaminen und Mineralien dieses Gemüses und seinem Geschmack zu überzeugen. Alle paar Wochen fuhr ein LKW des Instituts bei uns in Sanlitun vor und lieferte eine Stiege Brokkoli, die ich dann mit viel Mühe und Überredungskünsten im Büro verteilen musste.

Aber Brokkoli war keineswegs der einzige durchschlagende Erfolg. Als ich 1998 wieder in China für UNDP tätig wurde, wollte es der Zufall, dass meine erste Dienstreise auf die Insel Hainan in Südchina führte. Dort gibt es die Akademie für tropische Landwirtschaft. In den 80er Jahren hatten wir die Forscher der Akademie unterstützt, Naturkautschuk in Südchina zu propagieren. Sie wollten den Bauern ein vielversprechendes landwirtschaftliches Produkt für die industrielle Verwendung zur Verfügung stellen und ihnen so ein gutes monetäres Einkommen auf dem heimischen wie auch auf dem Weltmarkt ermöglichen. Wir waren nicht überzeugt von den Erfolgsaussichten dieses Projektes, aber auf Drängen der FAO stellten wir 250 000 US-Dollar zur Verfügung. Nun war ich neugierig zu erfahren, was aus diesem Projekt geworden war. Als meine Mitarbeiter um einen Besuchstermin baten, wurde dieser sofort gewährt, und wir wurden vom Direktor der Akademie empfangen, der sich gut an dieses Projekt erinnerte, da er der nationale Projektdirektor gewesen war. Voller Stolz erzählte er uns, dass China, in dem es bis zur Mitte der 80er Jahre keine Gummibaumplantagen gab, Ende der 90er Jahre die viertgrößte Anbaufläche weltweit hatte und auf dem 5. Platz stand in der Produktion von Naturlatex. Darüber hinaus waren sie immer noch im wissenschaftlichen Kontakt mit einem Forschungsinstitut in Malaysia, mit dem sie gemeinsam eine der umfangreichsten Banken genetischen Materials von Gummibaumarten managten. Solche Ergebnisse machten mich sprachlos und bezeugten, dass China tatsächlich das Traumland für jeden war, der entwicklungspolitisch arbeitete.

## Wandel und Veränderung schaffen

In den frühen 80er Jahren verstanden wir uns bei UNDP als Agenten des Wandels. Wir wollten den Chinesen Türen und Fenster zur internationalen Welt öffnen, um Erfahrungen in der Welt zu machen, und wir wollten dem Rest der Welt Gelegenheit geben, Erfahrungen in China zu sammeln.

Dass wir in weniger als 2 Jahren ein lebendiges und vielseitiges Programm auf die Beine gestellt hatten, grenzte fast an ein Wunder. Als die Chinesen ihre erste Anfrage an UNDP stellten, machten sie klar, dass eine Mittelvergabe an China nicht zu einer Reduzierung der finanziellen Mittel für andere Entwicklungsländer führen durfte. Das war gleichbedeutend mit der Quadratur des Kreises. Nach den bestehenden Kriterien hätte China die größte Summe bekommen müssen, stattdessen fingen wir mit etwa 25 Millionen US-Dollar für 3 Jahre an, finanziert aus UNDPs Rücklage für Währungsschwankungen. Bei der Größe Chinas eine verschwindend geringe Summe, aber ein Anfang. 1982 fing für UNDP global ein neuer Planungszyklus an, und für die Chinesen der nächste Fünfjahresplan. Dann würde man weitersehen.

Bis dahin stellte sich die Frage, wie setzt man 25 Millionen US-Dollar strategisch so ein, dass erkennbare Ergebnisse erreicht werden und sie nicht nur eine Spritze konvertibler Währung darstellten. Außerdem mussten Projekte in ganz China laufen und nicht nur in Beijing und Shanghai. Eine Reihe von Filtern wurde für die Projektauswahl angewandt. Konzeptionell: Alle Projektanträge mussten unter dem nationalen Programm der 4 Modernisierungen priorisiert sein und eigene Budgetmittel zur Verfügung gestellt werden. Institutionell: Alle Anfragen mussten über das Außenhandelsministerium (MOFTEC) laufen. Dort wurde eine spezielle Abteilung, die 6. Abteilung, eingerichtet, die von einem Veteranen des Langen Marsches, Direktor Chen, geführt wurde.

Direktor Chen war kurz vor dem Ruhestand und hatte keine weiteren Ambitionen, als jüngeren Kadern Chancen zu eröffnen. Tatsächlich wurde das Personal in seiner Abteilung eines der jüngsten im Ministerium. Englischkenntnisse waren für alle unerlässlich. Das war im damaligen China eine seltene Fähigkeit, so wurde es schwer, ausreichend Mitarbeiter zu finden, zumal auch 4 von ihnen an das UNDP-Büro ausgeliehen werden mussten. Frauen und Männer waren grundsätzlich gleichgestellt, im damaligen bürokratischen System gab es auf den Ebenen unterhalb eines Referatsleiters keine Sekretärinnen. Deren Aufgaben mussten von den jungen Beamten mit übernommen werden.

Eigenartigerweise wurden dann bei der Versetzung zu UNDP die Frauen zu Sekretärinnen und die Männer zu *Programme Officers*. Angeblich weil die Frauen besser tippen konnten. Es ärgert mich noch heute, dass sich UNDP damals diesem Trend nicht widersetzte. Die chinesischen Mitarbeiterinnen wehrten sich, indem sie sobald wie möglich ihre Rückversetzung beantragten und wir somit die *Programme Officer* oft zwingen mussten, auch bei uns ihre eigenen Sekretäre zu sein.

Interessanterweise war die Altersstruktur im UNDP-Büro sehr ähnlich. Unser Chef war nahe an der Altersgrenze, wir anderen waren alle Mitte 30, meistens noch unverheiratet. Übrigens verpflichtete die chinesische Regierung ihre Mitarbeiter, die älter als 28 waren, zu heiraten. Vorgesetzte und Parteisekretäre wurden aktiv als Vermittler. Eine unserer Mitarbeiterinnen erzählte uns freimütig von diesen Bemühungen und davon, wie widerwärtig sie es empfand, so behandelt zu werden. Andererseits, als zwei meiner männlichen internationalen Kollegen sich in Chinesinnen verliebten und diese heiraten wollten, zeigte sich die Bürokratie von ihrer hässlichsten Seite. Nicht nur mussten die Arbeitgeber der Chinesen zustimmen und unser Partnerministerium für die beiden Herren eine Unbedenklichkeitserklärung abgeben, auch mussten Originale von allen Dokumenten erbracht werden. Notariell beglaubigte Kopien reichten nicht aus. Aber nach vielen Monaten durften die Paare heiraten und bis zur Versetzung meiner Kollegen auch zusammen in den internationalen Wohnkomplexen wohnen.

Die große Anzahl junger Beamten sowohl bei UNDP wie auch in der 6. Abteilung im Ministerium führte dazu, dass eine gewisse Kameraderie zwischen uns entstand. Einige machten eine glänzende Karriere auf der nationalen Seite, die ich bei meinem 2. Aufenthalt in China dann in Führungspositionen wiederfand, andere wechselten zu UNDP und stiegen dort auf oder blieben im lokalen Büro. Als ich 1998 die Leitung übernahm, waren noch 12 der Mitarbeiter und Mitarbeiterinnen aus der Anfangszeit da.

## Auswahl und Gestaltung von Projekten

Nachdem der finanzielle Rahmen von 25 Millionen US-Dollar durch UNDP festgelegt war, kontaktierte die 6. Abteilung andere Abteilungen im Ministerium und nachgeordnete Institutionen und Organisationen des Ministeriums.

Aber wir bei UNDP waren daran interessiert, nicht nur im Bereich Außenwirtschaft zu arbeiten, so wichtig dieser Bereich für die Reformen auch war. Deshalb baten wir Direktor Chen, auch andere Ministerien zu kontaktieren. Das Ergebnis waren 500 Anfragen. Unsere chinesischen Partner fanden das gar nicht lustig und zeigten sich überwältigt von dieser Flut von Anträgen. Gemeinsam überlegten wir uns Kriterien, mit deren Hilfe diese übergroße Anzahl von Projektvorschlägen priorisiert und damit verringert werden konnte. Wir alle lernten dabei eine Menge über das chinesische Planungs- und Budgetsystem und die chinesische Seite über UNDPs Art der Planung und Budgetgestaltung. Schließlich überlebten 50 Anfragen und wir begannen mit dem Design der Projekte.

Im chinesischen System war es gang und gäbe, Projektvorschläge mit aufgeblasenen Budgets einzureichen. Zum einen damit sie wichtig erschienen, zum anderen um ein finanzielles Polster zu haben, wenn unvorhersehbare Ausgaben entstanden. Sobald die finanziellen Mittel genehmigt waren, legten die Projektautoritäten los, rekrutierten Mitarbeiter, wenn ihnen fachliches Wissen fehlte, auch wenn die Arbeitsbelastung für eine volle Stelle nicht ausreichte. Aber anstatt mit anderen Fachabteilungen zusammenzuarbeiten, wollte jede Projekteinheit selbstständig arbeiten. Alles andere hätte einen Identitätsverlust bedeutet. So gab es im chinesischen System viel Redundanz, aber auch Innovation, Lösungen eigenständig im gesetzten institutionellen Rahmen zu finden, was für eine Bürokratie ungewöhnlich war. Nur Ergebnisse zahlten, nicht wie sie erarbeitet worden waren. In einem System, wo nur der Schnellste und Klügste Ressourcen bekam, war der pragmatische, flexibel in Eigenregie organisierte Arbeitsstil sehr effektiv.

Im Gegensatz dazu entwarfen wir bei UNDP einen Projektplan mit Pro-Forma-Kosten, Stellenbeschreibungen, Reise- und Ausbildungsplänen und Spezifizierung von erforderlicher Ausrüstung. Zeitpläne sahen Meilensteine und gemeinsame Überprüfung von erreichtem Fortschritt vor. So strichen wir zu Beginn von Projektverhandlungen immer erst einmal die Budgets zusammen. Aber die Projektantragssteller wollten sich dies nur gefallen lassen, wenn wir am beantragten Volumen festhielten. Freiwerdende Mittel wollten sie dann für zusätzliches Gerät benutzen. Aber die 6. Abteilung ließ dies nur ein paar Mal durchgehen. Dann schalteten sie um und sagten den Antragstellern nicht, wie viel Mittel von UNDP zur Verfügung stehen würden, sondern handelten erst Ziele und benötigte Arbeitspläne und Mittel aus, bevor ein Budget formuliert wurde. Zum großen Erstaunen der Chinesen hatten wir in den meisten Fällen am Jahresende eine finanzielle Punktlandung – und auch die gesteckten Ziele erreicht. Zwar hatten sich die UNDP-Führung und die Abteilung unter Direktor Chen auf einen finanziellen Rahmen für jedes Projekt geeinigt, aber die Ziffer wurde nicht mehr bekannt gegeben. Bei der Umsetzung der Projekte erwarb sich UNDP bei den chinesischen Partnern den Ruf, »bürokratisch« zu sein, was uns immer lächeln ließ. Damals war es in China unbekannt, dass man Stellen ausschrieb und für Ausrüstungsgüter mehrere Angebote einholte. Wenn wir dann nachweisen konnten, dass unsere Vorgehensweise eben nicht nur »bürokratisch« war, sondern auch zu besseren Ergebnissen führte, wurde dies sang- und klanglos zur Kenntnis genommen. Aber wenn es Verspätungen gab, stand sofort jemand von der Projektleitung bei uns im Büro oder rief an.

In anderer Hinsicht spielten wir das Spiel des guten und des bösen Polizisten. Während wir in UNDP für die Kritik wegen der Nichtbekanntgabe der UNDP-Finanzmittel gerade standen, übernahm das Ministerium die Aufgabe, die chinesischen Fachleute davon zu überzeugen, dass technische Zusammenarbeit auch und in erster Linie den Austausch mit ausländischen Fachleuten bedeutete. Geduldig erklärten sie, dass Geräte im westlichen Ausland anderen Arbeitsläufen zugeordnet waren und man diese verstehen musste, um sie produktiv und bis zur vollen Kapazität einzusetzen. Eins der eklatantesten Beispiele für anfängliche Missverständnisse waren Computer, die wir mit viel Mühe für die Chinesische Akademie der Traditionellen Medizin einführten.[10]

Als ich nach Ankunft der Computer eine Projektbesichtigung vornahm, wurde ich mit einem weißen Kittel versehen, Überschuhen und einer Haube. Wir betraten einen Raum, der gegen den Pekinger Staub isoliert war. Ich war gespannt zu erfahren, wie die chinesische Methode, Pflanzen mit medizinischen Eigenschaften zu katalogisieren, mit einem westlichen Computersystem zusammengehen würde. Aber als ich fragte, wie sie den Computer denn einsetzten, wurde mir gesagt: für die monatlichen Gehaltsabrechnungen. Ich war verdutzt. Gehälter in China waren zur damaligen Zeit eine einfache Angelegenheiten, denn jeder bekam mehr oder weniger das gleiche Gehalt. Die Chinesen bemerkten mein Erstaunen und erklärten, der Computer war mit einem

---

10  Alle Computer, die nach China geliefert werden sollten, brauchten eine Genehmigung der von den US geführten internationalen Kommission COCOM, die Exporte westlicher Technologie in kommunistische Länder überwachte. Damit sollte verhindert werden, dass solche Technologien für militärische Zwecke genutzt wurden.

System für die Lohnzahlungen gekommen, also wollten sie es auch nutzen. Trotz dieses etwas banalen Anfangs wurde der Computer später noch fachgerecht eingesetzt.

## Die Relevanz unseres Programms über UNDP und China hinaus

Als UNDP ein Büro in Beijing öffnete, war es das erste einer internationalen Organisation, aber andere UN- und bilaterale entwicklungspolitische Organisationen folgten sehr bald. Trotzdem, für mehrere Jahre war UNDP ein großer Fisch in einem kleinen Teich von Gebern. Unser Rat und unsere Hilfestellung wurden häufig gesucht. Wir halfen bei der Logistik, wir stellten der Weltbank Gelder zur Verfügung, damit sie ein eigenes Programm schneller auf die Beine brachten, wir teilten unsere Erfahrungen mit bilateralen Gebern wie AUSAid. Die kanadische Organisation CIDA flog mich auf ihre Kosten nach Ottawa, um für einen Bewerber-Test meine Antworten als Maßstab zu sammeln. So wollten sie sicherstellen, erfolgversprechendes Verhalten mit diesem Test richtig einschätzen zu können.

Auch viele Geschäftsleute kamen zu uns und fragten uns nach unserer Einschätzung des chinesischen Markts. Unser Rat war es immer, sich nicht von der Größe des chinesischen Marktes zu viel zu versprechen. Die Regierung würde ihnen nur Zugang gewähren in einer Partnerschaft mit einem chinesischen Unternehmen. Nicht allen gefiel diese Einschätzung. Aber sie wussten, dass wir und sie nicht im Wettbewerb miteinander waren. Dazu war unsere Aufgabenstellung zu unterschiedlich. Deshalb musste an unserer Einschätzung was Wahres dran sein. Die Unternehmen, die sich auf eine Partnerschaft einließen, mussten oft viele bürokratische Hindernisse überwinden, aber langfristig haben sich Investitionen in China für sie in den meisten Fällen gelohnt.

Im Laufe der Zeit reifte unser Programm, erste Erfolge unserer Zusammenarbeit wurden sichtbar. Die chinesischen Beamten vertrauten uns, und so begannen wir, Vorschläge für mögliche Projekte zu machen. Ich war besonders daran interessiert, dass sich UNDP auch in Tibet und Xinjiang engagierte.

## Nach Tibet und Qinghai – auf das Dach der Welt

1980 war die Autonome Region Tibet für ausländische Organisationen jeglicher Art verschlossen. Die Regierung wollte keine Reisen von Ausländern, und ausländische Organisationen wollten nicht in politische und soziale Konflikte in diesen Regionen verwickelt werden. Wir bei UNDP sahen das anders. Wenn sich China öffnete für die Modernisierung seiner Wirtschaft und Gesellschaft, dann sollten Tibet und Xinjiang nicht ausgenommen sein. Deshalb begannen wir gegen Ende 1981 vorsichtig unsere Fühler auszustrecken, indem wir uns erkundigten, ob es denn keine Anfragen aus Tibet gäbe. Die 6. Abteilung antwortete, doch, aber die Anfragen sind schlecht und so können wir sie nicht an euch weitergeben.

Wir betonten wiederholt unser Interesse – und dann kam auch tatsächlich eine Anfrage zu uns durch. Die Regierung der Autonomen Region wollte technische Hilfe von uns für eine Evaluierung der geothermischen Quellen in der Nähe von Lhasa, um sie als Energieträger zu nutzen. Wir sandten die Anfrage an unsere Kollegen bei UNDTCD[11] in New York. Die Antwort von dort war, dass der Vorschlag nicht nur technisch solide war, sondern die italienische Regierung Gelder für die technische Zusammenarbeit zur Verfügung stellen würde. Da wir uns aber nicht nur auf eine einzige Evaluierung einlassen wollten, nutzten wir UNDP-Gelder, um auch Experten aus Neuseeland und Island einzufliegen. Das Team in Lhasa akzeptierte unsere Vorgehensweise, das Projekt wurde mit einer Mischfinanzierung UNDP-Italien genehmigt. Ausnahmsweise begannen wir nicht mit einer Studienfahrt, sondern mit dem Besuch ausländischer Experten.

Als die Experten aus Lhasa zurückkamen nach Beijing, waren sie unsicher, ob die lokalen Pläne realisierbar waren. Sie nahmen an, dass die Brunnen zu tief und die Temperatur des Wassers, wenn es an der Oberfläche ankam, zu niedrig war. Allerdings hatten sie alle keine Erfahrung mit geothermischer Energiegewinnung auf 4000 Metern Höhe. Es war unter diesen Umständen vielleicht doch möglich, das geothermische Wasser zu nutzen. Guter Rat war nun teuer. Schließlich gingen die lokalen Ingenieure auf eine Studienfahrt, die sie auch nach Japan führte. Von dort kamen sie mit einem Lösungsvorschlag

---

11  *Department of Technical Cooperation for Development*

zurück, der Aussicht auf Erfolg versprach. Den Projektbeginn erlebte ich nicht mehr, da ich kurz darauf nach New York versetzt wurde. Aber als ich im Mai 1999 nach Tibet reiste, erkundigte ich mich natürlich nach dem Projekt und erfuhr, dass inzwischen 40 Prozent des Elektrizitätsbedarfs von Lhasa aus diesem geothermisch betriebenen Kraftwerk stammte.

Auf der gleichen Reise hatte ich aber auch die wenig beneidenswerte Aufgabe, ein Projekt zu stoppen, da es keine Aussicht auf Erfolg gab. Im Norden Tibets hatten Ingenieure versucht, in der Stadt Naqu das Beispiel Lhasas zu wiederholen, waren aber über mehrere Jahre hinweg nicht zu einem Abschluss gekommen. Ich stoppte deshalb die UNDP-Finanzierung und riet den lokalen Autoritäten, stattdessen Windenergie zu nutzen, denn starke Winde bliesen das ganze Jahr über auf dieser Hochebene. Leider wurde dieser Vorschlag nicht aufgegriffen.

Im Sommer 1982 reiste ich privat in die Provinz Gansu und nach Xinjiang. UNDP unterstützte ein Projekt in der Nachbarprovinz Qinghai, und ich wurde von meinem Vorgesetzten gebeten, meinen Urlaub zu unterbrechen, einen Abstecher in die Hauptstadt Xining zu machen, um das Projekt zu besuchen. Vor meiner Abreise aus Beijing hatte ich aber noch keine Reisegenehmigung für Xining erhalten. Als ich in Lanzhou ankam, lag sie auch dort nicht vor. Nach mehreren Gesprächen wurde mir dann aber doch eine Genehmigung lokal erteilt und ich stieg in den Zug von Lanzhou nach Xining. Als wir in den Bahnhof von Xining einfuhren, gab es viele Banner, einen roten Teppich und viele Tibeter, die die Ankunft des Zuges erwartet hatten. Der große Empfang war natürlich nicht für mich, sondern für den Panchen Lama[12], der im selben Zug gereist war. Beijing wollte keine ausländische Zeugin für dieses Ereignis, in Lanzhou sah man das lockerer. Während meines Aufenthalts kreuzten sich unsere Wege natürlich nicht, aber ich besuchte Tempel und andere Plätze, die für den Besuch des Panchen Lamas festlich geschmückt waren, und sah die Heerscharen von Tibetern, die aus ganz Qinghai und den Nachbarprovinzen gekommen waren. In mein Tagebuch schrieb ich damals: »Die Armut, der Schmutz und die Rückständigkeit der tibetischen Landbevölkerung ist empörend. Der Lamaismus und die Ausbeutung der ländlichen Bevölkerung durch seine Vertre-

---

12 Der Panchen Lama vertritt neben dem Dalai Lama eine zweite Sekte der tibetischen Religion. Aber während der Dalai Lama ins Exil gegangen war, blieb der Panchen Lama in China. Die Familie des Dalai Lamas stammte übrigens aus einem Teil Qinghais, in dem auch damals noch mehrheitlich tibetische Nomaden lebten.

ter ist so überwältigend, dass man die Spiritualität kaum wahrnehmen und die Kunstwerke kaum schätzen kann.« Ich muss zugeben, dass ich auch bei späteren Reisen nach Tibet ähnliche ambivalente Gefühle und Gedanken hatte. Die Modernisierung Tibets musste mit den Klöstern und religiösen Führern passieren, aber wie sollte dies erreichbar sein? Ich komme später darauf noch mal zurück.

## Xinjiang – der zentralasiatische Westen Chinas

Die Reise, die ich im Sommer 1982 allein unternahm, war eine der schönsten, die ich in China hatte. Es war einfach, allein zu reisen. Bei der Abfahrt wurde man begleitet, bei der Ankunft auch wieder abgeholt. Unterwegs kam man leicht mit Leuten ins Gespräch, und sei es auch nur, damit man als Englischlehrer fungieren konnte.

Ich war nach Urumqi geflogen und fuhr mit dem Zug nach Xian zurück mit Zwischenstopps in Turfan und Dunhuang. Von Dunhuang nahm mich der Fahrer eines leeren Touristenbuses mit, der nach Jiuquan, dem westlichen Beginn der chinesischen Mauer, fuhr, um Gesellschaft zu haben. Das war klar gegen die Vorschriften, aber im fernen Westen Chinas spielte das keine große Rolle. Alle anderen gingen davon aus, dass eine Ausländerin schon die nötigen Papiere haben würde. Der Fahrer ersparte mir so eine Fahrt von 120 Kilometern zur nächstgelegenen Bahnstation, die auch noch in der falschen Richtung für mich war, und ermöglichte mir eine interessante und bequeme Fahrt durch die Wüste Gobi.

In Urumqi war die Spannung zwischen den Han-Chinesen und den Uiguren deutlich spürbar. Die Gewalt lag schlecht versteckt unter einer dünnen Decke alltäglichen Treibens. Als ich 20 Jahre später wiederkam, war die Situation einerseits im täglichen Leben deutlich entspannter. Alle Straßenschilder waren zweisprachig, und viele Han-chinesische Beamte sprachen auch Uigurisch. Andererseits hatte sich die Kluft vergrößert. Uigurische Frauen gingen verschleiert, die Imame verboten den Frauen, chinesische Männer zu heiraten, zum Teil aus religiösen, aber auch aus kulturellen Gründen. Chinesische Männer galten als eher bereit, ihre Frauen als gleichberechtigt zu behandeln, und waren deshalb für die Uigurinnen attraktiv, sehr zum Leidwesen der uigurischen Männer.

Wo immer ich auch ging, die Uiguren sprachen mich als eine der ihren an, sie waren freundlich und offen und zu einem scherzhaften Geplänkel bereit. Während solcher Zufallsbegegnungen offerierten sie frisch gebackenes Brot, Früchte, Wasser und erlaubten ungefragt den Zugang zu ihren Moscheen. Meine Han-chinesische Begleiterin war mächtig irritiert von diesem ungezwungenen Umgang. Als ich vor einer Moschee meine Schuhe auszog, fragte sie, ob ich Muslima sei. Ich verneinte und erklärte ihr, dass ich dies aus Respekt vor den muslimischen Gebräuchen tat, was sie kopfschüttelnd zur Kenntnis nahm.

Ein Erlebnis klingt bis heute in mir nach. Ich fuhr gegen Abend mit dem Fahrer des von mir gemieteten Autos zu den Ruinen von Jiaohe, etwa 5-6 Kilometer entfernt von der Turfan Oase. Es war immer noch heiß, aber die Sonne stand schon niedrig und die Schatten wurden länger. Die Ruinen liegen erhöht, man schaut über einen Steilhang hinaus in ein grünes, bewässertes Tal. Auf der staubigen Landstraße hatten wir einen Bauern überholt, der auf seinem von einem Pferd gezogenen Wagen saß und eine Pfeife rauchte. Als wir oben waren und ins Tal hinab schauten, war der Bauer mit seinem Wagen gut 1 Kilometer weitergefahren und sang nun ein uigurisches Lied. In der Stille trug seine Stimme klar und deutlich bis zu uns. Außer dem Lied und dem Wind in den Ruinen war kein anderer Laut zu vernehmen. Ein romantisch schöner und friedlicher Moment. Trotzdem dachte ich daran, dass Lop Nor, wo die chinesische Armee Atomwaffen getestet hatte, nicht weit entfernt lag. Später hörten wir, dass die Anzahl der Menschen, die an Krebs erkrankten und starben, in der Umgebung von Turfan überdurchschnittlich hoch war.

## Xian – die alte chinesische Hauptstadt

Mein letzter Halt auf dieser Reise war Xian. Dieses Mal hatte ich wieder nur einen Fahrer mit Auto bestellt, denn ich hatte einen hervorragenden schriftlichen Reiseführer. Zur damaligen Zeit waren Fahrer eine sehr privilegierte Berufsgruppe und fuhren nicht notwendigerweise dahin, wo der zahlende Gast hin wollte. Und wenn sie es taten, musste extra bezahlt werden. Trotzdem gelang es mir, den Fahrer mit Hilfe von Landkarten aus dem Reiseführer zu überreden, mich zu den Gräbern der Han-Dynastie zu fahren. Diese waren weniger bekannt und besucht als die anderen Grabanlagen in Xian. In späteren Jahren hatten Touristen aus Denkmalschutzgründen keinen Zugang mehr zu diesen Han-Gräbern. So aber war ich noch einer der wenigen ausländischen Besucher, die praktisch allein in den Grabkammern war. Die Kulturrevolution hatte die Gräber nicht zerstört, zu unscheinbar erschienen die Erdhügel in der Landschaft – auch war die Kenntnis und Wertschätzung als Zeugen chinesischer Geschichte verloren gegangen. Manchmal war es belustigend, aber meistens nur traurig, wenn wir unser Wissen aus den Reiseführern mit unseren chinesischen Begleitern teilten – das meiste war für sie ebenso neu wie für uns.

## Soziale Kontakte mit chinesischen Freunden und Arbeitskollegen

So diszipliniert wie Chinesen und Chinesinnen in der Familie oder am Arbeitsplatz waren, so rücksichtslos konnten sie in einer öffentlichen Situation sein. In einen Bus einzusteigen, ohne einen gewissen Vorrang oder Begleitschutz zu haben, ist eine ziemliche Herausforderung, denn Schlange stehen oder anderen den Vortritt freiwillig zu lassen, gab es nicht. Deshalb waren obligate Begleiter nicht nur zur Kontrolle, sondern auch zum Schutz zugeteilt. Darüber hinaus konnte man mit ihnen auf langen Fahrten plaudern und viel Interessantes erfahren. Im Gegensatz zu gängigen Vorstellungen sind Chinesen sehr gesprächig und lästern für ihr Leben gern über alles und jeden. Es erstaunte mich immer, wie viele Gerüchte über das Privatleben der Führungsgruppe Chinas, die hinter hohen Mauern in einem Teil der Verbotenen Stadt lebt, im Umlauf waren und auch uns zu Ohren kamen. China erlebten wir damals als eine überdimensionierte Dorfgemeinschaft.

Die Neugierde, über die Welt jenseits Chinas etwas zu erfahren, und das Interesse, Englisch zu lernen, überwand jegliche verordnete Distanz zu uns Ausländern. Kein Spaziergang war möglich, ohne dass man in manchmal kaum verständlichem Englisch gefragt wurde, wo man denn herkäme, wie alt man sei, was man beruflich mache und wie viel man verdiene. Kein Chinese würde diese Fragen einem wildfremden Chinesen stellen, aber bei Ausländern war das etwas anderes. Es ging auch nicht um die Antworten, sondern darum, sich auf Augenhöhe mit den Ausländern zu unterhalten in ihrer Sprache.

Von besonderem Interesse waren unsere Schuhe. Damals trugen die meisten Chinesen noch Stoffschuhe, während wir Lederschuhe anhatten. Nur hochrangige Kader trugen Lederschuhe. Ich stellte mir deshalb immer die Diskussion unter Chinesen vor, ob denn wohl alle Ausländer hochrangige Kader seien.

Ausländer waren damals eine exotische Erscheinung für Chinesen. Meistens wurden wir mit distanzierter Hochachtung, manchmal jedoch mit einer gewissen Animosität oder gar Feindseligkeit betrachtet, aber alles war immer überschattet von der Neugierde, wenn wir von Menschentrauben umringt wurden. So nützlich unsere Begleiter in solchen Situationen waren, so lästig war es doch auch, immer und überall begleitet zu sein. Einmal entkam ich dem Begleitschutz in Hangzhou und ging zurück zu dem Grab des Generals Yue Fei, der 1141 starb, weil ihn einer seiner Offiziere und ein Minister verraten hatten. Nun wachten die Verräter als kniende Steinfiguren vor dem Grab für immer und ewig, und Chinesen bespuckten sie mit Verachtung. Während ich nun ein wenig abseits stand und mir dies ansah, kam ein älterer chinesischer Herr auf mich zu und fragte mich auf Englisch, ob ich wüsste, was es mit dem Bespucken dieser Figuren auf sich habe. Ich verneinte (nicht ganz ehrlich), und er erzählte mir die Geschichte in perfektem Englisch noch einmal. Dieses Mal bildete sich um uns ein geordneter Kreis von Menschen, die bewundernd dem Herrn zuhörten, vermutlich ohne ihn zu verstehen. Beim Abschied stellte sich dann heraus, dass er Professor für Anglistik an der Universität war. Solche freundlichen Begegnungen gab es eben auch.

Als ich im Januar 1980 in Beijing ankam, fuhr ich täglich an der Demokratiewand an der Chang'an vorbei. Diese von Bürgern geschriebenen Wandzeitungen erhielten viel Aufmerksamkeit in den westlichen Medien, tatsächlich waren sie aber nur ein Symbol für die Mauern, die die Chinesen einzureißen begannen, weil sie ihre persönliche Bewegungsfreiheit einschränkten. Zwar hielten sich unsere unmittelbaren chinesischen Kolleginnen und Kollegen zurück, uns auch sozial außerhalb der Arbeit zu begegnen. Aber einige von uns hatten Kontakte zu ausländischen Experten, die bei den fremdsprachigen Medien Chinas angestellt waren. Über sie machten wir die Bekanntschaft mit wagemutigen chinesischen Journalisten, Künstlern und Studierenden. Wir trafen diese zunehmende Zahl Wagemutiger in Parks und Restaurants, die sowohl Chinesen wie auch Ausländer bewirteten. Manche luden uns zu sich nach Hause ein. Gelegentlich nahmen wir den einen oder anderen mit auf unsere Picknickfahrten zu den Ming-Gräbern und tauschten uns über chinesische Geschichte, Kunst und Kultur aus. Unsere Bekannten waren keine Dissidenten, aber sie waren aufmüpfig und wagten, die bestehenden Verbote zu ungenehmigten Kontakten mit Ausländern zu überschreiten.[13]

Eine meiner größten Schätze war ein Rollbild, das mir der Chef-Kurator der Museumssammlungen in der Verbotenen Stadt geschenkt hatte. Es war die Kopie einer Kalligraphie mit einer Zeile aus einem Gedicht des 19. Jahrhunderts. In chinesischer Sprache hieß es »Nande hu tu«. Der Dichter beklagte das Scheitern der Reformen in der Zeit der ausgehenden Qing-Dynastie. Ich hängte dieses Bild in meinem Büro auf und war immer darüber erstaunt, wie viele meiner chinesischen Besucher das Gedicht kannten und mir anboten, es zu übersetzen. Die mir liebste Übersetzung war: »Es ist schwer vorzugeben, dass man nichts weiß.«

Nach fast 3 Jahren, im Herbst 1982, zeigte sich der Stress der angespannten Arbeit bei mir. Die ständigen intensiven Diskussionen mit chinesischen Partnern, wie und mit welchen Mitteln wir am besten ihren Modernisierung unterstützen könnten, laugten mich aus. Seit Ende 1979 hatte UNDP 130 Projekte formuliert und genehmigt. 70 davon wurden von mir betreut. Mehr als einmal widersetzte ich mich, dem chinesischen Standardansatz zu folgen, da ich vermutete, dass es eine bessere und kostengünstigere Vorgehensweise geben müsste. Mir wurde dann die Mühe der Beweislast übertragen, und so verbrachte ich lange Tage im Büro, um die notwendigen technischen Kontakte im VN-System zu knüpfen. Was dabei half war, dass jeder China helfen wollte. Niemals vorher oder nachher habe ich das VN-System effizienter und effektiver arbeiten gesehen. Dennoch: Die chinesische Seite zog unsere Einwände und Vorschläge in Erwägung; aber sie ließen sich Zeit, sie aufzugreifen, und machten sie nur mit großem Widerwillen zu ihren eigenen. Unser Tempo war trotzdem halsbrecherisch. Es gab Monate, in denen wir mehrere Projekte pro Woche genehmigten und Mittel freigaben. Außerdem hatten wir ein Fünfjahresprogramm für die Zeit 1982–86 formuliert, für dessen Vorbereitung ich die nötigen Hintergrundinformationen gesammelt hatte. Völlig erschöpft flog ich im Oktober 1982 für einen kurzen Urlaub nach Japan. Dort wurde mir klar, es gab eine Welt außerhalb Chinas, die auch interessant und abwechslungsreich

---

13  Eine unserer engsten Bekannten war Zhang Zhi Mei. Sie emigrierte einige Jahre später nach Kanada und schrieb ein Buch über ihr Leben, das in englischer, deutscher und französischer Sprache erschien. Der englische Titel lautet »Fox Spirit. A Woman in Mao's China«. Erschienen 1992 in Montreal. Ein anderes kürzlich erschienenes Buch ist von Gail Pellett »Forbidden Fruit 1980 Beijing. A memoir«, das anschaulich und lebendig die Lebenssituation für ausländische Experten im damaligen China schildert.

war. Ich beschloss also, dass es Zeit für mich war, um eine Versetzung zu bitten. Weder mein Chef noch das Regionalbüro in New York waren glücklich über meine Anfrage, aber sie verstanden, dass ich die hohe Belastung nicht mehr viel länger aushalten würde.

Ich wollte mehr über UNDP und sein globales Netzwerk erfahren und bat um eine Versetzung nach New York. Jedes andere Land würde nach China klein und wahrscheinlich auch ein bisschen langweilig erscheinen. Im Asienbüro gab es keine freie Stelle, und so nahm ich, zur Überraschung aller, einen Posten im New Yorker Hauptquartier in unserem Regionalbüro für die arabischen Länder an. Ich sollte die UNDP-Länderbüros in den Maghreb-Ländern und Djibouti betreuen.

# Der Nabel der Welt:
# New York (1983–1987)

Mitte Januar 1983 verließ ich Beijing Richtung New York, fast auf den Tag genau nach 3 Jahren einer aufregenden und lehrreichen Zeit. Als ich in New York ankam, waren alle Führungskräfte des Büros für arabische Länder auf einer Konferenz in Kopenhagen. Deren Abwesenheit gab mir die Möglichkeit, mich mit der neuen Aufgabe vertraut zu machen und eine Wohnung zu suchen. Glücklicherweise konnte ich zunächst bei Freunden bleiben und mir so Zeit lassen. Aber nach relativ kurzer Zeit sollte mein Umzugsgut aus China eintreffen, und ich hatte immer noch keinen Mietvertrag unterschrieben. Dies gestaltete sich schwieriger als gedacht. Als ich eine Wohnung, die mir zusagte, gefunden hatte, wollte der Makler unmögliche Garantien. Einige Vermieter hatten schlechte Erfahrungen gemacht mit Angehörigen des diplomatischen Corps, die bei den VN akkreditiert waren und die New York mit hohen Mietschulden verließen. Es nutzte nichts, dass ich darauf hinwies, dass ich nicht Diplomatin, sondern VN-Beamtin sei und mein Arbeitgeber in New York ansässig war. Aber all das überzeugte den Makler nicht, so rief ich einen Rechtsanwalt an, den ich zwar nicht kannte, aber eine Freundin hatte mir gesagt, dass er ihr Cousin sei und ich ihn jederzeit anrufen könnte, falls ich einmal einen Rechtsanwalt brauchte. Max arbeitete in der Kanzlei des ehemaligen Bürgermeisters von New York, John Lindsay. Er hatte sicherlich wichtigere Fälle zu bearbeiten, aber er hörte mir geduldig zu. Nach einer halben Stunde rief er mich zurück und sagte, ich könnte jetzt den Vertrag beim Makler unterschreiben.

Diese Episode gab mir einen ersten Eindruck von dem angespannten Verhältnis, das einige New Yorker zu den Vereinten Nationen hatten, obwohl deren

Anwesenheit der Stadt jährlich Milliarden an Umsatz brachte, wie ich später einmal der Stadtregierung erklären konnte. Aber dazu mehr im Kapitel 5.

Einige Jahre später gab der stellvertretende Ständige Vertreter der USA bei den Vereinten Nationen in einem Interview bekannt, dass die US-Regierung nichts dagegen hätte, wenn der Hauptsitz der VN von New York in ein anderes Land verlegt werden würden. Damit wollte er die enormen Rückstände der Mitgliedsbeiträge der USA bei den VN rechtfertigen.

Als dann Mitte der 90er Jahre die *New York Times* in ihrem Wochenendmagazin einen Artikel über New York als »Hauptstadt der Welt« veröffentlichte, wurden die VN nicht einmal erwähnt. Natürlich gab es trotz dieser Eiszeit zwischen Washington und den VN viele New Yorker, die sich den Zielen der VN verpflichtet fühlten und für die VN warben. Aber das offizielle New York hatte ein sehr ambivalentes Verhältnis zu den Vereinten Nationen.

## Das Leben in New York

Ich hatte mich sehr auf New York gefreut und fühlte mich im Privaten, nach den anfänglichen Schwierigkeiten, sehr wohl und in vieler Hinsicht wie zu Hause. Ich genoss, was die Stadt kulturell zu bieten hatte sowie die große und ungehinderte Freizügigkeit. Erst jetzt wurde mir bewusst, wie einengend das Leben in China gewesen war – trotz aller Privilegien. Mein Freundes- und Bekanntenkreis wuchs ständig. Als dann auch noch deutsche Freunde aus Beijing nach New York versetzt wurden, war ich in New York voll angekommen. Sie bezogen eine Wohnung, die nur ein paar hundert Meter von meiner entfernt war, so konnten wir uns oft spontan zu einem Bier bei *Fanelli's*, einer Bar in der Mercer Street, oder zum Kino verabreden, genauso wie wir es in Berlin gemacht hatten.

Die Ankunft meiner Freunde belegte einmal mehr, dass, je länger man international arbeitet, die Welt zum Dorf wird. Überall trifft man auf Menschen, die einem bekannt und vertraut sind. Ein zweites Ereignis unterstrich diese Erfahrung noch deutlicher.

So wunderbar Manhattan ist, es ist laut, ruhelos und sehr ermüdend. Deshalb hat jeder, der es sich leisten kann, ein Refugium auf dem Lande. Viele New Yorker mieten für den Sommer vom Memorial Day (Anfang Mai) bis zum Labour Day (Anfang September) eine Ferienwohnung oder Haus. Natürlich konnten wir uns, als VN-Beamten, ein solches Sommerquartier in den Hamptons nicht leisten, aber es gab Orte, die erschwinglich waren und dennoch übers Wochenende erreichbar blieben. So begann auch ich zusammen mit Kolleginnen zu suchen. Dann entdeckte ich im April in der *New York Times* eine klitzekleine anonyme Anzeige, in der ein Häuschen in den *Catskills* für 450 US-Dollar für die ganze Saison angeboten wurde. Dies konnten wir uns leisten, und ich rief an. Die Nummer gehörte jemandem in der Gegend von Philadelphia. Eine junge Frau war am Apparat und sagte, dass es schon Interessenten gäbe, aber wir könnten uns das Haus trotzdem einmal ansehen. Am Ende des Gesprächs fragte ich, mit wem ich denn sprechen würde. Sie nannte einen Namen, den ich gut aus China kannte, so fragte ich sie, ob sie diese Familie kennen würde. Woraufhin sie antwortete, dass dies ihre Schwiegereltern seien. Als ich ihr dann erzählte, dass ich manches Wochenende bei ihren Verwandten verbracht hätte in meiner Zeit in Beijing, war sie so erfreut, dass wir das Haus mieten konnten. Wir fuhren dann doch erst einmal hin und sahen uns um. Das Häuschen war die ehemalige Unterkunft der Landarbeiter auf einem Gut, das oberhalb des Ashokan-Stausees lag, einem der größten Wasserspeicher für die Stadt New York, es war nur wenige Kilometer von Woodstock entfernt. Es war ziemlich heruntergekommen, aber wir beschlossen trotzdem, es zu mieten und es auf unsere Kosten anzustreichen. Wir verbrachten dann viele wunderbare Wochenenden mit Freunden, Familienmitgliedern und Bekannten in diesem Haus. Die Catskills, etwa 100 Kilometer entfernt von Manhattan, sind immer noch eine ländliche Gegend mit unasphaltierten Straßen, ausgedehnten Wäldern und viel Wild. Es sollte sogar Bären geben. Aber uns genügten die Waschbären, die unsere Mülltonnen umwarfen, und die Rehe, die unsere Blumen abfraßen.

## Mein Arbeitsumfeld

So leicht es war, sich in New York einzuleben, so schwer fiel es mir, mich im Dienst zurechtzufinden. Als ein *Programme Officer* war ich am Hauptsitz der Organisation so ziemlich am untersten Ende der bürokratischen Hierarchie.[14]

---

14  Ich war zwar in China zu dem nächsthöheren Dienstgrad befördert worden, aber in New York war ich immer noch unterhalb der Management-Ebene.

Alles, was ich produzierte, brauchte die Abzeichnung eines höheren Beamten. In einem Länderbüro musste man oft schnell reagieren und hatte keine Zeit, sich eine Antwort vom Vorgesetzten absegnen zu lassen. Häufige Gespräche mit den Vorgesetzten mussten ausreichen, um eine gemeinsame Linie zu finden. Anders war dies in der Hauptverwaltung. Da musste man auf Anweisungen warten. Darüber hinaus waren viele der höherrangigen Beamten entweder niemals oder vor langer Zeit in einem Länderbüro tätig gewesen. Sie verstanden ihre Aufgabe so, dass sie den Kollegen in den Ländern auf die Finger klopfen mussten. Mir war diese Arroganz ziemlich zuwider und ich teilte sie auch nicht. Als eine Person, die ihre Meinung sagt und nicht damit hinter dem Berg hält, musste mein unmittelbarer Vorgesetzter, ein Italiener, mich mehrfach vor der Kritik anderer schützen. Später lehrte mich ein indischer Kollege, dass man die Bürokraten nicht bekämpft, sondern sich mit anderen zusammentut, um das zu erreichen, was man anstrebt. Beide blieben meine Freunde – lange über die Zeit unserer unmittelbaren engen Zusammenarbeit hinaus.

Eine berufstätige Frau, die nicht Sekretärin war, war in diesem Umfeld damals immer noch sehr selten, auch in New York und ganz sicherlich bei den VN. Es ergab sich, dass im Büro für Lateinamerika, mit dem wir eine Etage teilten, auch eine Frau die gleichen Funktionen wahrnahm wie ich. Das führte in vielen Sitzungen mit den anderen Regionalbüros zu großer Verwirrung, da man uns oft verwechselte. Es wurden uns Aussagen zugeordnet, die wir nicht gemacht hatten. Wir schrieben dann ein Memo und versandten es mit der Unterschrift unserer Vorgesetzten. Diese schickten zwar unseren »Protest« nur widerwillig weiter, aber in vielen Fällen war es zur Klärung eines Sachverhaltes notwendig. Es war schon erstaunlich zu erleben, wie unsere männlichen, vor allem älteren Kollegen unsere Aussagen nicht für vollwertig ansahen, nur selektiv aufnahmen und sie weder dem Büro noch uns als Kolleginnen korrekt zuordneten.

In den frühen 80er Jahren waren etwa 10–12 Prozent aller Mitarbeiter in den professionellen Dienstgraden[15] Frauen. Die »gläserne Decke« für Frauen lag bei P 4, das heißt in den meisten Fällen unterhalb des Dienstgrades für Management-Positionen. Die Laufbahnaussichten für Frauen waren ziemlich begrenzt, obwohl sich die Frauenbewegung auch bei den Vereinten Nationen bemerkbar machte. Deshalb schufen meine Kollegin aus Lateinamerika und

---

15  Das heißt einem Dienstgrad des gehobenen Dienstes.

ich eine Arbeitsgruppe für den Zusammenschluss aller Mitarbeiter, eine Art Gewerkschaft bei den Vereinten Nationen, und forderten zwar keine Quoten, aber doch eine größere Anzahl von Frauen auf der jährlichen Liste der Beförderungen. Wir wollten erreichen, dass die Leistungen der wenigen Frauen Anerkennung finden und sie Dienstgrade erreichen würden, die ihnen die Möglichkeit für interessante Posten eröffneten. Wir setzten uns auch für eine größere Anzahl von Frauen unter den Neurekrutierten ein, um den Pool von qualifizierten Frauen in der Organisation zu erweitern. Beide Empfehlungen wurden dann von der Verwaltung, wenn auch zögerlich, aufgegriffen.

So verbesserte sich die Situation im Laufe der Zeit, aber es ging nur langsam voran. Erst als Bill Draper als neuer *Administrator*[16] von den Regionaldirektoren erwartete, dass auf jeder Vorschlagsliste für *Resident Representatives* mindestens eine Frau genannt werden sollte, wurde das Problem des Mangels sichtbar. Sein Nachfolger, Gus Speth, nahm dann in die jährliche Beurteilung der Arbeitsleistung aller Manager, die ihm direkt unterstellt waren, den Punkt auf, inwieweit diese Manager eine erfolgreiche Auswahl von Frauen für Management-Positionen in ihren Abteilungen vorgenommen hatten. Als ich UNDP 2003 verließ, waren dann immerhin 28–30 Prozent der professionellen Stellen mit Frauen besetzt.

## Die arabische Welt – eine vernachlässigte Region

Nach einigen Monaten begann ich zu realisieren, dass das Regionalbüro für arabische Länder im Vergleich zu anderen regionalen Büros das kleinste war und als unbedeutend angesehen wurde. Eine Folge dessen war, dass sich arabische Mitarbeiter des Büros wenig um UNDP und sein globales Mandat kümmerten. In interregionalen Konsultationen wurden wir meistens erst im Nachgang um Stellungnahmen gebeten. Wenn ich das Büro in solchen Treffen vertrat, wurden meine Beiträge mit wohlwollendem Desinteresse zur Kenntnis genommen. Zum Teil war dies dem Umstand geschuldet, dass ich eine Frau war, zum anderen aber auch, dass die arabischen Interessen wenig Aufmerksamkeit fanden. Somit hatte ich wieder einmal eine Herausforderung gefun-

---

16  Der Chef von UNDP trägt diesen ungewöhnlichen Titel, da der erste Amtsinhaber Paul Hofmann gewesen war, der vorher das Amt des Administrators des Marshallplans innehatte.

den, um mich für eine grundsätzliche Änderung einer vorherrschenden Situation einzusetzen.

Mit Schrecken stellte ich fest, dass auch ich selbst nicht gefeit war gegen gängige Vorurteile aus Unkenntnis der arabischen Welt. Ich nahm also an Arabisch-Sprachkursen teil, um wenigstens ein rudimentäres Verständnis für die Sprache und arabische Kultur zu entwickeln. Ich durchkämmte die New Yorker Buchläden nach Literatur über die arabische Geschichte und Entwicklung, wurde aber nicht sehr fündig. So kaufte ich meistens meine Bücher in London, Paris oder Berlin, wenn ich auf Reisen nach Europa kam. Damals, Mitte der 80er Jahre, war das Interesse an der arabischen Welt in New York sehr begrenzt.

Trotz seiner starken europäischen Wurzeln gab es doch entscheidende Unterschiede zu dem Lebensstil und den Ansichten, die mir in meiner Jugend im Nachkriegsdeutschland vermittelt worden waren. War es schwierig, solide Informationen über die arabischen Länder zu erhalten, so war es fast unmöglich, Verlässliches über Afrika zu erfahren. Meistens waren es Afro-Amerikaner, die sich für die Lage in Afrika interessierten. Für die meisten Amerikaner waren afrikanische Länder wirtschaftliche Notfälle, für viele Afro-Amerikaner das mythische Heimatland. Ich war erstaunt, aber es ärgerte mich auch zu sehen, wie hoch das Interesse an Europa und China war, und wie groß das Desinteresse an anderen Regionen der Welt, und dies in der Weltmetropole New York!

Dafür explodierte die Kulturszene New Yorks praktisch mit neuen Ausstellungen und Theater- und Filmvorführungen zur Geschichte Chinas, seinen Traditionen und den jahrhundertealten Handelskontakten mit den USA. Einerseits war ich froh, mein Wissen über China zu vertiefen und im Kontakt mit Freunden und Bekannten aus meiner China-Zeit zu bleiben. Aber es schmerzte, dass sich niemand um mich herum für den Reichtum der arabischen Kultur interessierte. Es wurde mir sehr deutlich vor Augen geführt, dass viele von uns in den westlichen Ländern weit davon entfernt waren, die vielfältigen Erfahrungen der Menschheit gleichberechtigt zu behandeln. Dementsprechend war der Ansatz nur schwach entwickelt, dass der Weg in die Zukunft aus jeder Kultur eigenständig gefunden werde musste, um nachhaltig zu sein. Meistens wurde davon ausgegangen – besonders in New York zur damaligen Zeit –, dass Modernisierung unweigerlich auch mit einer Übernahme westlicher Lebensweisen verbunden sein musste. Eine Vorstellung, der ich intuitiv misstraute.

# Eine Erneuerung der UNDP-Programme in der arabischen Welt

Desinteresse und die trotzige Verweigerung meiner arabischen Kollegen, sich aktiv an den konzeptionellen und programmbezogenen Diskussionen in UNDP zu beteiligen, zeigte sich auch in den UNDP-Länderprogrammen. Sie waren altmodisch und überholt. Viele Projekte waren in ihrer dritten oder gar vierten Phase. Sie waren Anfang der 70er Jahre als institutionsbildende Projekte ins Leben gerufen worden, um Luftfahrtbehörden, Telekommunikationsnetze und meteorologische Dienste aufzubauen, die aber inzwischen mit einheimischen Kräften bestens funktionierten und so UNDP-Beiträge eigentlich überflüssig waren. Hinzu kam, dass die Finanzchefs in der Hauptverwaltung die arabischen Länder als sehr reich ansahen, zu reich, als dass sie finanzielle Unterstützung von UNDP bekommen sollten. Die Annahme des unermesslichen Reichtums aus der Ölproduktion stimmte aber natürlich nur für wenige Länder[17], darüber hinaus waren selbst diese auf ausländische Fachkräfte angewiesen. Tatsächlich gab es in der arabischen Welt viel Armut, also ähnliche Probleme wie in anderen Entwicklungsländern. Insbesondere die gesellschaftliche Zurückstellung der Frauen vertiefte die Probleme. Selbst wenn die Einkommensarmut geringer war als in anderen Entwicklungsländern, so war die Marginalisierung von Frauen und großen Teilen der ländlichen Bevölkerung ein größeres Problem aufgrund des hohen Analphabetismus. Selbst die Migration junger Männer half wenig, da sie nicht die in den Industrieländern geforderten Qualifikationen hatten und häufig arbeitslos blieben oder als ungelernte Arbeiter schlecht verdienten.

Wegen dieser meist unbekannten Entwicklungsdefizite mussten wir als Regionalbüro uns gegen geplante Kürzungen von UNDP-Mitteln wehren und darauf hinweisen, dass wir nur eine höhere finanzielle Eigenbeteiligung der Regierungen erhalten konnten, wenn UNDP seine Mittel nicht zu sehr reduzierte. Darüber hinaus blieb das Problem zu lösen, sich aus der »Umklamme-

---

17  Von den 24 Ländern, die dem Büro angehörten, waren 5 Least Developed Countries (LDCs), nämlich Sudan, Somalia, die beiden Jemen und Djibouti. Die ölproduzierenden Golfländer hatten nur eine begrenzte Zahl einheimischer Arbeitskräfte, während die anderen in der Levante und im Maghreb sowie Ägypten ihre Fachkräfte und Kapital durch Emigration verloren. Das UNDP-Programm für Palästina unterstand wegen seiner hohen politischen Sensibilität direkt dem Büro des Administrators.

rung« der bisherigen nationalen Partner zu befreien und nach neuen Partnern Ausschau zu halten.

Marokko und Djibouti brauchten wenige Anstöße aus New York. Wir hatten dort sehr rührige *Resident Representatives* und nationale Mitarbeiter/innen, die kreative Ideen hatten und mit der nationalen Elite gut vernetzt waren. In Tunis bestand ein überproportionaler Teil des nationalen Personals aus Frauen, die mit hohen Regierungsbeamten, Offizieren und Geschäftsleuten verheiratet waren. Zwar agierten sie vorsichtig, mit der nötigen Ermunterung durch die internationalen Mitarbeiter fungierten sie aber doch als Vermittler. In Marokko initiierte unser Team ein Programm zur Wartung von Maschinen jeglicher Art. So wurden kleine Reparaturwerkstätten ins Leben gerufen und auf diese Weise Geld gespart, denn nicht jede Maschine, die eine Reparatur brauchte, musste dann gleich durch ein neues, meist importiertes Gerät ersetzt werden. Größere lokale Ersatzteillager verringerten die Zeit des Maschinenausfalls und verkürzten Reparaturzeiten. Diese Initiative wurde ein großer und durchschlagender Erfolg, nicht immer zur Freude der Händler, die lieber neue Maschinen einführen wollten. Aber im Allgemeinen galt, dass eine umfassende Modernisierung des Handwerks und der kleinen oder mittelständischen Unternehmen gebraucht wurde, um der Arbeitslosigkeit einigermaßen entgegen zu wirken. Wenn ich durch die Kasbah bummelte, fragte ich mich, wie lange das traditionelle Handwerk der Kupferschmiede, Lampenmacher und Teppichhändler als Stütze der städtischen Wirtschaft noch ausreichen würde.

Algerien stellte in diesem Erneuerungsprozess eine besondere Herausforderung dar. Die Regierung stellte große Eigenbeträge zur Verfügung, die sogar an UNDP überwiesen und ein integraler Bestandteil des UNDP-Budgets wurden. Eigentlich sollte mit dieser Maßnahme UNDP gleichberechtigt an der Projektplanung beteiligt sein, aber das Interesse der algerischen Bürokraten, die Kontrolle nicht aus der Hand zu geben, war größer als vertraglich vereinbarte Abmachungen. Auch in Algerien waren viele Projekte überaltert. So musste es darum gehen, erst einmal eine ganze Reihe von laufenden Projekten zu beenden, um Gelder für neue Kooperation freizumachen. Ein solcher Wandel war keineswegs immer im Interesse der nationalen Partner. Aber durch ein kluges Zusammenspiel zwischen New York und dem Länderbüro setzten wir eine Erneuerung langsam durch.

Der UNDP-Ländervertreter, ein Deutscher, unterstützte unsere Initiative, das Programm zu erneuern, aus New York. Aber er wollte keine Risiken eingehen oder seine gute Beziehung zur Regierung aufs Spiel zu setzen. Daher reiste ich auf seine Einladung hin wiederholt nach Algerien, um nach neuen Partnern für ein verändertes UNDP-Programm zu suchen. Ich beschränkte mich dabei nicht nur auf den urbanen Küstenstreifen, sondern reiste auch in den Süden, in die Oasenstädte der Sahara. So kam ich auch nach Ghardaia, die Oase, die St. Exupery berühmt gemacht hatte. Nachts wurden die Tore der Oase geschlossen, Besucher mussten registriert werden. Es war eine Reise in die Vergangenheit, die wir nördlich des Mittelmeers schon vor einigen Jahrhunderten hinter uns gelassen hatten. Die Historikerin in mir war fasziniert, die Entwicklungspolitikerin schockiert. Alle Frauen zwischen 15 und 54 waren so weitgehend verhüllt, dass nur ein Auge frei blieb. Ihre Männer waren meistens zur Arbeit in Europa und kamen nur gelegentlich zu Besuch.

Auf dem Marktplatz spielte sich ein ungewöhnliches Treiben ab. Alle Käufer, die meisten ältere Männer, saßen auf Steinbänken am Rande des asymmetrischen Platzes, während die Händler mit ihren Waren von einem zum anderen gingen und dabei laut verkündeten, welcher Preis ihnen geboten worden war. Es war also eher eine Auktion. Interessant, aber zeitgemäß?

Ein anderes Mal reiste ich nach Tamanrasset. UNDP finanzierte dort in den nahen Bergen eine Wetterstation, die von einem christlichen Mönch bedient wurde. Die Station war Teil des internationalen Netzes der WMO[18], wichtig ganz sicherlich, aber würdig einer weiteren Finanzierung durch UNDP? Meine Aufgabe war es, neue Kontakte für eine erneuerte Kooperation zu knüpfen. Aber es war nicht einmal klar, mit wem ich Kontakt aufnehmen sollte: der lokalen Verwaltung, der Partei, den traditionellen Führern? Meine Missionen blieben so ohne Ergebnisse für eine zukünftige Zusammenarbeit. Eine ernüchternde Erfahrung.

Noch frustrierender war, dass wir keinen Zugang zu einem sozialen Problem bekamen, das mir als eine tickende soziale Zeitbombe erschien. In Algerien war die Lage der Frauen und der arbeitslosen Schulabgänger niederschmetternd. Frauen, die während des Unabhängigkeitskampfes eine wichtige und aktive Rolle gespielt hatten, waren nun wieder auf ihre häuslichen Pflichten zurückgestutzt. Die wenigen, die eine höhere Ausbildung hatten, verließen früher oder später das Land und gingen nach Frankreich oder in andere westliche Länder. Die meist männlichen Schulabgänger fanden keine Arbeit und lungerten tagsüber in den Straßen und Cafés herum. Es war nur eine Frage

---

18  World Meteorological Organization (WMO)

der Zeit, wann diese soziale Zeitbombe explodieren würde. Aber die Regierung zeigte kein Interesse, Projekte in diesem Bereich zu identifizieren und in das Programm aufzunehmen. Heute wünsche ich, wir als UNDP hätten damals mehr Durchsetzungskraft gezeigt.

## Ein herzerwärmendes Erlebnis

Allerdings hatte ich auch ein sehr anrührendes Erlebnis auf einer meiner Reisen nach Tamanrasset. Meine lokalen Gastgeber fuhren mich bei der Abreise zum Flughafen, verabschiedeten sich rasch von mir, da das Flugzeug Verspätung hatte und sie nicht bei Dunkelheit auf der schlechten Straße in die Oasenstadt zurückfahren wollten. Es gab darüber hinaus Gerüchte, dass Rebellen ein einzelnes Regierungsauto überfallen könnten. So blieb ich also allein am Flughafen in einem Meer von verschleierten Frauen, vielen Männern und Kindern, die zunehmend nervöser wurden, je länger das Flugzeug auf sich warten ließ. Es war ziemlich klar, dass nicht alle mitfliegen konnten. Im Stillen überlegte ich, was ich machen sollte. Endlich kam die Maschine, einige Passagiere stiegen aus, sofort begann das Boarding. Plötzlich öffnete sich vor mir eine Gasse, ich blickte mich um, welche wichtige Person denn da gerade kam. Aber hinter mir kam niemand. Man machte für mich Platz, die einzeln reisende Ausländerin, um mich als erste in das Flugzeug einsteigen zu lassen. Kein Wort wurde gesprochen, außer dass ich mich wiederholt leise mit »Shukran« (Danke) bedankte. Sobald ich saß, brach ein unglaubliches Tohuwabohu aus, die Menschen kämpften um jeden Sitz. Die Verlierer mussten aussteigen und auf den nächsten Flug am folgenden Tag warten. Es war eines dieser wunderbaren Erlebnisse, wo sich alte Bräuche (Schutz von Besuchern) mit dem modernen Kampf, den nur die Stärksten gewinnen, überkreuzen.

## Postenwechsel

Nach etwa 9 Monaten ergab sich die Möglichkeit, mich auf einen anderen Posten innerhalb des Büros versetzen zu lassen. Der *Programme Policy Officer*-Posten, eine Tätigkeit mit Verantwortung für die konzeptionelle Programmgestaltung der ganzen Region, wurde frei. Meine nur teilweisen Erfolge in der

Maghreb-Region spornten meinen Ehrgeiz an, eine Programm-Erneuerung in der ganzen Region zu initiieren. Das Management war mit der Versetzung einverstanden, und so begann ich mit den neuen Aufgaben. Zunächst war es nicht einfach, einen Ansatz zu finden. Aber nach einigen Diskussionen, vor allem mit unseren Kollegen aus dem Regionalbüro für Lateinamerika, formulierten wir die folgenden drei Linien für die zukünftige Programmgestaltung:

- Wir wollten uns vermehrt auf die professionelle Kapazität in der Region stützen.
- Wir wollten Institutionen in der Region mit gleichen oder ähnlichen Mandaten in einem regionalen Netzwerk verbinden.
- Wir wollten die Zusammenarbeit mit den arabischen regionalen Organisationen enger gestalten.[19]

Ich interessierte mich insbesondere für das erste Thema. Ich war überrascht zu sehen, wie viele gut ausgebildete arabische Fachleute in den USA und Westeuropa tätig waren. Es schien eine Verschwendung von knappen finanziellen Mitteln zu sein, dieses Potential nicht zu nutzen. Was in der Türkei, Indien und China gut funktionierte, das heißt die kurzzeitige Rückführung von Fachkräften in ihre Ursprungsländer, warum sollte dies nicht auch in der arabischen Region erfolgreich umgesetzt werden? Zugegebenermaßen war die Zahl der professionellen Kräfte in all diesen Ländern zusammen größer als in arabischen Ländern, trotzdem war es einen Versuch wert. Vielleicht konnten diese im Ausland lebenden arabischen Experten helfen, einen sozialen und politischen Wandel in Gang zu setzen, der ganz offensichtlich dringend nötig war, damit diese Länder Anschluss an internationale Entwicklungen bekommen konnten.

Am Anfang wurde unsere Initiative enthusiastisch aufgenommen. Wir rekrutierten eine große Zahl von arabischen Experten und schickten sie unter UNDP-Verträgen in die arabischen Länder. Dann allerdings bildeten sich Widerstände. Einige Experten wollten nicht in ihre Heimatländer oder bestimmte andere Länder der Region reisen, einige Regierungen wollten diese arabischen Experten nicht annehmen. Die Gründe wurden nie offen ausgesprochen, aber nach einer Weile mussten wir wieder vermehrt auf nicht-arabische Fachleute

---

19  Unter der Arabischen Liga gab es ein System von Organisationen, die die VN-Organisationen nachbildeten. So war der AGFUND in Jeddah UNDPs spiegelbildliche Organisation.

zurückgreifen. Denn Projekte hatten Zeitpläne, die wir einhalten mussten. So blieb nicht immer genügend Zeit, Geduld und Ausdauer, um gute arabische Experten »annehmbar zu machen«. Auch unternahmen viele unserer Ländervertreter nicht die notwendige Überzeugungsarbeit. Als dann noch ein algerischer Kollege auf einer Dienstreise in Algier aufgrund zweifelhafter politischer Anschuldigungen verhaftet wurde, war diese Initiative so gut wie tot. Der Kollege wurde zwar in kürzester Zeit wieder freigelassen, der Schock saß jedoch tief.

Wir wandten unsere Aufmerksamkeit also verstärkt dem zweiten Thema zu: Vernetzung von arabischen Institutionen innerhalb der Region und global. Seit den frühen 60er Jahren hatte UNDP geholfen, Ausbildungsstätten für moderne technische Berufe aufzubauen. Diese Ausbildungszentren waren zunehmend von den nationalen Regierungen übernommen worden, sowohl personell wie auch finanziell. Der Werdegang dieser Projekte war also so verlaufen, wie es im Regelbuch der Entwicklungshilfe steht: Hilfe zur zunehmenden Selbsthilfe. Aber nun rollten neue Technologien heran, die Regierungen fragten wieder nach verstärkter UNDP-Unterstützung. Unsere Antwort darauf war, dass sich die Institutionen vernetzen sollten, um Synergien zu schaffen und Kosten zu senken. Ausbildungspläne mussten alle in dieselbe Richtung verändert werden, bei einer gut laufenden Zusammenarbeit konnten überflüssige Parallelbemühungen verhindert werden. Anfangs war die Reaktion auf unsere Vorschläge nur zögernd, aber wir boten an, solche Netzwerke in unserem regionalen Programm für eine befristete Zeit finanziell zu unterstützen. Damit hatten wir den richtigen Hebel gefunden. Als ich das Büro 3 Jahre später verließ, waren mehrere Netzwerke in vollem Schwung. Hier hatten wir endlich einmal einen Erfolg.

Ich war weniger in die Umsetzung des dritten Themas involviert. Meine arabischen Kollegen nahmen sich der Aufgabe an, Kontakte zu den arabischen Regionalorganisationen zu etablieren und eine Zusammenarbeit zu finden. Auch hier stießen sie anfangs auf viel Desinteresse, aber nach mehreren Jahren hatten wir zumindest zum AGFUND sehr produktive Verbindungen geknüpft.

Eine der größten Herausforderungen war die Frage, wie die Programm-Konzepte so vermittelt werden konnten, dass sie für unsere Kollegen vor Ort in den Ländern einfach in neuen Projekten umzusetzen waren. Eine Idee war, dass ich als *Policy Officer* bei der Formulierung und Prüfung von Projektvorschlägen teilnehmen sollte. Da ich allein die *Policy*-Funktion im Büro wahrnahm, hätte ein solches Vorgehen zu Verspätungen und möglicherweise einer Blockade für den Beginn neuer Projekte geführt. Ganz zu schweigen von dem Widerstand meiner meist männlichen Kollegen in den Länderbüros, mir als nicht-arabischer Frau eine solch wichtige Rolle zuzugestehen. Wir mussten also einen anderen Weg finden.

Ich begann, Beispiele von gelungenen Neuerungen in der Region zu sammeln, dann organisierte ich regionale Workshops, in denen die betreffenden Kollegen ihre Erfahrungen untereinander austauschten. So fassten unsere Vorstellungen in der Region Fuß, ich spielte eine sehr viel diskretere Rolle, konnte dennoch durch sorgfältige Begleitung den Prozess der Erneuerung voranbringen. Die Widerstände blieben, aber langsam wendete sich das Blatt und UNDP gewann ein besseres Ansehen in der Region, selbst dann, wenn wir Projektanfragen ablehnten, weil der Ansatz zu traditionell war.

Aber auch im Hauptsitz in New York waren nicht alle erfreut über diese Renaissance der UNDP-Programme im arabischen Raum. Insbesondere unsere Finanzverwaltung wollte das Büro mit unseren damals noch laufenden Programme in Südeuropa (auf dem Balkan, in Griechenland und Portugal) in einem Büro zusammenlegen. Unsere zunehmende Attraktivität lief dem zuwider. Mir wurde für diese Entwicklung ein guter Teil der Verantwortung zugeschrieben. Was ich aus dieser Entwicklung für meinen weiteren Weg mitnahm, war, dass die Einschätzung von Erfolgen sehr davon abhängt, welche Interessen bedient werden.

In den folgenden Jahren scherten Griechenland und Portugal – als sie der EU beitraten – aus dem Kreis der Länder aus, die ein Programm der Zusammenarbeit mit UNDP hatten. Programme auf dem Balkan dümpelten vor sich hin, während zur gleichen Zeit UNDP-Programme die sozialen und politischen Probleme der arabischen Länder immer deutlicher adressierten. Die arabischen Human Development-Berichte warfen seit 2005 ein grelles Licht auf die politischen Eruptionen, die die Region seitdem gesehen hat.

## Chinesische und arabische Kultur – Ähnlichkeiten und Unterschiede

In den viereinhalb Jahren, die ich im Regionalbüro für arabische Länder arbeitete, hatte ich manche Gelegenheit, meine Erfahrungen aus China einzubringen. Vieles erwies sich als nützlich, anderes war zu weit entfernt von der arabischen Kultur.

Beiden Kulturkreisen war gemein, dass sie Anregungen von außen zwar aufnahmen, aber während chinesische Führungskräfte sehr sorgfältig prüften, was ihnen in welchem Umfang und auf welche Weise nützen könnte, waren arabische Partner nach außen hin sehr offen, allerdings in Wirklichkeit sehr verschlossen. Vor allem waren sie viel häufiger autokratisch und nicht besonders diskussionsbereit. Mit Chinesen konnte man stundenlang debattieren und dabei sicher sein, dass sie uns Ausländern sehr genau zuhörten, wenn auch nicht immer zustimmten.

In beiden Kulturkreisen ist das Individuum in die Familie eingebettet, während in China die Kultur weitestgehend säkular ist, ist sie in der arabischen Welt der Religion verpflichtet. Chinesen waren zumindest damals im Kern immer noch Bauern, Händler oder Gelehrte, Araber dahingegen waren einem starken nomadischen Erbe verbunden. Als Vertreter der Vereinten Nationen, die der universellen Erklärung der Menschenrechte verpflichtet sind, hatten wir nicht immer eine einfache Zeit. Während China sich in manchen Bereichen bemühte, dem Kanon der Menschenrechte zu folgen, spielten diese in den meisten arabischen Ländern nur eine marginale Rolle. Die Gegensätze zwischen dem westlichen und dem sowjetischen Block waren in China für unsere Arbeit von geringfügiger Bedeutung, in den arabischen Ländern aber eine alles überschattende Dimension der internationalen Zusammenarbeit.

## Ein Sturm des Wandels erfasst UNDP

Im Sommer 1985 wechselte der UNDP-*Administrator*. Bradford Morse ging ins VN-Sekretariat, William Draper III folgte ihm nach. Bill war der Geschäftsführer der US EXIM Bank gewesen und davor ein *Venture Capitalist*[20]. Seine Vorstellung von Entwicklung war: Man musste richtig investieren, kalkulierte Risiken eingehen und den Menschen Möglichkeiten eröffnen. Er hatte keine Geduld und geringes Verständnis für die langsamen Mühlen einer öffentlichen Organisation wie UNDP. Er wollte Entscheidungen fällen, ohne zu sehr auf bürokratische Regeln zu achten, und er wollte die richtigen Leute am richtigen

---

20  Wagnis-Investor

Ort platziert sehen. Wachstum und Effizienz waren seine Ziele, nicht Kürzungen und Einsparungen. Er wollte Ergebnisse sehen, und um diese zu erreichen, war er bereit, Geld zu investieren. Aus seiner Sicht finden gute Projekte ihre Finanzierung – nicht anders herum. Er revolutionierte UNDP! Zum Beispiel eröffnete Bill Draper nach 1989 Länderbüros in Osteuropa und Zentralasien, ohne auf eine Genehmigung des Verwaltungsrates zu warten. 1990 führte er den *Human Development Report* ein, der zu einer der wichtigsten Publikationen UNDPs wurde.

Eine seiner ersten Entscheidungen war es, den Personaldirektor abzulösen und durch dessen noch jungen Stellvertreter zu ersetzen, der allerdings schon eine langjährige UNDP-Karriere durchlaufen hatte, unter anderem auch *Resident Representative* in Asien gewesen war. Dieser neue Personaldirektor war insbesondere dafür bekannt, dass er Frauen zum beruflichen Durchbruch verhelfen wollte. Es ergab sich, dass mehrere Führungspositionen zur gleichen Zeit vakant wurden, zum Beispiel verließ der Regionaldirektor für die arabischen Länder UNDP. Er wurde ersetzt durch jemanden, der auch schon viele Jahre für UNDP arbeitete, aber meistens in Lateinamerika. Bill Draper machte bekannt, dass er alle Führungspositionen am Hauptsitz nur mit Mitarbeitern besetzen würde, die vorher auch auf Länderebene gearbeitet hatten. Darüber hinaus gab er bekannt, dass alle, die nicht auf Positionen für Spezialisten saßen, nach spätestens 5 Jahren wieder in ein Länderbüro gehen sollten. Diese Ankündigungen verbreiteten sich wie eine Schockwelle durch das Hauptquartier, unsere Kollegen in den Länderbüros lächelten.

Für jeden vakanten Posten eines Ländervertreters erwartete Bill Draper 3 Vorschläge, einer davon sollte eine Frau sein. Aber die Liste der Frauen, die genügend Erfahrung und den entsprechenden Dienstgrad (mindestens P 5 oder höher) hatten, war kurz – die wenigen Frauen, die vorgeschlagen worden waren, lehnte Bill Draper ab. Nach etwa einem Jahr gab er bekannt, wenn es so wenige qualifizierte Frauen in UNDP gäbe, dann müssten eben Kandidatinnen von außen kommen. Die Personalabteilung war damit unter Druck und begann auch Frauen mit einem niedrigeren Dienstgrad auf die Listen zu setzen. Obwohl ich meinen Kopf gesenkt hielt – und auch noch nicht die 5-Jahres-Grenze erreicht hatte – erschien mein Name auf dem Radarschirm des Personaldirektors. Eigentlich war ich mehr daran interessiert, noch in New York zu bleiben, außerdem hatte ich mir auch erfolgreich eine andere Versetzung erkämpft, aber die neue Führung von UNDP hatte andere Vorstellungen für mich.

## Ich stolpere die Karriereleiter hoch

Anfang 1987 mussten im Regionalbüro für Afrika mehrere Posten besetzt werden. Der Regionaldirektor hatte aber keine Frauen auf seinen Vorschlagslisten. Also setzte die Personalabteilung meinen Namen auf die Liste für Malawi, ohne mich allerdings darüber zu informieren. Bei der entsprechenden Beratungssitzung war ich natürlich auch nicht dabei. Hinterher wurde mir erzählt, dass Bill Draper, etwas ungeduldig über die wiederholten frauenlosen Vorschläge des Büros, meinen Namen ins Spiel brachte. Niemand im Büro für Afrika kannte mich, so konnten der Direktor und seine Mitarbeiter auch nichts gegen mich sagen. So entschied Bill Draper, ich solle nach Malawi gehen – ein gutes Land für eine Frau. Wenn ich auch nicht einen ausreichenden Dienstgrad für den Posten hätte (er war 2 Dienstgrade über meinem persönlichen Dienstgrad), so sollte dies in seinen Augen kein Hindernis darstellen.

Eine Freundin in der Personalabteilung rief mich an und sagte mir, dass ich einen Anruf ihres Direktors erwarten sollte. Sie fügte noch hinzu, dass ich keine Wahl hätte, als den Vorschlag, den er mir machen würde, anzunehmen. Als der Direktor dann anrief, sagte ich, ich würde es mir überlegen. Am nächsten Tag nahm ich an, nannte allerdings einige Bedingungen. Erstens, ich wollte eine Beförderung auf den nächsthöheren Dienstgrad. Zweitens, ich wollte nicht ein Einzelfall sein. Ich kannte mehrere Kolleginnen, die gerne *Resident Representative* werden wollten, was man von mir nicht behaupten konnte. Ich fühlte mich wohl in New York und hatte zudem einen Posten gerade erst angetreten, der mich interessierte. Im Stillen hoffte ich, dass die Bedingungen nicht erfüllt werden würden und ich somit meine Zusage zurücknehmen könnte.

Im Hauptquartier entbrannte eine heftige Diskussion über diese Wahl des Administrators, meistens hinter vorgehaltener Hand. Einige Kollegen sprachen mich direkt an. Viele rieten mir, nicht zu gehen, andere sagten mir ihre volle Unterstützung zu. So ging es über Wochen und Monate, bis dann endlich alle Genehmigungen eingeholt worden waren.

Bei meinem ersten persönlichen Treffen mit Bill Draper ging es übrigens nicht um Malawi, sondern um China. Er hatte gerade 2 Projektvorschläge aus China abgelehnt und fragte mich nun nach meiner Meinung. Ich kannte beide nicht, aber nach dem, was Bill mir sagte, kam ich zu einem anderen Schluss als er. Ganz offensichtlich gefiel ihm meine Antwort, sei es auch nur, weil ich ihm widersprach. Er beendete unser kurzes Treffen mit »Viel Spaß in Malawi!«.

Ab Mitte Mai ging es dann Schlag auf Schlag: Ich wurde befördert und zwei Kolleginnen verließen New York, um als *Resident Representatives* zu arbeiten. Zwar musste die Regierung von Malawi noch zustimmen, aber auch dieses Okay kam Anfang Juli, nachdem die erste Anfrage verloren gegangen war. Ob mit Absicht oder per Zufall wurde nie geklärt. Zu diesem Zeitpunkt wusste ich schon, dass ich gehen musste. So brach ich Mitte Juli zum dritten Mal in meinem Leben nach Afrika auf.

# Eine Frau als Chefin – Lilongwe (1987–1990)

Der Weg von New York nach Afrika oder andere Orte östlich der USA führte meistens über Europa. Daher war es immer einfach, in Frankfurt/M. einen Zwischenaufenthalt zu buchen. Meine verwitwete Mutter lebte etwa 70 Kilometer nördlich vom Frankfurter Flughafen auf dem Lande; somit war es eine wunderbare Erholung, mich nach einem langen interkontinentalen Flug dort auszuruhen. Im Sommer war es ein besonderer Luxus, Kirschen oder Beeren im Garten zu ernten und frisch zu essen. Die Nachbarn fragten mich oft, wie ich es denn fände, auf dem Weg nach Afrika, Beijing oder andere für sie exotische Orte, hier an der idyllischen Lahn Station zu machen. Sie konnten sich nicht vorstellen, dass es eine sehr erholsame Pause war vom internationalen Leben.

Auf dem Wege nach Lilongwe in Malawi war die Pause dieses Mal nicht ganz so erholsam. Ich schaute nervös in die Zukunft, da ich einen Posten angenommen hatte, den ich mir nicht gewünscht hatte. Ich war die Karriereleiter hochgefallen. Würde ich die neue Aufgabe meistern können? Was würde passieren, wenn ich scheiterte? Ich war 40 Jahre alt und die Auswahl an möglichen Arbeitsplätzen nahm nicht zu. Ich kannte Malawi nicht, sondern nur das, was ich darüber hatte lesen können. Der Ruf des Landes war gemischt. Der dortige Präsident nahm ungewöhnliche Positionen für einen afrikanischen Politiker ein, zum Beispiel unterhielt Malawi diplomatische Beziehungen mit Südafrika trotz des Apartheidregimes und der Sanktionen der Vereinten Nationen. Seiner Ansicht nach lag darin eine Möglichkeit, die südafrikanische Regierung zu zwingen, ihn als Staatsoberhaupt anzuerkennen. Als er einen Staatsbesuch nach Südafrika unternahm, wurde er in der Tat mit dem nötigen protokollarischen Respekt empfangen. Viele Malawier arbeiteten im südafrikanischen Bergbau. Es war die Ansicht der malawischen Regierung, dass nur über bestehende diplomatische Beziehungen der Schutz dieser Arbeiter und ihre Bewegungsfreiheit gesichert werden konnten. Es gab viele südafrikanische Touristen in Malawi, meistens weiße Südafrikaner, und es herrschte reger Handelsverkehr – trotz der Sanktionen. In mancher Hinsicht war die Position des Präsidenten Kamuzu Banda sicherlich vernünftig, nur wenn alle afrikanischen Staaten sich so verhalten hätten, wären die Sanktionen unglaubwürdig geworden. Innenpolitisch führte der Präsident das Land mit fester Hand: autokratisch im Stile eines afrikanischen Häuptlings. Er reiste ständig im Land umher und hielt Hof, wo immer er gerade war. Damit unterwanderte er das Aufkeimen politischer Zusammenschlüsse auf Stammes-Basis, eine große Ausnahme in der damaligen politischen Landschaft Afrikas. Er duldete keine politische Opposition und erwartete von den Politikern des Landes, nationalen Zusammenhalt über alle sonstigen Interessen zu stellen. Korruption war gering, wer erwischt wurde, wurde streng bestraft. Unmittelbar nach der Unabhängigkeit des Landes hatte Kamuzu Banda Ländereien und einige enteignete Geschäfte privat in Besitz genommen, aber er ließ diese erfolgreich bewirtschaften und beließ es dabei. Unmittelbar nach seiner Amtsübernahme hatte er dem Erziehungswesen einen hohen Stellenwert eingeräumt. So gründete er eine Internatsschule in Malawi, die dem Curriculum der englischen *Public Schools* folgte – mit Latein und Altgriechisch als Pflichtfächern. Er selbst hatte Medizin in den USA und Großbritannien studiert und in London als Arzt praktiziert, kleidete sich als ein englischer Gentleman und gab sich auch protokollarisch als solcher. Allerdings nahm er auch einige Statussymbole der afrikanischen Tradition an. So tanzte er bei öffentlichen Feiern mit den Stammestänzern im dreiteiligen Anzug, mit Krawatte und Hut, aber mit einem Fliegenwendel in der Hand. Er war eine einmalige Erscheinung in der damaligen Politik Afrikas. Selbstbewusst, antikommunistisch und sich jeglichem Einfluss von äußeren Mächten widersetzend. Später hörte ich, dass in dem kleinen diplomatischen Corps in Lilongwe (es gab nur 9 Botschaften am Ort) Wetten darüber abgeschlossen wurden, wie lange ich es wohl in Malawi aushalten würde.

Im persönlichen Bereich wurde mir die Ankunft dadurch sehr erleichtert, dass ich eine möblierte offizielle Residenz beziehen konnte. Ich hatte meinen Haushalt von New York nach Malawi geschickt, aber obwohl das Umzugsgut noch nicht angekommen war, konnte ich sofort einziehen. Nach einigen Wochen kam meine Mutter und half mir, Haus und Garten einzurichten und das Haushaltspersonal anzulernen. So konnte ich mich von Anfang an auf meine Arbeit konzentrieren.

## Vieles muss korrigiert werden

Ich übernahm ein Büro, das ziemlich demotiviert war. Mein Vorgänger hatte die Großzügigkeit der malawischen Regierung ungebührlich ausgenutzt und ständig an der Residenz und dem Bürogebäude auf deren Kosten Umbauten vornehmen lassen. Die Regierung war daher so unzufrieden, dass sie von UNDP seine Versetzung gefordert hatte. Darüber hinaus stagnierte das Programm der entwicklungspolitischen Zusammenarbeit. In allen Projekten gab es eine große Anzahl an überseeischen Langzeitexperten, die schon seit mehr als 5 Jahren im Lande tätig waren. Sowohl die nationalen Stellen wie auch die Experten hatten sich arrangiert. So ging alles seinen Gang, ohne große Wellen zu schlagen. Malawi hatte aufgrund seiner ungünstigen wirtschaftlichen Indikatoren (geringes Pro-Kopf-Einkommen, beschränktes landwirtschaftliches Exportpotential, keine nennenswerte Industrie, ein Binnenland) eines der größten UNDP-Finanzvolumen in Afrika, das aber von meinem Vorgänger nie ausgeschöpft worden war.

Aus New York hatte ich den Auftrag mitbekommen, das Programm zu aktivieren und neu auszurichten und die Gelder, die zur Verfügung standen, auch zu nutzen. Ich wollte diesem Auftrag gerne entsprechen, aber auch solche neuen Projekte initiieren, die den Herausforderungen des Landes entsprachen. Darüber hinaus waren fast alle Beziehungen zwischen UNDP, den Fachorganisationen des VN-Systems und den nationalen Stellen mehr oder weniger eingeschlafen. Man musste also dem Programm in vielen Richtungen wieder Leben einhauchen. Dies brauchte Zeit, aber New York wollte natürlich sofort Ergebnisse.

Malawi war nicht China. Aber meine Zeit in China hatte mich gelehrt, dass das VN-System schnell, effektiv und effizient arbeiten konnte. China hatte mich ebenfalls gelehrt, dass man, um Entwicklung anzustoßen, experimentieren musste, und dass zum Erfolg ein starkes nationales Engagement unerlässlich war. Also machte ich meine Runde von Antrittsbesuchen, schaute mir die Liste vorgeschlagener, aber nicht genehmigter Projekte an und genehmigte solche, wo weiterhin ein starkes nationales Interesse bestand und die entsprechende VN-Organisation mitzog. Auf diese Weise konnte ich wenigstens New York schon einmal zeigen, dass wir in Malawi das Tempo anzogen. Ich wollte, dass das UNDP-Programm in Malawi eine erkennbare katalytische Wirkung auf den Entwicklungsprozess des Landes gewinnen würde. Ich wollte die Armut bekämpfen, die beschränkten wirtschaftlichen Möglichkeiten erweitern und das Leben im Allgemeinen modernisieren.

Das Personal im UNDP-Büro war unerfahren und hatte viele Neuerungen, die sich in UNDP weltweit durchsetzten, nicht mitbekommen. Ich hatte deshalb nur einen geringen Spielraum, mich auf die Mitarbeiter zu verlassen und ihnen Verantwortung zu delegieren. Zum ersten Mal erlebte ich, wie Bürokratie erfunden wurde, um Unerfahrenheit und Unkenntnis zu kaschieren. Ich ordnete also an, dass keine Korrespondenz das Büro verlassen durfte, die ich nicht vorher gesehen oder unterschrieben hatte. Der Berg von Briefen, Telegrammen und Telexen, die sich somit auf meinem Schreibtisch häuften, war enorm. Aber vielen bürokratischen Unfug konnte ich so stoppen und auch ein Gespür dafür bekommen, wer mitzog und wer sich verweigerte. Nicht alle Mitarbeiter schätzten meine intensive Aufsicht. Sie waren ein lässigeres Management gewöhnt. Manchen Sonntag verbrachte ich im Büro, um meinen Schreibtisch für die kommende Woche frei zu bekommen.

So saß ich auch an einem Sonntagvormittag in meinem Büro, um die unerledigte Post abzuarbeiten, als ich Geräusche an der äußeren Zugangstür zu meinem Büro hörte. Niemand kam, so arbeitete ich weiter. Als ich einige Stunden später gehen wollte, fand ich die Tür verschlossen. Ich war sicher, dass ich nicht abgeschlossen hatte, zog meinen Schlüssel aus der Tasche und verließ das Büro. Am nächsten Tag rief ich den Vorsitzenden der *Staff Association* zu mir und erzählte ihm, was am Vortag passiert war. Er meinte, das sei sicherlich keine böse Absicht gewesen, sondern ein Missverständnis. Ich beließ es dabei. Aber einige Zeit später fragte mich einer der jüngeren Mitarbeiter aus der Finanzabteilung, wie ich denn damals aus meinem Büro herausgekommen sei. Ich antwortete, mit meinem Schlüssel. Aber nun hatte ich die Bestätigung für meinen Verdacht und musste im Stillen schmunzeln. Jemand wollte mir einen Streich spielen und hatte mich absichtlich eingeschlossen. Damals arbeiteten die Mitarbeiter in der Finanzabteilung gerne am Wochenende im Büro. Es war ruhig, und sie hatten so ein paar Stunden in einem klimatisierten Büro, außerdem konnten sie Überstunden abrechnen. Kurz nach diesem unerwarteten Gespräch bat ich meinen Stellvertreter darum, bekannt zu geben, dass ich erwartete, dass die Arbeit in den normalen Arbeitsstunden bewältigt werden würde. Ausnahmen für Überstunden mussten in Zukunft von meinem Stellvertreter im Vorhinein genehmigt werden. Zunächst wurden nun jede Woche Anträge gestellt, die wir aber ablehnten und damit konterten, wenn die Arbeit nicht in der normalen Arbeitszeit geleistet werden könne, müssten wir die Arbeitsabläufe überprüfen und wenn nötig personelle Veränderungen durchführen. Das half.

Auch andere checkten mich aus. Etwa ein halbes Jahr nach meiner Ankunft in Lilongwe bat ich New York um einen Berater, der mir bei einer Programm-Initiative helfen sollte, die das Regionalbüro für ganz Afrika in Angriff genommen hatte. Ich wollte, dass Malawi daran teilnahm. New York antwortete mir, dass der von mir gewünschte Berater nicht zur Verfügung stünde, aber sie könnten jemand anderen schicken. Ich stimmte zu. So kam ein paar Wochen später ein Experte aus Washington DC, der dort für eine Firma arbeitete, die ich schon aus China kannte. Der Berater hatte wenig Erfahrung mit dem Sachverhalt, für den er rekrutiert worden war, machte alle seine Terminvereinbarungen selbst und hielt uns als Büro wenig auf dem Laufenden. Eines Tages kurz vor dem Ende seiner Mission kam ein Entwurf für ein langes Telex auf meinen Tisch, das er an seine Firma in Washington adressiert hatte. Ich stoppte das Telex und bat den Berater zu einer Besprechung. Im Laufe des Gespräches fragte er nach dem Status des Telexes. Ich sagte ihm, dass es noch auf meinem Tisch läge und dass ich es so nicht abschicken könnte. Sein Vertrag sei mit UNDP, und dementsprechend müsse er als erstes an meine Hauptverwaltung berichten. Ein Bericht an seine Firma sei dann etwas anderes. Er akzeptierte und das Telex ging nach New York. Wenig später traf ich einen Mitarbeiter der US-Botschaft, der für USAID arbeitete. Allerdings gab es Gerüchte, dass er ein Verbindungsmann zum CIA sei. Der Amerikaner grüßte mich freundlich und schüttelte meine Hand über eine lange Zeit. So wusste ich, dass unser Berater tatsächlich vom CIA war und diesen Auftrag nur angenommen hatte, um mich zu überprüfen. Malawi war ein Nachbarland Mosambiks, wo ein Bürgerkrieg zwischen Parteien ausgefochten wurde, die entweder mit dem sowjetischen oder dem westlichen Lager sympathisierten. Allerdings waren die kommunistischen Kräfte der FRELIMO stärker. Da die VN in Malawi über die Versorgung der Flüchtlinge in den inner-mosambikanischen Konflikt verwickelt waren, wollte Washington offensichtlich sicher stellen, dass die malawische Regierung über uns keinem ungebührlichen pro-kommunistischen Einfluss ausgesetzt wurde.

## Die Flut der Flüchtlinge stemmen

Unmittelbar nach meiner Ankunft in Lilongwe organisierte ich eine Mission, an der sich unter UNDP-Führung mehrere UN-Organisationen beteiligten (UNICEF, UNHCR, WFP). Wir wollten uns kundig machen und uns insbesondere vorbereiten auf eine Flut von Flüchtlingen aus dem benachbarten Mosambik nach Malawi, die das Land zwar aufnehmen, aber sicherlich nicht versorgen konnte, vor allem wenn die Zahlen explosionsartig wuchsen. Die Mission entwickelte 3 mögliche Szenarien. Eine sah vor, dass bis zu 1 Million Flüchtlinge kommen würden. Diese mit Essen, Kleidung und Unterkünften zu versorgen, war eine beunruhigende Aussicht und für ein Land mit 8 Millionen Einwohnern eine enorme Bürde. Als ich 3 Jahre später das Land verließ, war die 1-Million-Marke erreicht. Diese große Zahl der Flüchtlinge begann die lokalen Strukturen und die Wirtschaft zu verformen. Die größten Herausforderungen waren die Wasser- und Abwasserversorgung und die Bereitstellung von Brennholz. Auch die Erziehung der vielen Kinder in den Lagern war ein besonderes Problem, denn in Mosambik wurde portugiesisch gesprochen und nicht englisch. Dementsprechend musste auch der Unterricht geführt werden. Wir lösten das letztere Problem, indem UNICEF die Lehrer unter den Flüchtlingen ausfindig machte und mit Schulmaterialien versorgte. Wir übergaben die Lagerverwaltung an die Ältesten unter den Flüchtlingen, die für Ruhe und Ordnung sorgen mussten und zum Beispiel verpflichtet waren, jeden Ausbruch einer Krankheit sofort zu melden. Dass wir nie eine nennenswerte Gefahr einer Choleraepidemie oder anderer Krankheiten hatten, verdankten wir dieser Übertragung der Verantwortung an die Flüchtlinge selbst. Aber die Versorgung mit Brennholz wartete auf eine Lösung. Schließlich wurde diese zu unserem größten Erfolg, da wir diese so organisieren konnten, dass auch Malawi davon profitierte.

Im Norden hatte die Kolonialverwaltung vor der Unabhängigkeit Malawis ausgedehnte Waldplantagen angelegt. Sie wollten damit eine holzverarbeitende Industrie aufbauen. Dazu kam es jedoch nicht mehr. Die malawische Regierung führte die Pflege dieser Wälder fort, aber im Laufe der Jahre sammelte sich viel Bruchholz an, das eigentlich aus den Wäldern entfernt werden musste, um die Waldbrandgefahr zu verringern. Im Norden des Landes war die Besiedlung allerdings nur sehr dünn, für den Transport des Holzes aus den

Wälder fehlten Arbeiten und Gerät, aber vor allem fehlte das Geld dazu. Dies änderte sich nun schlagartig. Ausländische Hilfsorganisationen stellten Gelder für das Einsammeln des Bruchholzes und den Transport zur Verfügung, und UNHCR übernahm die Verteilung an die Flüchtlinge. So wurden die Wälder im Umkreis der Lager geschützt, die Menschen hatten gutes, abgelagertes Brennholz – und die malawische Forstverwaltung vom Bruchholz befreite Waldplantagen mit einem verringerten Feuerrisiko.

So gastfreundlich die malawische Regierung war, sie erlaubte nicht, dass die Flüchtlinge in Malawi beschäftigt wurden. Deshalb gingen viele der männlichen Flüchtlinge tagsüber zurück nach Mosambik und bearbeiteten dort ihre Felder. Nachts kamen sie dann aus Sicherheitsgründen wieder nach Malawi. Dies war nicht überall möglich, aber in 2 der 3 betroffenen Distrikte gab es diese Möglichkeit. Damit war allen Betroffenen klar, dass die Aufnahme der mosambikanischen Flüchtlinge nur vorübergehend war. Als ich 1992 noch einmal nach Malawi zurückkam, konnte ich sehen, was wir immer angenommen hatten. Sobald die Bürgerkriegsparteien einen Waffenstillstand geschlossen hatten, ging die Mehrzahl der Flüchtlinge zurück, ohne auf weitere Hilfe zu warten. Sie nahmen die Blechabdeckungen ihrer Hütten und ihre Werkzeuge und machten sich auf den Heimweg. Die verlassenen Lehmhütten in den ehemaligen Lagern zerfielen und die Natur nahm sich die Erde zurück.

Nicht immer lief die humanitäre Hilfe reibungslos. Ich erinnere mich an 2 Konflikte, die wir schnell und unbürokratisch lösen mussten. Wenn in Malawi die kurze Regenzeit Ende Oktober ausfällt oder nicht viel Regen bringt, hungern die Menschen um die Weihnachtszeit herum. Die malawische Regierung unterhielt Getreidespeicher, aus denen sie dann die benötigten Mengen auf den Markt brachte, um die Versorgung der Bevölkerung sicherzustellen. Weihnachten 1988 hatte es in einigen Orten des Landes, vor allem im Süden, nicht genügend Regenfälle gegeben. Uns war zwar nicht zu Ohren gekommen, dass Getreide auf den Märkten knapp wurde, aber einige Malawier stellten sich bei den WFP-Verteilungsstellen für Nahrungsmittel mit den Flüchtlingen an. Der örtliche WFP-Mitarbeiter wusste sich keinen anderen Rat, als die Malawier mit zu versorgen. Nach den Feiertagen wurde er deshalb von seinem Vorgesetzten heftig kritisiert. Er kam daraufhin zu mir und teilte mir mit, dass er kündigen wolle. Ich sprach mit seinem Vorgesetzten, der aber weiterhin der Meinung war, er könne solche eigenmächtigen Entscheidungen nicht decken. Obwohl ich nicht direkt für WFP-Einsätze zuständig war, nahm ich mich als

*UN Resident Coordinator* einer Klärung der Angelegenheit an. Und wie zu erwarten war, fanden dann nach meiner Intervention WFP in Rom und die malawische Regierung eine Lösung, um die verteilten Nahrungsmittel an die nicht berechtigten Malawier zu ersetzen. WFP kaufte Getreide von der malawischen Regierung aus deren Getreidereserve und ersetzte sie mit größeren Mengen aus dem internationalen Bestand.

Der zweite Konflikt betraf die Einschätzung des unvorhersehbaren Stroms an Flüchtlingen. Die Mitarbeiter von UNHCR gaben WFP die Flüchtlingszahlen weiter, an die sie Karten ausgegeben hatten. Auf dieser Basis wurden dann die Nahrungsmittelmengen bestellt. Unvermeidlich hinkte UNHCR immer hinter den Zahlen der tatsächlich anwesenden Flüchtlinge hinterher. Wochenlang waren diese Mengen zu knapp, es kam zu Schwierigkeiten bei der Verteilung und letztlich zu gegenseitigen Anschuldigungen, nicht korrekte Zahlen zu liefern beziehungsweise nicht ausreichend Nahrungsmittel zur Verfügung zu stellen. Ich rief also wieder als *UN Resident Coordinator* beide Mitarbeiter zu mir und stellte sie vor die Wahl: Entweder sie fänden eine Lösung oder ich würde ihre jeweilige Organisation auffordern, sie abzuziehen. Öffentliche Anschuldigungen und Knappheit bei den Nahrungsmitteln waren aus meiner Sicht inakzeptabel und ich forderte sie auf, schnellstens eine Lösung zu finden. Nach unserem Treffen wurde ein gewisses Kontingent an Zusatzrationen in die Bestellungen mit aufgenommen, so dass dann bei der tatsächlichen Verteilung kein Flüchtling mehr leer ausging.

Alles in allem war dies wohl eine der erfolgreichsten Flüchtlingsoperationen in Afrika und gleichzeitig eine, die am wenigsten publik wurde. Eine gastfreundliche Regierung und eine kleine Truppe von VN-Bediensteten versorgten über 1 Million Menschen bis zu dem Zeitpunkt, wo sie wieder zurückgehen und ihr gewohntes Leben in Mosambik wieder aufnehmen konnten.

## Mein erstes Treffen mit dem Präsidenten: Life President Dr. H. Kamuzu Banda

Bevor ich mich aber all diesen Herausforderungen widmen konnte, musste ich erst einmal meine Akkreditierungsschreiben dem Außenminister überreichen. Da der Präsident der Republik auch gleichzeitig der Außenminister war, musste ich diesen Antrittsbesuch bei ihm absolvieren. Ich hatte meine

Ankunft so geplant, dass ich kurz nach den Feierlichkeiten zum Nationalfeiertag ankam. Somit war die malawische Regierung in der Lage, mir schnell einen Termin zu beschaffen.

Ich sollte den Präsidenten in Zomba treffen, wo er sich gerade aufhielt. So fuhr ich die Strecke zum ersten Mal, die ich im Laufe der Jahre wohl an die 100 Mal gefahren bin ohne ihrer jemals überdrüssig zu werden. Es ist wirklich eine der landschaftlich schönsten Strecken im südlichen Afrika – und die Straßenverhältnisse waren sehr gut.

1987 war der UNDP-Vertreter auch der Vertreter von WFP und von UNFPA, außerdem wurden wir vom Generalsekretär als *UN Resident Coordinator* ernannt. Ich hatte also 4 Briefe zu übergeben. Nach der Überreichung des 2. Schreibens war ich etwas peinlich berührt und händigte die nächsten beiden en bloc aus und sagte: »Sir, die beiden sagen so ziemlich dasselbe wie die beiden anderen.« Der Präsident lächelte und begrüßte mich herzlich – als Deutsche. Er erinnerte sich an den Besuch eines Bundespräsidenten und meinte, dass die deutsch-malawischen Beziehungen hervorragend seien. Ich erwiderte darauf, dass ich hoffte, dass die Beziehungen mit den Vereinten Nationen ähnlich fruchtbar seien. Viel weiter kam ich allerdings nicht, denn der Präsident fiel mir ins Wort mit einer Schimpfkanonade über die arroganten VN, die willfährig Sanktionen über Südafrika verhängt hatten. Ich war etwas eingeschüchtert und die Audienz war schnell beendet. Zum Abschluss lud mich Präsident Banda allerdings ein, ihn aufzusuchen, wann immer ich dies wollte.

Nach diesem ersten Treffen war ich mir nicht so sicher, dass ich ihn oft um ein Treffen bitten würde. Ich hatte auch gehört, dass er hohe Beamte absetzte, wenn sich Besucher über etwas beklagten oder eine Situation kritisierten. Ich wollte auf keinen Fall den Ruf erlangen, dass ich das »Rollen von Köpfen« verursachte. Ich wählte deshalb die Option, mit dem Staatssekretär im Präsidialamt eine wöchentliche Sitzung zu halten. Dann konnte er entscheiden, was und wie er meine Ansichten an den Präsidenten weitergeben wollte. In einigen seiner öffentlichen Reden ging der Präsident dann, ohne mich zu nennen, auf Punkte ein, die ich in diesen Besprechungen erwähnt hatte. Wir unterhielten so einen Dialog auf Distanz. Aus Höflichkeit ging ich trotzdem 1–2 Mal im Jahr zu ihm, meistens um eine Botschaft oder eine Auszeichnung, die das Land von UN-Organisationen erhielt, zu übergeben.

## Diplomatische Komplikationen und andere Schwierigkeiten

Malawis Außenpolitik schuf auch andere Probleme für mich. Es gab nicht nur diplomatische Beziehungen mit Südafrika, sondern auch mit Taiwan – und keine mit der Volksrepublik China, die seit 1972 China in den Vereinten Nationen statt Taiwan vertrat. Malawi gehörte zu den Ländern, die diesen Wechsel nicht mitgemacht hatten. Erst 2008 tauschte Malawi Botschafter mit Beijing aus.

Es ist üblich, dass ein *Resident Representative*, sobald die Akkreditierung vollzogen ist, einen Antrittsbesuch bei seinen diplomatischen Kollegen macht. Den Besuch beim südafrikanischen Botschafter sparte ich aus, da ich erfahren hatte, dass er demnächst Malawi verlassen würde. Ich überließ es daher seinem Nachfolger, mich aufzusuchen. Als der neue Botschafter dann seinen Höflichkeitsbesuch bei mir machte, fragte er mich unter anderem, ob ich bereit wäre, südafrikanische Firmen zu beschäftigen, falls die malawische Regierung dies wollte. Ich antwortete, solange diese Unternehmen von schwarzen Südafrikanern geführt würden, hätte ich damit kein Problem. Er war so beeindruckt von dieser Antwort, dass er die anderen vorbereiteten Fragen nicht mehr stellte. Er und seine Familie wurden im Laufe der Zeit gute Bekannte. Ganz offensichtlich gehörte der Botschafter zum liberalen Lager in Südafrika, das für eine Aufhebung der Apartheid eintrat, die ja dann im Februar 1990 mit der Freilassung von Nelson Mandela aus der Haft eingeleitet wurde.

Sehr viel komplizierter war es für mich, mit der Chinafrage umzugehen. Ich konnte dem Botschafter Taiwans als Vertreter seines Landes schlecht einen Besuch abstatten, denn Taiwan war nicht mehr Mitglied der VN und wurde von jeglicher Arbeit bei den VN ausgeschlossen. Jedoch war er auch der Doyen des kleinen diplomatischen Corps in Lilongwe; so machte ich einen Termin mit ihm in dieser Funktion. Er verstand die Zwickmühle, in der ich mich befand, und machte nicht viel Aufhebens darum. Da Taiwan einige hervorragende Projekte in Malawi durchführte, entwickelten wir eine fruchtbare professionelle Beziehung während meiner Dienstzeit in Malawi.

Die ersten Wochen in Malawi waren sehr nervenaufreibend. Ich fürchtete ständig, Fehler zu machen. Viele, mit denen ich zu arbeiten hatte, waren freundlich und hilfsbereit. Aber ich war mir nicht sicher, wessen Hilfe ich annehmen konnte, ohne später um Gegenleistungen ersucht zu werden. Die Widersprüche in Malawi waren vielfältig, es gab viele Tabuthemen, so war ich

mir anfangs nicht klar darüber, wie und wann ich öffentlich Probleme ansprechen konnte. Aber ich musste als Vertreterin der VN in Malawi die Richtung
angeben, der wir als VN-Organisationen folgen wollten. Zunächst einmal
kämmte ich die Akten durch und brachte Projekte auf den Weg, die aus uner-
findlichen Gründen auf Eis lagen. Damit zeigte ich New York, dass wir unser
Programm wiederbelebten. So ging zunächst alles nach außen hin glatt und
reibungslos, aber im Innern fühlte ich mich wie in einem Labyrinth, dessen
Ausgang ich nicht kannte. Ich bewegte mich also vorsichtig und fühlte mich
selten entspannt. Malawier sind bescheiden und schüchtern, arbeitsam und
konzentrieren sich auf ihre Angelegenheiten. Es war nicht leicht, mit ihnen in
engeren Kontakt zu kommen. Es war auch nicht geklärt, inwieweit die Regierung soziale Kontakte mit Ausländern untersagte oder zumindest nicht gerne
sah. Lilongwe war eine Kleinstadt, in der Gerüchte und Klatsch blühten. Um
möglichen Falschmeldungen nicht aufzusitzen oder selbst Gegenstand von
solchen falschen Informationen zu werden, blieb ich auf kritischer Distanz zu
allen, selbst zu den Mitgliedern des kleinen diplomatischen Kreises. So organisierte ich mein Leben in einer Weise, dass es mit langen Arbeitsstunden ausgefüllt war, mit Lesen, Schwimmen und langen Spaziergängen, insbesondere
wenn ich in Zomba zu tun hatte. Dann ließ ich mich auf das Zomba-Plateau
fahren und ging zu Fuß die etwa 5 Kilometer in die Stadt zurück. Dort nahm
mich mein Fahrer dann in Empfang und wir fuhren weiter. Es war eine komfortable Zeit mit schnellen beruflichen Erfolgen, aber auch sehr einsam. In
all den Jahren im Ausland war ich wahrscheinlich in Malawi am meisten von
Freunden und Bekannten isoliert. Heute bin ich mir nicht so sicher, ob ich
mich tatsächlich so abschotten musste. Damals erschien es als die beste Wahl,
um den Posten erfolgreich auszufüllen.

## Erste Erfolgserlebnisse

Eine »Leiche«, die ich in den Akten fand, war ein Bericht, den mein Vorgänger bei der *International Telecommunications Union* (ITU) in Auftrag gegeben hatte, um zu ergründen, ob – und wenn ja, wie – in Malawi ein nationales TV-Netzwerk aufgebaut werden könnte. Wenn ich nachfragte, wie die
Reaktion der Regierung gewesen sei, wurde mir gesagt, dass der Bericht nie an
die Regierung geschickt worden wäre. Es war bekannt, dass der Präsident vor

langer Zeit beschlossen hatte, dass Fernsehen nicht gut für die Bevölkerung sei. Daher hatte sich niemand getraut, den Bericht vorzustellen, der die Gründung eines nationalen Fernsehens empfahl. Mir wurde geraten, ich solle den Bericht persönlich dem Präsidenten überreichen. Das lehnte ich ab, stattdessen schlug ich dem zuständigen Staatssekretär vor, ein nationales Seminar zu organisieren, um dort den Bericht und seine Empfehlungen zu studieren und dann zu entscheiden, was die nächsten Schritte sein sollten. Ich bot an, das Seminar zu finanzieren. Der Staatssekretär war sehr nervös, sah aber auch keinen Grund, meinen Vorschlag und mein Angebot abzulehnen. So wurde das Seminar gehalten und die Empfehlungen des Berichtes wurden mit geringfügigen Änderungen akzeptiert. Nun war es die Praxis in der Regierung, dass nach einem solchen nationalen Seminar die Ergebnisse an das Kabinett und den Präsidenten, der übrigens auch der zuständige Minister war, zu schicken. Der Staatssekretär hatte also keine Wahl, als den Bericht nun vorzulegen.

Als ich nach der Kabinettssitzung den Staatssekretär fragte, wie es gelaufen sei, fand ich einen überglücklichen Beamten vor mir. Der Präsident, der die Sitzung leitete, hatte zur Erleichterung aller Anwesenden positiv reagiert. Er fand, dass das, was in den 1960er Jahren zutreffend war, nicht unbedingt in den späten 1980er Jahren noch gelten musste. Er betrachtete den vorgelegten Plan als solide. Nach der Annahme durch das Kabinett zeichnete er den Plan ab.

Sobald wir von der Entscheidung erfuhren, sandten wir die ersten malawischen Journalisten ins Ausland, um als TV-Journalisten ausgebildet zu werden. Leider hatte UNDP weder ein Mandat noch die Gelder, um Studios und Übertragungsleitungen zu errichten, aber ich bemühte mich, andere Geber zu interessieren. Leider war ich bis zum Ende meines Aufenthaltes nicht erfolgreich. Malawi errichtete erst mehrere Jahre später ein nationales Fernsehprogramm aus eigenen Mitteln.

## Weitere Erfolge – Beeinflussung anderer nationaler Entscheidungen

Der Erfolg, den Präsidenten zu einer Revision einer von ihm postulierten Politik zu motivieren, brachte einige Bewegung in die ängstliche malawische Bürokratie und machte auch mich mutiger. Malawi ist eines der ärmsten Länder der Welt – gemäß den wirtschaftlichen Kriterien der Weltbank. In Bezug auf den UNDP Human Development Index (HDI)[21] war Malawi seit Jahren auf einem deutlich besseren Platz. Die Regierung hatte seit der Unabhängigkeit aus eigenen Mitteln und mit ausländischer Unterstützung in die soziale Infrastruktur (Erziehung und Gesundheit) investiert. Auch war das Straßennetz ausgebaut worden und wurde gut instandgehalten. Aber Malawi war ein Binnenland, die nächstliegenden Häfen in Mosambik waren durch den Bürgerkrieg jahrelang unzugänglich. Exportgüter, die in erster Linie aus der landwirtschaftlichen Produktion stammten, mussten entweder über Tansania oder per Flugzeug ausgeführt werden. Malawischer Tabak und Tee sind von hervorragender Qualität, aber nur geringer Quantität, sie wurden deshalb in erster Linie von den großen internationalen Produzenten genutzt, schlechtere Sorten durch Beimischung aufzuwerten. Tee wurde sowohl auf größeren Plantagen als auch von Kleinbauern in Kooperativen produziert. Ich versuchte, sie davon zu überzeugen, für malawische Produkte eine eigene Marke auf dem Weltmarkt durchzusetzen. Aber die internationalen Vermarktungsstrukturen waren zu stark, um den Produzenten aus einem kleinen Land wie Malawi eine höhere Marktdurchdringung zu gewähren.

Trotzdem: Durch die Kontakte mit den Teeproduzenten erfuhr ich von den verheerenden Auswirkungen der wirtschaftspolitischen Beratung des Internationalen Währungsfonds (IWF) auf die malawische Wirtschaftslage. Die Missionen kamen alle 18–24 Monate. Als ich im zweiten Jahr in Malawi war, konnte ich beobachten, was passierte. Sobald eine IWF-Mission angekündigt wurde, verschwanden importierte Güter in den Läden. Händler hielten sie zurück, denn sie wussten, dass IWF-Berater eine Abwertung der nationalen Währung Kwacha empfehlen würden, um so die Exportgüter auf dem Weltmarkt billiger zu machen. Aber eine Abwertung trieb die Kosten für importierte Güter in die Höhe. Deshalb versuchten die Händler diese Kostensteigerungen durch das Zurückhalten billiger eingekaufter Ware aufzufangen, um so einen Überschuss zu erzielen, mit dem sie dann, ohne größere Verluste, neue, nun teurere Ware kaufen konnten. Da Malawi viele Güter einführen musste, kam es für die Konsumenten erst zu Knappheiten und dann zu Kostensteigerungen.

---

21  Der HDI misst 3 Dimensionen menschlicher Entwicklung: ein langes und gesundes Leben, Wissen und einen angemessenen Lebensstandard. Details kann der Technischen Note Nr. 1 entnommen werden, die in dem globalen Bericht über die menschliche Entwicklung von 2004 enthalten ist.

Die Regierung organisierte jedes Mal eine Sitzung mit dem diplomatischen Corps, um die Ergebnisse der IWF-Mission vorzustellen. Als ich das erste Mal an einer solchen Sitzung teilnahm, warf ich den Zusammenhang zwischen der Abwertung des Kwacha[22] und den Preissteigerungen auf. Der Missionsleiter wischte meine Äußerung als nur von marginaler Bedeutung vom Tisch.

Beim nächsten Mal ging ich anders vor. UNDP unterstützte ein nationales Planungsprojekt, in dem ein ausgezeichneter junger Volkswirt aus den USA arbeitete. Ich fragte ihn, ob er eine Idee hätte, was man dem IWF entgegenhalten könnte. Er wich meiner Frage aus und wollte sich nicht engagieren. Der Zufall jedoch wollte, dass sein Chef aus New York in Malawi war. Dem setzte ich die Pistole auf die Brust: Entweder sie würden dem jungen Mann erlauben, bei den Verhandlungen mit dem IWF auf der Regierungsseite dabei zu sein, oder ich würde die UNDP-Finanzierung seines Postens beenden. Der junge Mann wurde Teil des Regierungsteams.

Dann kam die übliche Sitzung mit den Diplomaten, und der IWF-Delegationsleiter gab bekannt, dass sie dieses Mal keine Abwertung vereinbart hätten, wegen der negativen Folgen für die Verbraucherpreise. Ich war ziemlich erstaunt, aber natürlich auch erfreut und fragte am nächsten Tag den Staatssekretär im Finanzministerium, wie sie denn dieses überraschende Ergebnis erzielt hätten. Er berichtete, dass unser junger Volkswirt den IWF-Experten gezeigt hatte, wie jede Abwertung zu einer Verteuerung führte. Die IWF-Mission war so überrascht von dieser Darstellung der Situation, dass sie von der gängigen Empfehlung absahen.

Jeder im Lande war erleichtert. Die Läden füllten sich, die Preise blieben konstant, es wurde sogar mehr importiert. Die Zolleinnahmen stiegen und damit die Staatseinnahmen. Der Finanzminister war der Held des Tages und genoss das Lob seiner Kollegen, als er seinen Staatshaushalt im Parlament vorstellte. Er war aber auch dankbar für UNDPs Unterstützung. Zum ersten Mal seit Jahren erhöhte Malawi seinen freiwilligen Beitrag zum globalen Budget von UNDP und veranlasste eine prompte Überweisung. Als mich New York fragte, wie ich denn dies erreicht hätte, glaubten sie mir allerdings nicht. In ihren Augen war der IWF zu mächtig und seine Vorgaben galten als zu unumstritten, als dass eine so simple Maßnahme wie die unsrige die Politik des IWF aus den Angeln hätte heben können. Ich ließ die Sache auf sich beruhen aber

---

22  Malawische Währung

erinnerte mich später immer gern an diesen Erfolg. Es wäre schön gewesen, wenn Griechenland und andere Länder ebenso solide und kundige Ökonomen zur Verfügung gehabt hätten.

## Einfluss auf soziale Politik

Mein Eingreifen in die Gestaltung wirtschaftlicher Politik war eigentlich eine Ausnahme, denn die informelle Arbeitsteilung internationaler Organisationen sieht vor, dass sich Weltbank und IWF um diese Bereiche kümmern, während die VN-Organisationen, so auch UNDP, vorrangig mit nationalen Regierungen bei der Gestaltung sozialer Politik zusammenarbeiten. Dabei ist vorgesehen, dass die VN Projekte durchführt, auf deren Erfahrungen dann die Weltbank, andere Geber und Entwicklungsbanken aufbauen und größere, teilweise mit Krediten finanzierte Programme durchführen. Da UNDPs Programm jahrelang in Malawi sehr schwach und unbedeutend gewesen war, hatte die Weltbank einen großen Teil dieser Politikgestaltung mit übernommen, zum Beispiel im Erziehungswesen.

Es gehörte damals zur Politik der Weltbank, Regierungen zu verpflichten, Schulgebühren zu erheben – selbst für die Grundschulausbildung. Die Folge war, dass viele arme Familien ihre Kinder nur sporadisch zur Schule schickten, und wenn überhaupt, dann in erster Linie die Söhne. Mehrfach riet ich dem Erziehungsministerium dringend, diese Gebühren abzuschaffen und die generelle Schulpflicht umzusetzen. Mehrfach zitierte ich Studien der Weltbank, die zeigten, dass eine allgemeine Schulausbildung von wenigstens 6 Jahren eine Grundvoraussetzung für ein nachhaltiges wirtschaftliches Wachstum war und Steigerungen in der landwirtschaftlichen Produktion mit sich brachte. Die Beamten stimmten mir höflich zu aber wollten sich nicht den Forderungen der Weltbank widersetzen. Es war ihnen nicht einmal bewusst, dass die Finanzierung der Weltbank ja von ihnen zurückbezahlt werden musste und es damit eigentlich ihr Geld war. Welch ein Unterschied zu China! Niemand dort würde eine ausländische Forderung annehmen, wenn sie nicht auch in ihren Augen Nutzen versprach. Die Mitarbeiter der Weltbank waren sich uneinig. Die technischen Mitarbeiter in den Erziehungsabteilungen teilten unsere Sicht, aber die Planungsabteilungen hielten an der neoliberalen Orthodoxie des *Structural Adjustment* fest.

Trotzdem ließ ich nicht locker. Zusammen mit UNESCO hatten wir ein Projekt, das die Umgestaltung der Grundschulcurricula zum Inhalt hatte. Ich genehmigte deshalb unter diesem Projekt etwa 28 000 US-Dollar jährlich für 3 Jahre für 2 volle Stipendien an jeder der 2000 Grundschulen des Landes – für 2 Mädchen in der Klassenstufe, die zum Übergang auf eine Sekundarschule führte. Jedes Stipendium betrug 70 US-Dollar im Jahr und finanzierte die Schulgebühren, eine Schuluniform, die Lernmaterialien und ein tägliches Schulessen. Nach einem Jahr rekrutierte ich eine Evaluatorin und sandte sie in alle Provinzen des Landes, um zu sehen, wie sich das Stipendienprogramm ausgewirkt hatte. Das Ergebnis war ermutigend: Von den 400 Mädchen, die ein Stipendium erhalten hatten, waren nur zwei vorzeitig ausgeschieden (wegen Schwangerschaft und Verheiratung), alle anderen hatten durchgehalten, die Mehrheit war auch zu weiterführenden Schulen gegangen. Ich hatte mein Ziel erreicht, da ich beweisen konnte, dass kleine öffentliche Investitionen eine große Wirkung haben konnten – und den Eltern zeigte dieses Programm, dass sich Erziehung auszahlt. Einige Jahre später schaffte die malawische Regierung das Schulgeld – sogar gegen den Widerstand einiger Weltbankvertreter – ab.

Die Bekämpfung der Armut, vor allem im ländlichen Raum, war eine unserer Prioritäten. Ich hatte ein Projekt von meinen Vorgängern »geerbt«, das sich dieses Problems auf sehr strategische Art und Weise annahm. Mit Hilfe des UN Capital Funds (UNCDF) finanzierten wir 12 Handwerkerzentren, die preiswerte Baumaterialien für ländliche Behausungen herstellten und lokale Handwerker ausbildeten, damit sie langfristig die Produktion dieser Baumittel übernehmen konnten.[23] Den Zentren angeschlossen waren Einrichtungen, die den Bauern Kleinkredite gaben, um diese Materialien zu kaufen, und die den Handwerkern dazu dienten, ihren eigenen Betrieb zu gründen. Das ganze Programm war so konzipiert, dass mit den zurückgezahlten Geldern neue Kredite vergeben werden konnten. UNDP finanzierte technische Hilfe, um sowohl die bautechnischen Details wie auch das Finanzgeschehen auf solide Beine zu stellen.

Als ich im Land mehrere dieser Zentren besuchte, erkannte ich, dass die meisten nur vor sich hin dämmerten. Meine Nachfragen ergaben dann das fol-

---

23  UNCDF war eine Unterorganisation des UNDP und vergab zinslose Kredite in LDCs. Der Fund wurde geschaffen, als die Weltbank noch keine Kredite zur Armutsbekämpfung vergab. In dem Maße, wie sich dies änderte, trocknete UNCDF aus. Aber er hatte eine wichtige Funktion erfüllt.

gende Bild: Zum einen entsprach das Bauen langfristiger Wohnhäuser nicht der malawischen Tradition. Auf dem Lande wohnte niemand in einem Haus, in dem zuvor jemand gestorben war. Ich besprach mit dem Ministerium, wie wir dieses Hindernis beseitigen könnten. Ich verwies darauf, dass die Menschen in den Städten diese Tradition doch auch hinter sich gelassen hatten. Aber der Hinweis erwies sich nicht als ausreichend. Besser war es, eine Serie von Seminaren für traditionelle Heiler und Priester auf dem Lande durchzuführen und sie davon zu überzeugen, dass ein Aufgeben dieser Tradition zu einer Verbesserung der Lebensbedingungen für die ländliche Bevölkerung führen würde. Die Seminare endeten mit dem Beschluss, dass eine Zeremonie entwickelt werden müsse, die die Häuser Verstorbener von bösen Geistern befreite, um danach wieder bezogen werden zu können.

Ein anderes Problem war im Design des Projektes angelegt. Die Gelder des UNCDF für die Kredite sollten zurückgeführt werden, das heißt durch die Rückzahlungen sollte sich der anfängliche Kapitalstock immer wieder erneuern. Das tat er aber nicht. Die VN-Experten sagten mir, dass die Kreditnehmer ihre Rückzahlungen nicht vornähmen. Aber dies stimmte auch nicht. Was passierte, war, dass sie dann zahlten, wenn sie Geld hatten, aber nicht unbedingt dann, wenn die Rückzahlungen vorgesehen waren. Um diese Liquiditätslücke zu schließen, brauchten wir entweder 8 anstelle der 2 Millionen US-Dollar für den Kapitalfonds oder eine Reduzierung des Programms, aber dann würden die laufenden Kosten zu hoch sein. Leider gelang es mir nicht, die zusätzlich benötigten Gelder zu mobilisieren. Damit ging das eigentlich sehr sinnvolle Projekt einer ungewissen Zukunft entgegen. Aber in der Zwischenzeit wurde es zu neuem Leben erweckt. Wenn ich in den folgenden Jahren durchs Land fuhr, schimmerten überall vermehrt die Dächer neuer Häuser in den Dörfern in der Sonne auf.

Im Rahmen dieses Projektes wurde ich auch zum ersten Mal mit der ansonsten in Malawi raren Korruption konfrontiert. Die malawischen Beamten waren in der Mehrzahl gut ausgebildet, arbeiteten verlässlich und waren für Korruption nicht anfällig. Präsident Banda war sehr erfolgreich in der Fortsetzung britischer Verwaltungsstandards und Verfahrensweisen. Dazu kam, dass gemäß der afrikanischen Tradition, sich als Teil der erweiterten Familie zu sehen, jeder Beamte in seiner Familie ein Unternehmen, eine Farm oder Miethäuser in den Städten hatte. So sorgten sie für einen unvorhersehbaren Notfall und für ihren Ruhestand vor, den sie spätestens mit 55 Jahren antreten mussten.

Als das Programm dynamischer wurde, hörte ich immer öfter Gerüchte darüber, dass ein hoher Ministerialbeamter, dem das Projekt auf nationaler Seite unterstand, mehrere Baufirmen besaß und diesen über das Projekt Kleinkredite besorgt hatte. Niemand konnte mir sagen, wie man diese Vorteilnahme eines Einzelnen stoppen könnte. So bat ich den zuständigen Staatssekretär um ein vertrauliches Gespräch und wies ihn auf den Fall hin. Ich sagte, auf Seiten der VN könne man nicht beides gleichzeitig im selben Zuständigkeitsbereich sein, Unternehmer und Beamter. Da es sich um einen nationalen Beamten handelte, überließ ich es der Regierung, den Fall zu behandeln. Dann hörte ich nichts mehr davon, aber die Gerüchte verstummten. Dann erfuhr ich: Die Regierung hatte den Beamten vor die Wahl gestellt, entweder Beamter oder Unternehmer. Er hatte letzteres gewählt.

Aber es gab in den späten 80er Jahren eine viel größere Gefahr für das gute Funktionieren der Beamtenschaft und die Entwicklung des Landes im Allgemeinen: die HIV/AIDS-Epidemie. 1985 war der erste Fall diagnostiziert worden, seitdem war die Welle der Infektionen wie ein Tsunami angeschwollen und drohte einen großen Teil der Lehrer, Polizisten und Offiziere der Armee hinwegzuraffen. Eine große Zahl von Malawiern arbeitete in den Bergwerken Südafrikas. Dort wurden sie seit 1988 auf den Virus getestet, wenn der Test positiv ausfiel, wurden sie nach Malawi zurückgeschickt. Aber die Regierung weigerte sich, dem Problem ins Auge zu sehen. Übertragen wurde der Virus in erster Linie durch sexuellen Kontakt mit häufig wechselnden Partnern, die offizielle Sexualmoral war jedoch sehr »viktorianisch« restriktiv. Deshalb konnte nicht sein, was nicht sein durfte. Die WHO sandte ständig Missionen, die die Regierung drängten, die Gefahr endlich öffentlich anzuerkennen. Aber nichts dergleichen geschah. 1989 kannte jeder jemanden, der an AIDS gestorben war, die Reihen der Politiker lichteten sich. Traditionelle Heiler behaupteten, der Virus würde durch Moskitos übertragen und der gekochte Sud aus einer speziellen Baumrinde würde helfen. In den VN-Vertretungen waren wir über solche Fehlmeldungen entsetzt. Wir organisierten Theaterstücke, die auf eine komische Art die Situationen des möglichen Infizierens nachspielten, wir organisierten Trainingskurse für die traditionellen Heiler. Aber alles half nichts.

Dann im April 1989 ergab sich für mich eine Möglichkeit, auf entscheidende Weise einzugreifen. Jedes Jahr trafen sich alle Staatssekretäre in einer Klausur und besprachen anstehende Probleme des Landes. Nur der Vertreter der Weltbank und ich waren als Außenstehende eingeladen. Als die Reihe an mich kam, beschloss ich spontan, die AIDS-Epidemie und die große Gefahr anzusprechen, die davon ausging. Damals gab es noch keine Medikamente, um den Virus zu kontrollieren. Der Staatssekretär für Gesundheit, der auch der Privatarzt des Präsidenten war, war nicht erfreut über meine Intervention. Aber er erklärte sich bereit, seinen Kollegen reinen Wein einzuschenken. Da ein Bericht über die Erörterungen der Klausur an den Präsidenten ging, war dieser nun ebenfalls informiert. Mir wurde dann berichtet, dass er am Rand des Berichtes Anweisung gegeben hatte, alles zu tun, um die Epidemie zu stoppen. So konnte nun wenigstens offen über HIV/AIDS gesprochen werden, aber ein Ende der Epidemie war auch bis in dieses Jahrhundert hinein in Malawi nicht in Sicht. Im Gegenteil. Unsere Kollegen von UNFPA diagnostizierten, dass sich das Bevölkerungswachstum in Malawi aufgrund der AIDS-Todesfälle rapide verringern und die Zunahme an AIDS-Waisen enorm wachsen würde.

## Komplizierte entwicklungspolitische Herausforderungen

So zufriedenstellend die Erfolge waren, es gab Schranken, die kaum überwindbar schienen. Zum Beispiel im Bereich der Rechtssicherheit. Malawi hatte, wie so viele andere Entwicklungsländer, konkurrierende Rechtssysteme. Es gab das traditionelle Stammesrecht (*African Customary Law*), es gab das britische *Common Law* als Erbe der Kolonialzeit, und es gab außerdem im Zivilrecht anerkannte muslimische und hinduistische Rechtsbestimmungen. Andere afrikanische Länder (zum Beispiel Kenia) hatten die Situation vereinheitlicht und alles unter das Dach des *Common Law* gestellt, nicht so Malawi. So wurden politische Fälle immer nach dem traditionellen afrikanischen Recht verhandelt, Streitigkeiten über Verträge nach dem *Common Law*, Erbschaft, Heirat und Scheidungen aber nach dem jeweiligen Recht der sozialen Gemeinschaft. Im Falle von politischen oder anderen großen Prozessen musste der Generalstaatsanwalt den Justizminister um eine Entscheidung ersuchen, welches Recht zur Anwendung kommen solle. Da der Präsident in Personalunion auch der Justizminister der Republik war, wurden solche Vorlagen nur sehr langsam bearbeitet; mit dem Ergebnis, dass viele Menschen aufgrund einer unvorsichtigen politischen Bemerkung im Gefängnis saßen – ohne Aussicht auf einen Prozess. Ich versuchte mich also an dieses Problem heranzutasten,

99

indem ich mich um eine Modernisierung der Gefängnisse kümmerte. Malawi hatte damals keines der Menschenrechtsabkommen ratifiziert[24], ich musste mich vorsichtig bewegen, aber trotzdem war es auch damals Teil des Mandats der VN, für die Einhaltung der Menschenrechte einzutreten.

Der Mangel an Rechtssicherheit machte sich zudem auch in Bezug auf private Investitionen bemerkbar, vor allem von ausländischen Investoren. Malawi hatte nur ungenügende gesetzliche Grundlagen. Schon seit Jahren wurde der Entwurf eines *Investment Codes* diskutiert – ohne ein Ergebnis zu erzielen. Da half mir eine Initiative aus New York. Bill Draper vertrat die Ansicht, dass UNDP mehr in Sachen Entwicklung des Privatsektors unternehmen sollte. Er sandte uns eine kleine Budgetzulage, die wir für Gespräche am runden Tisch unter unserer Leitung ausgeben sollten. In Malawi war dies einfach. Nicht nur gelang es mir ohne Mühe, etwa 20 Vertreter der führenden Geschäftsleute und hohe Beamte der Zentralregierung und der Provinzen einzuladen, sondern wir hatten auch ein Thema, den *Investment Code*. Die Diskussion war sehr offen und gab den Vertretern des zuständigen Ministeriums viele Anregungen. Leider wurde der Staatssekretär abgesetzt, da er erst durch unsere Initiative wieder in der Sache aktiv geworden war. Jemand anderes wollte seinen Posten.

Da ich noch Gelder übrig hatte, fragte ich, ob es noch ein zweites Thema gäbe, über das die Runde gerne diskutieren wollte. Ich schlug vor, über die größten Herausforderungen für die malawische Entwicklung zu debattieren. Als dann der runde Tisch begann, äußerten sich die Geschäftsleute wiederholt zu Fragen der Landreform und der gesetzlichen Garantien von privaten Rechten an Landbesitz als Sicherheit für Investitionen. Eigentlich war dies eines der Tabuthemen in Malawi, denn der Präsident war der Ansicht, dass alles Land dem Staat gehört und nur zur Nutzung zur Verfügung gestellt werden kann. Dies entsprach weitestgehend der afrikanischen Tradition, die die Kolonialverwaltung allerdings mit der Vergabe von Grundbesitztiteln für Tee- und Tabakplantagen verändert hatte. Also gab es auch hier konkurrierende Rechtsvorstellungen. Ich kam ganz schön ins Schwitzen, denn mir war klar, dass der Inhalt der Gespräche nach oben gemeldet werden würde. Nach einer relativ kurzen, aber äußerst hitzigen Debatte bat ich alle Teilnehmer, das Thema nun ruhen zu lassen, da wir es so nicht würden lösen können – nichtsdestotrotz war die Forderung nach einer Landreform laut und deutlich geworden. Einige

---

24  Das wurde erst 1994 von einer Regierung nach Präsident Banda vorgenommen.

Tage später sagte mir ein Minister, der nicht bei der Diskussion dabei gewesen war, dass ich die Situation gut gemeistert hätte. So wusste ich, dass unsere Diskussion am runden Tisch tatsächlich auf höchster Ebene zur Kenntnis genommen worden war.

Darüber hinaus sprach der Präsident bei einer seiner nächsten öffentlichen Reden darüber, dass die VN in New York viele Fehler mache, aber die VN vor Ort sehr gute Arbeit leisteten. Das Verhalten einiger Mitglieder des diplomatischen Korps änderte sich mir gegenüber schlagartig, und man bedachte mich mit erhöhter Freundlichkeit.

## Ein friedliches Land, aber zwiespältig und widersprüchlich

Nach den anfänglichen Klippen in der Arbeit und im Leben in Malawi fühlte ich mich zunehmend wohl in diesem landschaftlich schönen Land mit seinen arbeitsamen, bescheidenen, gastfreundlichen Bewohnern. Uns Ausländern wurde ein wohl geordneter und komfortabler Lebensstandard ermöglicht. Dennoch war der äußerliche Friede brüchig. Ein großer Teil des städtischen Handels und Handwerks war in den Händen von Indern und Pakistanis, die während der Kolonialzeit nach Malawi gekommen waren und nun mit einem Commonwealth-Pass ihren Geschäften nachgingen. Ihre Gewinne transferierten sie ins Ausland und behielten in Malawi nur, was sie brauchten, um sich einen gehobenen Lebensstil zu leisten. 1987/88 stuften die Stadtverwaltungen in Blantyre und in anderen Städten die Häuser der asiatischen Geschäftsleute als erneuerungsbedürftig ein. Häuser, die so mit einem großen roten Kreuz gekennzeichnet und für den Abriss markiert wurden, sollten von den Hausbesitzern renoviert werden. Die Stadtverwaltungen wollten die Geschäftsleute auf diese Weise zwingen, in die Modernisierung der Stadt zu investieren. Leider ging der Schuss weitestgehend nach hinten los. Denn viele Hausbesitzer beantragten keine Baugenehmigung, sondern zogen nach Lilongwe, in die neue Hauptstadt des Landes, wo sie näher an der zentralen Regierung waren und sehr viel leichter Bauland zugewiesen bekamen.

Malawi war konstitutionell eine Demokratie mit einem gewählten Parlament und einem Präsidenten, der auch gleichzeitig der Chef der Regierung war. Präsident Banda, bisher dahin der erste und einzige gewählte Präsident des Landes, regierte im Stil eines afrikanischen Stammeshäuptlings. Minister und Staatssekretäre ernannte oder entließ er nach seinem Gutdünken. Jeder, der mit ihm in direkten Kontakt kam, war vorsichtig damit, was und wie über die eigene Arbeit gesprochen wurde. Der Präsident war sich dieser Selbstzensur bewusst und hatte mehrere Informationsquellen, um sich ein Bild der Situation zu machen. Nicht zuletzt griff er auf ein enges Netz von Geheimpolizisten zurück. Er gab seine Ansichten und Entscheidungen in öffentlichen Reden bekannt, die er bei großen Ereignissen im Lande hielt. Dabei zog er wie ein mittelalterlicher europäischer Herrscher von Residenz zu Residenz, und mit ihm seine Regierung. Das Parlament tagte in Zomba und er nahm jedes Mal wie die englische Königin an der Eröffnung der Sitzungen teil. Es gab nur eine Partei, deren Vorsitzender er auch war, aber etwa 20 Prozent der Abgeordneten wurden von ihm ernannt, um Minoritäten gleichermaßen zu repräsentieren. Auf der lokalen Ebene mussten jeweils 3 Kandidaten für eine Wahl aufgestellt werden, 60 Prozent der Gewählten wurden beim nächsten Mal nicht wiedergewählt. Es gab auf der untersten Ebene also ohne weiteres eine Form direkter Demokratie.

Viele christliche Gemeinschaften und Kirchen waren in Malawi aktiv, die mitgliederstärkste war die katholische Kirche. Als Papst Johannes Paul II mehrere Nachbarländer besuchte, machte er einen Bogen um Malawi. Also lud die Regierung den Papst ein, stellte ihm aber die Bedingung, sich nicht öffentlich gegen Familienplanung und Verhütungsmaßnahmen zu äußern, sehr zur Erleichterung der örtlichen katholischen Priester, die ihre Gemeindemitglieder zu den Gesundheitszentren der Regierung schickten, wenn die Frauen Verhütungsmittel bekommen wollten. Am Abend vor den Feierlichkeiten zum Nationalfeiertag wurde ein ökumenischer Gottesdienst abgehalten, an dem die christlichen Bischöfe, der oberste Imam und ein Hindupriester teilnahmen. Der Präsident sprach bei diesem Anlass als ein *Alderman* der schottischen protestantischen Kirche.

Präsident Banda war ganz offensichtlich ein wohlwollender Diktator, aber ein Diktator eben doch. Als 1989 die Welle der Proteste durch Osteuropa und China rollte und schließlich großer Druck von außen auch Malawi erreichte mit der Forderung, die Demokratisierung voranzutreiben, war sein Regime dem Untergang geweiht. Er setzte ganz zum Schluss seiner Herrschaft noch durch, dass die Wahlkreise dem neuesten Stand der Bevölkerungsverteilung angepasst wurden, aber er und seine Partei verloren die Wahlen. Wenig später starb der alte Herr mit mehr als 90 Jahren.

So zwiespältig Malawis politische Situation war, so widersprüchlich waren die Absichten der ausländischen Partner in Bezug auf die Entwicklung des Landes. Einerseits sollte die Entwicklung von den Malawiern selbst bestimmt und geführt werden, andererseits war die nationale Kapazität klein und das Tempo langsam. Geber wollten ihre Gelder jedoch ausgeben, also wurden zur Verstärkung der Kapazitäten und Beschleunigung des Tempos ausländische Langzeitexperten eingesetzt. In den ersten Monaten war mir aufgefallen, dass, sobald ein ausländischer Experte kam, sein nationaler Partner versetzt wurde oder zur Weiterbildung ins Ausland ging. Nachdem ich mehrere solcher Fälle beobachtet hatte, erkundigte ich mich entsprechend, um die Dynamik hinter diesen Bewegungen zu verstehen. Ausländische Experten hatten mehr Erfahrung, deshalb waren sie ja rekrutiert worden. Aber sie ließen es oft am nötigen Fingerspitzengefühl fehlen, umgingen die nationalen Strukturen und stellten so ihre nationalen Partner bloß. Es war verständlich, dass diese eine Versetzung oder Weiterbildung beantragten. Ich hatte also zwei Optionen: entweder eine Anweisung an die internationalen Mitarbeiter zu formulieren, sich an die nationalen Strukturen und Entscheidungsprozesse anzupassen, oder die Zahl der Langzeitexperten zu reduzieren. Aufgrund meiner China-Erfahrung optierte ich für letzteres. Das war im lokalen Kontext fast revolutionär. Aber unsere Projekte stärkten auf diese Weise die nationalen Kräfte, und andere Geber profitierten von dieser Entwicklung. Die malawische Bürokratie wurde schneller, offener und entscheidungsfreudiger. Unser Programm spielte somit die Rolle, die es spielen sollte: die eines Katalysators für die Entwicklung des Landes.

Aber nicht jeder war zufrieden mit diesem Trend. Um sich der nationalen Struktur anzupassen, wurde das finanzielle Volumen unserer Projekte kleiner. Wenn wir alle zur Verfügung stehenden Gelder aber verplanen wollten, mussten wir diese auf eine große Zahl kleinerer Projekte verteilen. Zunächst einmal wurde ich im Regionalbüro verdächtigt, dass ich die Projekte kleiner machte, damit ich sie vor Ort genehmigen konnte, um mich so der Kontrolle New Yorks zu entziehen. Daraufhin vereinbarten wir, dass New York Stichproben machen sollte, um zu prüfen, dass wir keine Einbußen bei der Qualität hatten. Schwerwiegender war allerdings, dass unser Trend dem internationalen diametral entgegen gesetzt war: Dort, in den internationalen Konferenzen der Geber, wurden nämlich große sowie ganze Sektoren übergreifende Projekte befürwortet, die ihre eigenen Verwaltungseinheiten brauchten, um zu funktionieren. Dies war in meinen Augen alles andere als der gewünschte Ansatz nationale Führung zu respektieren und nationale Kapazitäten zu stärken. Es war frustrierend immer wieder zu hören, dass afrikanische Länder mehr, das heißt größere Summen an Entwicklungshilfe brauchten, was aus meiner Sicht völlig falsch war. Was afrikanische Länder brauchten, war mehr Hilfe, die sorgfältig in das nationale System eingepasst war, um die lokalen Bedürfnisse und Notwendigkeiten besser anzugehen. Mein Ansatz war ganz offensichtlich im Widerspruch zur vorherrschenden Meinung in der internationalen Geberlandschaft. Darüber hinaus vertrug sich diese Tendenz überhaupt nicht mit den global gewachsenen Bedürfnissen neuer unabhängiger Länder in Osteuropa und Zentralasien, ohne dass Geber das Gesamtvolumen an Entwicklungshilfe erhöhten. Ich konzentrierte mich auf die Durchführung unserer Projekte, war mir aber sehr wohl bewusst, dass ich zu einer Einzelkämpferin in der entwicklungspolitischen Landschaft geworden war.

## Abschied von Malawi

Mehrere Faktoren bestimmten meine Entscheidung, im Sommer 1990 um eine Versetzung nachzusuchen. Zum einen waren da die Trends in der internationalen Entwicklungsdebatte, deren Richtung ich nicht für die richtige hielt. Zum anderen mein Gesundheitszustand.

Vor 1989 waren die meisten Geber in Afrika damit beschäftigt, die afrikanische Wirtschaft auf dem internationalen Markt wettbewerbsfähig zu machen. Aber nach den Ereignissen in China, Osteuropa und Deutschland begannen die Geber auch politische Reformen einzufordern. Die Weltbank hatte einen neuen Vertreter entsandt, der seine Macht als größter Geber des Landes nutzte, um politische Forderungen zu stellen. Er politisierte das Programm, stoppte Verhandlungen über neue Projekte und verlangsamte die Durchführung von laufenden Projekten. Er forderte von der Regierung eine Zusage dahingehend, dass mehr Parteien zugelassen werden sollten, um dann freie und allgemeine Wahlen abzuhalten. Ich emfand diesen Ansatz, politische Reformen zu fordern und das Entwicklungsprogramm als Faustpfand zu nutzen, als unangemessen, so sehr ich auch für eine politische Öffnung sowie eine größere Beteiligung der Bevölkerung an politischen Entscheidungen eintrat.

Ich bevorzugte den Weg zu einer weitergehenden Demokratisierung in kleineren Schritten. Zum einen befürwortete ich, dass der Präsident alle Ministerämter (insgesamt bekleidete er 5) aufgeben und als Ehrenpräsident der Regierungspartei für eine neue Parteiführung Platz schaffen sollte. Darüber hinaus sollten alle politischen Gefangenen freigelassen und verbotene Parteien wieder zugelassen werden. Erst dann sollten allgemeine und freie Wahlen stattfinden.

Dieser Weg der kleinen Schritte erschien mir angemessener, da Malawi andere Herausforderungen zu meistern hatte. Erstens war da die HIV/AIDS-Epidemie, die die raren und gut ausgebildeten nationalen Kapazitäten und Arbeitskräfte dezimierte. Und zweitens die Regenausfälle und eine geleerte strategische Getreidereserve der Regierung, die es zunehmend schwer machte, landwirtschaftliche Ausfälle durch Bereitstellung dieser Reserven auszugleichen. Nach einer schlechten Ernte kehrten 1989 Hungersnöte zurück ins Land. Allgemeine Wahlen waren da nicht die oberste Priorität für die Malawier. Darüber hinaus musste man vorsichtig sein, um den Tribalismus nicht wieder anzustacheln, dessen Erstarken man über die Schaffung von ethnischen und Clan-basierten politischen Parteien befürchten musste. Alles dies wurde von der Gebergemeinschaft unterschätzt und dringend benötigte Hilfe eingefroren. 1991 und 1992 kam es zu den längsten Trockenperioden seit der Unabhängigkeit in Malawi, gefolgt von landwirtschaftlichen Ausfällen, aber die Gebergemeinschaft blieb hart in ihren politischen Forderungen und hielt an reduzierter Hilfe fest. Die Bürokratie, die in den vorhergehenden Jahren endlich Tritt gefasst hatte, wurde blockiert, viele höhere Beamte verließen ihre Posten oder gar das Land. Mir wurde klar, dass die Hürden für Malawis wirtschaftliche und soziale Entwicklung ständig höher wurden – und UNDP mit seinem Programm nur sehr bedingt dagegen wirken konnte.

Hinzu kam, dass ich im Frühjahr 1990 an einer schweren Malaria erkrankte, die ich beinahe nicht überlebte. Ich war physisch sehr geschwächt und konnte mich auch deshalb nicht mit vollen Kräften in die entwicklungspolitischen Auseinandersetzungen einbringen. Im Herbst erhielt ich das Angebot, die Position der stellvertretenden Direktorin in der Abteilung für Informationstechnologie am UNDP-Hauptsitz in New York zu übernehmen. Ich sagte zu, da ich auch für mich selbst diese neuen Systeme und Kommunikationsmittel verstehen lernen wollte. Ich hatte vergeblich versucht, in unserem Büro in Lilongwe eine E-Mail-Verbindung mit New York aufzubauen. Ich realisierte, dass viele Neuerungen in der Welt eingeführt wurden, aber Malawi nur sehr begrenzt daran teilhaben würde.

Ich reiste kurz vor Weihnachten 1990 ab. Dieses Mal fiel mir der Abschied sehr schwer. Ich war mir schmerzlich bewusst, dass Kräfte am Werk waren, allen voran die AIDS-Epidemie, die das Land um Jahrzehnte in der Entwicklung zurückwerfen konnten. Als ich meinen Abschiedsbesuch beim Präsidenten machte, war er sehr großzügig in seinem Lob für meinen Einsatz. Er schrieb in der Widmung eines Buches über Malawi, das er mir zum Geschenk machte: »... *We enjoyed very much having you here and we are now sorry to see you go*«. Ich bin sicher, dass andere ausländische Vertreter ähnliche lobende Worte hörten, trotz der Einfachheit seiner Sprache berührten mich seine Worte. Vor meinem Treffen mit dem Präsidenten gab mir die *First Lady, Mama Kadzamira,* einen Brief, in dem stand: »*After a term in Malawi which has shown us new and beneficial activities, we, all your friends are sorry to see you go.*«

Die *First Lady* bat ihre Schwester Esnat Kalyati, die Staatssekretärin im Ministerium für Soziale Dienste war, ein Abschiedsessen für mich zu organisieren, zu dem sie etwa 12 Damen einlud, darunter malawische Doktorinnen, Rechtsanwältinnen und hohe Beamtinnen, die ich alle zum ersten Mal sah. Ich fragte sie, wo habt Ihr Euch denn versteckt in den letzten 3 Jahren? Mehrere Jahre später traf ich Esnat in New York, als sie nach dem Regierungswechsel zu UNDP in Lilongwe gewechselt hatte. Ich fragte sie, warum malawische Frauen und Malawier im Allgemeinen so schüchtern seien und ihre guten Ergebnisse nicht bekannt machten. Sie dachte einen Moment nach und sagte dann schmunzelnd: »Warum fragst Du mich das? Du weißt so gut wie ich, dass wir Malawier zufrieden sind mit dem, was wir haben und tun. Wir müssen das nicht an die große Glocke hängen.« Was für eine Antwort im Zeitalter von Selbstpromotion und kommerzieller PR.

Der Abschied fiel mir auch schwer, weil ich das Gefühl hatte, dass es wohl das letzte Mal sein würde, dass ich mich intensiv mit der Entwicklung Afrikas beschäftigen würde. Tatsächlich war es auch so. Dienstlich kehrte ich nur ein paar Mal auf kurzen Reisen zurück. Afrika war nun ein abgeschlossenes Kapitel in meinem Leben. Aber keinen meiner längeren Aufenthalte – Kenia, als Studentin, Benin, als Berufsanfängerin, und Malawi in der Mitte meiner Karriere und am Beginn meiner Managementpositionen – hätte ich missen wollen.

# Die Welt und UNDP verändern sich:
# New York (1991–1998)

In mancher Hinsicht war die Rückkehr nach New York wie eine Rückkehr nach Hause. Aber es herrschte auch eine neue Situation. Wie üblich musste ich eine Wohnung finden. Da ich wieder bei Freunden unterschlüpfen konnte, war dies einfach. Ich musste auf meine Umzugssachen warten, das gab mir Zeit. Allerdings: Die Zeiten, wo ich mit nur 2 Koffern reiste, waren vorbei. Dieses Mal zog ich mit Möbeln und vielen persönlichen Dingen um, die ich in China, bei meinem ersten Aufenthalt in New York und nun in Malawi erworben hatte. Ich begann, das Leben einer richtigen Nomadin zu führen, die mit Sack und Pack von einem Arbeitsort zum anderen zog.

Freunde sagten mir, dass jetzt eine gute Zeit sei, in Manhattan eine Wohnung zu kaufen. Also studierte ich die Anzeigen in der Samstagsausgabe der *New York Times* und fand auch gleich etwas, was mir zusagte. Dieses Mal gab es keine Vorbehalte, an eine Mitarbeiterin der VN zu verkaufen, dafür gab es andere Komplikationen. Erstens: Als ich einziehen wollte, streikten die Portiers und anderes Personal, die sich um die Wohngebäude in Manhattan kümmerten. So musste ich die ersten 10 Tage in meiner neuen Wohnung campieren. Dann verschwand die Beauftragte, die mich als neue Besitzerin im Grundbuch eintragen sollte, mit den 25 000 US-Dollar die ich für diese Registrierung schon bezahlt hatte. Tatsächlich hatte sie nichts unternommen. Gott sei Dank übernahm die Bank, die die Beauftragte ausgewählt hatte, die Regelung des Schadens sowie die Berichtigung dieses Versäumnisses. Aber alles in allem war ich wieder schnell eingerichtet, konnte mich auf meine Arbeit konzentrieren und in das Leben New Yorks stürzen.

## Meine neue Aufgabe und mein Arbeitsumfeld

Ich arbeitete dieses Mal in einer Abteilung der zentralen Verwaltung und nicht in einem Regionalbüro. Das heißt, mein Arbeitsfeld war das ganze UNDP, die Hauptverwaltung in New York und die 132 Länderbüros. In 4 der 5 Regionen hatte ich gearbeitet oder war dort auf Dienstreisen gewesen. So traf ich immer wieder vertraute Kolleginnen und Kollegen, die Welt wurde immer kleiner.

Ich war zuständig für die Ausstattung von Länderbüros mit Computern, die Installation einer UNDP-eigenen Software und die Vernetzung mit der Hauptverwaltung über Datennetzwerke kommerzieller Anbieter. Ich hatte in Malawi versucht, eine solche Kommunikation herzustellen – und war gescheitert. Ich hatte also keine Illusionen darüber, wie leicht beziehungsweise schwierig diese Aufgabe sein würde. Was ich allerdings unterschätzt hatte, war das Unverständnis, das meine Technologie-Kollegen gegenüber dem UNDP-Arbeitsalltag hatten, und das Unverständnis sowie die teilweise Ablehnung, die auch meine Kollegen in den Länderbüros gegenüber der Technologie zeigten. Ich befand mich also in einer Situation, wo ich sowohl die Techniker wie auch die Benutzer vom Sinn und Zweck einer Auswahl dieser sich rasant entwickelnden Technologien überzeugen musste. Gekrönt wurden diese Schwierigkeiten von der Anweisung unseres Haushaltschefs, dass wir keine zusätzlichen Haushaltmittel bekommen würden. Meine neue Aufgabe kam also der Quadratur des Kreises sehr nahe.

In den frühen 1990er Jahren war in vielen Entwicklungsländern die Telekommunikation in der Hand einer meist staatseigenen Firma, die eine Monopolstellung einnahm. Wenn diese Firmen nicht bereit waren, digitale Systeme in ihre Leistungen aufzunehmen, dann hatten die Kunden schlechte Chancen. In diesem Fall stand nur der Weg über eine spezielle geleaste Verbindung zur Verfügung. Aber diese Verbindung war teuer und UNDP hatte weder den Willen noch das Geld, eine solche Leitung zu pachten. Darüber hinaus gab es in vielen Ländern Zensur und staatliche Kontrolle. Als wir 1989 unser Modem im Büro in Lilongwe anschlossen, empfingen wir das Signal zwar ohne Probleme, aber die Leitung wurde nicht freigeschaltet. So waren technologische, finanzielle und politische Hürden zu nehmen, bevor wir ein globales E-Mail-System für UNDP einrichten konnten.

## Förderung einer angemessenen Automatisierung

Guter Rat war teuer. Um den Ball in den Ländern ins Rollen zu bringen, in denen noch gar nichts oder wenig passiert war, und den Ball in den Ländern im Spiel zu halten, in denen es wenige Probleme gab, erfanden wir das Mittel eines mehrjährigen *Office Automation Plans.* Diese Verfahrensweise war für UNDP – als eine im hohen Maße dezentralisiert geführte Organisation – die beste Lösung. Trotzdem behielten wir in New York eine wichtige Kontrollfunktion. Erstens konnten wir so sicher stellen, dass sich das Management in den Länderbüros mit allen wichtigen Aspekten auseinandersetzte, zweitens konnten wir erreichen, dass globale Standards, vor allem im Softwarebereich, eingehalten wurden, und drittens konnten wir viele Fehlinvestitionen mit der Festlegung von UNDP-geeigneten Standards und Richtlinien verhindern. Denn in den Büros wurden meistens junge, enthusiastische Mitarbeiter mit der Automatisierung betraut. Sie wollten die schnellsten, neuesten und meist auch teuersten Maschinen und Verbindungen. Da uns die Pläne in New York vorgelegt werden mussten, konnten wir so mit unserem Rat den Managern in den Ländern zur Seite stehen. War ein Plan dann genehmigt, gab die Finanzabteilung zusätzliche Gelder an die Länderbüros. Nicht immer so viel, wie wir wollten, aber genug, um einen Anreiz für einen solchen Plan zu schaffen und mit dessen Umsetzung zu beginnen. Wir bekamen über diese Pläne auch ein sehr viel besseres Verständnis dafür, was tatsächlich möglich und was notwendig war und inwieweit eine Offenheit für diese neuen Technologien in den Ländern und den Büros bestand.

Die neuen Technologien zu nutzen bedeutete einerseits eine steile Lernkurve für meine Kollegen in den Ländern, an der viele überhaupt nicht interessiert waren. Andererseits konnte UNDP nicht zurückfallen im Vergleich mit anderen internationalen Organisationen wie der Weltbank und anderen Gebern, die sehr aktiv diese neuen Technologien einsetzten und dabei zum Teil hohe Geldsummen verbrannten. Letzteres konnten wir uns nicht leisten. UNDP wird mit freiwilligen Beiträgen finanziert, zum Beispiel eine millionenschwere Fehlinvestition würde beim Verwaltungsrat und unseren Gebern nicht gut ankommen. Viele der Mitglieder im Verwaltungsrat »litten« unter der Automatisierung in ihren eigenen Organisationen und meinten deshalb, bei UNDP besonders vorsichtig sein zu müssen. Als ich im Januar 1991 meine Aufgabe begann, war gerade ein neuer UNDP-Haushalt für 2 Jahre verabschiedet worden. Darin war nichts für eine weitergehende Automatisierung vorgesehen. Aber eine Automatisierung ohne Computer für die Mitarbeiter machte auch keinen Sinn, und damals hatte kaum jemand einen PC. In einigen Ländern gab es preiswerte kommerzielle Anbieter für Datenverbindungen, in vielen aber gar keine. In einigen Ländern konnten Computer lokal gekauft werden, aber manchmal nur zu sehr hohen Preisen. In anderen Ländern gab es Einfuhrbeschränkungen. Und dennoch: Der Zug fuhr ab. Als ich 3 Jahre später die Abteilung verließ, hatten alle Abteilungen am Hauptsitz ein *local area network* (LAN) für alle Mitarbeiter, und alle LANs waren in einem WLAN verbunden. Alle Länderbüros benutzten ein von New York entwickeltes computerbasiertes Rechnungssystem, und viele Büros sandten die Daten ihrer monatlichen Rechnungsführung elektronisch nach New York. Fast alle Länderbüros in Lateinamerika hatten ein LAN, in Asien, Afrika und den arabischen Ländern war die Lage nicht so umfassend. Aber der Unterschied war deutlich sichtbar. In Ländern, wo eine Datenübermittlung über die lokalen Telekommunikationsanbieter nicht möglich war, installierten wir eine Verbindung über ein norwegisches Netzwerk, das Dienstleister für die internationale Handelsflotte war, aber seine Kapazitäten nicht voll auslastete. Die Firma bot uns also an, ihre Dienste zu einem reduzierten Preis zu nutzen. Auf diese Weise hatten einige Inselstaaten eine bessere Verbindung als manches kontinentales Land.

Aber bis wir diesen Stand erreicht hatten, gab es eine Menge zu tun und manchen Kampf auszufechten. Zunächst mussten die Technologen in Schach gehalten werden. In den USA kamen ständig neue Geräte und Bedienungssysteme durch kommerzielle Firmen auf den Markt. Zwar fielen die Preise in den USA, aber nicht notwendigerweise international. Viele Produkte waren darüber hinaus nur auf dem US-Markt erhältlich, oder höchstens noch in Lateinamerika. Die meisten Systeme gab es damals nur in englischer Sprache, unter Umständen noch auf Spanisch, aber bestimmt nicht in den anderen Arbeitssprachen der VN. So musste meine kleine Unterabteilung immer sicherstellen, dass UNDP nur Lizenzen für Software kaufte, die auch international angewandt und gewartet werden konnte. Mein unmittelbarer Chef war selbst ein Techniker und ein UNDP-Externer. Ich hatte also so manchen Kampf mit ihm darüber auszufechten, was für UNDP angemessen war oder nicht. Mir war ständig bewusst, dass unsere Entscheidungen potenziell für die ganze Organisation gültig sein mussten und dass unsere Systeme eine Lebensdauer von mindestens 5–7 Jahren haben mussten, um die Ausgaben zu rechtfertigen. In einem sich rasant verändernden Umfeld von Herstellern war dies eine fast unlösbare Aufgabe.

Trotz aller Schwierigkeiten genoss ich die neuen Aufgaben. Ich war wieder in einer Situation, wo ich täglich etwas Neues lernte. Viele Abende saß ich zu Hause und arbeitete bis spät in die Nacht. Als mein Computer zu Hause dann mit dem LAN unserer Abteilung verbunden war, konnte ich Tag und Nacht Nachrichten an unsere Kollegen in allen Teilen der Welt senden und dabei den Zeitunterschied voll nutzen. Ich befand mich in einer perfekten Situation: Ich lebte in einer Stadt mit vielen Freunden und Bekannten und »entwickelte« UNDP weltweit. Die täglichen Auseinandersetzungen mit Vorgesetzten und Kollegen waren natürlich auch längst nicht so anstrengend wie die politischen Probleme, die ich in Malawi meistern musste.

## Automatisierung und die Modernisierung UNDPs

Um die Automatisierung in UNDP voranzutreiben, verfolgte das von mir geführte Team eine Politik von »Zuckerbrot und Peitsche«. Es hatte sich schnell herumgesprochen, dass es zusätzliche Haushaltsmittel für die Automatisierung gab. So waren alle Abteilungen und Länderbüros im Wettbewerb um diese neuen Gelder. Dieses Interesse galt es zu nutzen, aber auch gut zu managen. Wie schon erwähnt entwarfen wir standardisierte Richtlinien eines *Office Automation Plans*, der es uns erlaubte festzustellen, welche Lücken vorrangig geschlossen werden mussten, damit die Voraussetzungen für ein LAN und für die Datenübermittlung nach New York und in andere Büros geschaffen werden konnten. Die Pläne mussten vom Büroleiter abgezeichnet sein, und nach unserem »technischen Segen« gingen die Pläne an die Budgetabteilung, die dann die Gelder anwies.

Während unsere Beurteilung der eingereichten Pläne vornehmlich technischer Natur war, so gaben die Pläne auch zunehmend Aufschluss über die Kapazität der jeweiligen Abteilungen/Büros. Wir stellten fest, dass Länderbüros sehr unterschiedlich organisiert waren und ihre Funktionen ebenso unterschiedlich wahrnahmen. Trotz der Unterschiede zwischen den jeweiligen Ländern waren diese Funktionen eigentlich gleichartig. Wir bauten deshalb in die Pläne einen Absatz ein, in dem die Management-Struktur der jeweiligen

111

Antragssteller beschrieben werden musste. Unsere Ländervertreter fanden dies überhaupt nicht amüsant. Nicht nur zwangen wir sie zu einer Auseinandersetzung mit Technologien, an denen sie kein Interesse hatten, zusätzlich rieten wir ihnen nun auch noch, eine Art selbst durchgeführte Managementanalyse vorzunehmen. Dagegen waren unsere Finanz- und Personalabteilungen natürlich hocherfreut, denn auch sie wollten neue Managementkonzepte einführen. Unsere Pläne dienten ihnen als Quelle, um Stärken und Schwächen eines jeden Büros einzusehen. So manche Überbesetzung und so manches bürokratische Vorgehen konnte so abgebaut und Kosten gesenkt werden, ohne dass notwendigerweise Personal entlassen werden musste.

Die Formulierung der Pläne war eine relativ leichte Aufgabe, und wir überließen die Initiative jedem Ländervertreter beziehungsweise Abteilungsleiter. Wir wollten im Schritt bleiben mit den Dezentralisierungsmaßnahmen, die die Organisation für die Gestaltung und Genehmigung von Programmen und Projekten vorgegeben hatte. Nur wollten im Bereich der Informationstechnologien alle lieber einen zentralisierten Ansatz: Wir sollten für sie Computer kaufen und ihnen diese zusammen mit den Softwarepaketen schicken. Aber aus gutem Grund widerstanden wir diesen Forderungen. Uns war klar, dass viele Länderbüros keine technische Kapazität für Informationstechnologien hatten und die Erarbeitung der Pläne in die Hände von unerfahrenen Technologieenthusiasten gaben. Wir konnten auch feststellen, dass sich viele örtliche Händler nicht an unsere technischen Standards hielten, sondern überteuerte Geräte und veraltete Softwareversionen anboten. Unsere Kollegen in den Ländern waren froh, dass wir ihnen durch prompte Rückmeldungen halfen, kostspielige Fehlentscheidungen zu vermeiden. Immer wieder kam die Forderung auf, wir sollten ihnen die notwendigen Ausrüstungen schicken. Aber ich blieb hart. Erstens wollte ich, dass sich die Manager mit den Technologien soweit vertraut machten, dass sie informierte Entscheidungen treffen konnten. Zweitens wollten wir die Kapazitäten stärken, die vor Ort Korrekturen im Management vornehmen konnten und dazu die nötigen Informationen schnell und zuverlässig bekamen.

Besonders die älteren Kollegen unter den *Resident Representatives* verweigerten sich. Sie lehnten es ab, Computer zu benutzen (»Ich bin doch keine Sekretärin!«), und pflegten ihre mentale Blockade. Es half zwar, dass ich mich als ehemalige *Resident Representative* ebenfalls mit den Technologien vertraut machte und so als ein Beispiel angesehen werden konnte, aber es blieb eine nicht enden wollende Herausforderung. Zum Glück war Bill Draper, der *Ad-*

*ministrator* von UNDP, mit meinem pragmatischen Vorgehen einverstanden und unterstützte mich. Er war zufrieden, dass wir die Automatisierung nutzten, um die Kultur der Organisation zu verändern.

Ich ging häufig zu Konferenzen und Tagungen, um unsere Erfahrungen mit US-Großunternehmen und öffentlichen Verwaltungen zu vergleichen. Nicht immer waren die Erfahrungen in den USA eins zu eins anwendbar für uns als multilaterale Organisation. Wenn wir unsere Optionen in UNDP diskutierten, gab es große Unterschiede. Die Vertrautheit mit aufkommenden Technologien, die verschiedenen Interessenslagen darüber, welche Bereiche prioritär behandelt werden sollten, und die Knappheit der finanziellen Mittel führten uns immer wieder in eine Sackgasse und verhinderten einen Konsens. Aber dort zu verharren, hieß Chancen für eine Steigerung der Effizienz nicht zu nutzen. Wir brauchten Entscheidungen, die es uns ermöglichten, gleich beim ersten Schritt die für UNDP richtige Anwendung zu finden.

## Netzwerke statt Hierarchie: Die Revolution beginnt

Die Einführung von LANs und die elektronische Verknüpfung aller Mitarbeiter miteinander revolutionierte UNDPs Management – sowohl die Strukturen wie auch die Verfahrensweisen. Wir hörten, dass in vielen Fällen Vorgesetzte darauf bestanden, ausgehende E-Mails zu genehmigen, bevor sie versendet wurden. In anderen Büros erhielten nur ausgewählte Mitarbeiter Zugang zum E-Mail-System, Vorgesetzte bekamen eine Druckversion ihrer ankommenden E-Mails ausgehändigt, wie früher Briefe, Telexe und Faxe. In New York lächelten wir über solche Rückzugsgeplänkel, aber wir gaben auch Richtlinien für die Behandlung von E-Mails heraus, um allen Mitarbeitern Zugang zu dieser schnellen Kommunikation zu ermöglichen, aber auch um zu verhindern, dass jeder an jeden E-Mails sandte ohne Rücksicht auf die jeweilige Stellung des Adressaten in der Management-Hierarchie. In den Anfangstagen kam es mehrfach zu Informationsüberfluss und bürokratischen Blockaden, da alle bisherigen Kommunikationswege missachtet wurden. Entscheidungen wurden per E-Mail gesucht, aber nicht bei denen, die die Entscheidungsbefugnis hatten, sondern bei denen, die auf eine E-Mail antworteten. So manche Entscheidung, die per E-Mail kommuniziert wurde, musste so zurückgenommen werden. Dieses Hin und Her verbesserte nicht gerade die Akzeptanz dieses neuen Kommunikationsmittels.

Als UNDP in den 1960er Jahren geschaffen wurde, funktionierte es in etwa wie eine Nachfolge-Organisation der britischen Kolonialverwaltung: hochgradig zentralisiert, mit klaren Hierarchien, zusammengehalten von einem »Old Boys' Network«. Verstärkt wurde diese Kultur durch die Tatsache, dass mehrere der aufgeschlossenen und an der Entwicklung der neuen und unabhängigen Länder interessierten Kolonialbeamten bei Auflösung der Kolonien ins UNDP übernommen worden waren. Diese ehemaligen Kolonialbeamten teilten dieselben »Nöte« der jungen Regierungen und hatten eine gemeinsame Vorstellung darüber, wie und wohin die Entwicklung gehen sollte. Seitdem hatte sich UNDP mehr und mehr unter dem Druck der Regierungen in den Entwicklungsländern zu einer zunehmenden Dezentralisierung gezwungen gesehen. Entscheidungen über die Annahme und Finanzierung von Projekten wurden mehr und mehr an die *Resident Representatives* übertragen. Im organisatorischen Aufbau änderte sich wenig. Die Zentrale blieb in New York, ebenso wie alle Regionalbüros, aber die Struktur der Entscheidungsbefugnisse änderte sich mächtig. Nicht immer wusste New York, was auf der Länderebene passierte, und die Länderbüros wussten nicht, was zentral als globale Prioritäten, die für alle galten, gesetzt wurde. Darüber hinaus wurden Mitarbeiter in der ganzen Welt rekrutiert, viele von ihnen waren auf englische und US-amerikanische Universitäten gegangen. Die »Old boys networks« zerbröselten, und damit standen in den 90er Jahren viele der bisher geltenden Vorstellungen über Ziele und Wege des UNDP vor einer Zerreißprobe. Programme und Vorstellungen darüber, was UNDP und in welcher Form unterstützen sollte, liefen in alle möglichen Richtungen auseinander. Es war also dringend geboten, Verfahrensweisen (*Business Rules*) neu zu formulieren, die zwar Kontrolle, aber auch schnelles und flexibles Handeln ermöglichten, um eine gemeinsame Linie zu finden und allgemein gültige Prioritäten global zur Geltung zu bringen.

Um dies zu erreichen, bot sich die Chance mit den gereiften LAN-Technologien: die Schaffung einer Infrastruktur, die New York mit allen Länderbüros, aber auch alle Länderbüros untereinander verband. Unsere *Automation Plans* hatten eine solide Plattform dafür geschaffen, Funktionen zu standardisieren, Kompetenzen und Fähigkeiten zu definieren und *Business Rules* zu vereinfachen. Die Entwicklung von Software, die solche neuen Verfahrensweisen beinhalteten, half bei der Standardisierung. Somit waren nicht mehr die Erfahrungen von langjährigen Mitarbeitern und deren Vorlieben entscheidend, sondern ein *Business Model,* das von Gebern wie Empfängern der UNDP-Kooperationsprogramme gutgeheißen wurde.

Es war natürlich unrealistisch zu erwarten, dass allein die Informationstechnologie die Organisation zusammenhalten würde. Aber eine nützliche technische Plattform konnte eine Kohäsion herstellen, die in den Köpfen der Führungskräfte von UNDP damals nicht bestand. Einige beklagten die Fragmentierung und wollten die zentralen Institutionen stärken. Andere sagten, wir sollten die Diversifizierung nicht stoppen, sondern alles unter einem Markennamen – verbunden mit einer gemeinsamen, allgemein gehaltenen Zielvorstellung – zusammenführen. So interessant und lebendig diese Diskussionen auch waren, sie führten nicht zu einer gemeinsamen Plattform, vor allem weil die Geberländer im Verwaltungsrat eher zentrale Vorgaben befürworteten, wohingegen die Empfängerländer die nationalen Interessen als vorrangig ansahen.

Interessanterweise konnten sich in all diesen kontroversen Diskussionen alle darauf einigen, dass die Technologieplattform gestärkt werden musste, damit UNDP eine attraktive und zeitgemäße Entwicklungsorganisation blieb. Obwohl die Geber immer noch einen Haushalt mit Nullwachstum forderten und unseren Automatisierungsbemühungen sehr kritisch gegenüberstanden, konnten wir sie überzeugen, dass wir mit wenigen Geldern bisher viel erreicht hatten. Sie gaben uns daher eine Erhöhung zur Entwicklung einer Software, die die Rechnungsführung in der ganzen Organisation übernehmen sollte.

Wir wurden somit beauftragt, Stützpfeiler in das wacklig gewordene Haus UNDP einzuziehen, um es zu stabilisieren. Das war einerseits eine tolle Anerkennung, übertrug uns aber andererseits auch eine enorme Verantwortung. Die Kräfte, die an uns in die eine oder andere Richtung zogen, konnten unsere sorgfältig gestaltete Vorgehensweise jederzeit aus der Bahn werfen. Wenn wir das gewonnene Momentum verloren, waren viele erreichte Veränderungen wieder bedroht. Der Widerstand gegen den Wandel war immer noch groß.

Wenn wir falsche Technologien wählten, konnten wir zu viele der knappen Budgetmittel verlieren und Frustrationen bei den Benutzern hervorrufen. Für sie waren die Technologien Mittel zum Zweck und nicht ein Zweck an sich.

## Ein neues organisatorisches Paradigma entsteht

Unsere Kollegen in Lateinamerika, Osteuropa und den neuen Ländern Zentralasiens, die sich aus der Sowjetunion gelöst hatten, waren sehr unzufrieden mit den computerbasierten Informationsmanagement-Systemen. Sie hatten schon sehr viel weitreichendere Lösungen auf lokaler Ebene entwickelt und untereinander ausgetauscht. Allerdings war der Übergang der lokalen Entwicklungen in die globalen UNDP-Systeme holprig, noch dazu waren die lokalen Systeme nicht mehrsprachig. In anderen Regionen hinkte die Installation von den von UNDP entwickelten Systemen hinterher, an noch neueren technischen Lösungen bestand nur bedingt Interesse. Während nun unsere Kollegen in Lateinamerika der Meinung waren, sie könnten ihre Informationssysteme selbst entwickeln und bräuchten uns in New York nicht, so waren in den anderen Regionen die Länderbüros überhaupt nicht engagiert. Wir mussten demnach einen Kurs steuern, der der Interessenlage in allen Regionen gerecht wurde – aber eben auch UNDP als Ganzes voranbrachte.

Nach monatelangen Diskussionen hatte ich meine Kollegen, die für *Corporate Software Development* zuständig waren, davon überzeugt, dass wir technisch versierte Länderbüros damit beauftragen sollten, ein verbessertes System für ganz UNDP zu entwickeln – und zwar auf der Basis von technischen Standards, die wir vorgaben, und einer technischen Überprüfung durch unsere technischen Kollegen in New York sowie unterstützt durch eine teilweise Finanzierung unsererseits. Ich bezog mich immer wieder auf ein System, das wir in China Anfang der 80er Jahre programmiert hatten und das zum Prototyp für ein späteres System wurde und nun inzwischen von allen UNDP-Länderbüros eingesetzt wurde. Mir schien dieser Ansatz der sicherste zu sein, um eine Plattform zu schaffen, die den Informationsmanagement-Bedürfnissen in der ganzen Organisation Genüge tun würde. Es war eine riskante Entscheidung, denn wir gaben einen Teil unserer Verantwortung ab, aber unter den Umständen, wie sie gewachsen waren, war es der beste Weg zu einem System, das sowohl den Länderbüros wie der Hauptverwaltung nützlich sein konnte. Als Entwickler solcher neuer Software boten sich mehrere Büros in Lateinamerika an. Sie waren neue Wege in der Programmgestaltung und -finanzierung gegangen und die bestehenden Software-Systeme UNDPs reichten für sie nicht aus. Sie waren deshalb in einer guten Lage, abzuschätzen, was gebraucht wurde. Durch die Zusammenarbeit mit uns in New York konnten wir gleichzeitig sicherstellen, dass die Systeme auch den zentralen Ansprüchen in Bezug auf die Einhaltung von UNDPs finanziellem und programmatischem Regelwerk genügten.

Als wir die ersten Teile des in Lateinamerika entwickelten Systems zum Test an einige Büros in anderen Regionen weitergaben, wurde überdeutlich, dass es riesige Unterschiede gab. Darüber hinaus hatten auch noch nicht alle Länderbüros Zugang zu einer Datenverbindung, die zuverlässig und nicht übermäßig teuer war. Eine weitere Stufe organisatorischen Wandels war ganz offensichtlich notwendig, die wir aber über die Einführung von neuen Computersystemen nicht stemmen konnten.

Hinzu kam, dass etwa 80 Prozent des Budgets für die Entwicklung neuer Informationssysteme in die Verbesserungen der bestehenden Systeme für Managementaktivitäten und finanzielle Transaktionen gingen. So blieb nur ein kleiner Teil an verfügbaren Haushaltsmitteln übrig, um die Haupttätigkeit der Organisation, nämlich die Handhabung von schriftlicher Korrespondenz und Dokumenten, zu automatisieren. Zwar gab es damals nur wenige kommerzielle Programme, aber unsere Manager in den Regionalbüros wollten ein System, das ihre Dokumente in Textform speichern und abrufbar machen würde. Erst 1995 gelang es uns, eine weltweit gültige Lizenz zu kaufen, die uns für relativ wenig Geld erlaubte, alle Dokumente eines globalen Treffens aller *Resident Representatives* auf einer CD zu sichern und in alle Länder auszuführen. Erst sehr viel später, im Zeitalter des gereiften Internets, gelang es UNDP, wenigstens einen Teil seiner Dokumente elektronisch zugänglich zu machen. Aber die Dokumente von 3 Jahrzehnten lagerten in unsortierten Akten in einem Depot in New Jersey und waren nur sehr schwer zu benutzen.[25]

UNDPs Managementstil und Verfahrensweisen zu ändern war ein erstaunlich schwieriges Unterfangen. Schwierig einfach deshalb, weil es sich um eine Organisation handelte, deren Aufgabe es seit mehr als 30 Jahren war, Regierungen dabei zu helfen, sich zu modernisieren und ihre Strukturen und Verwaltungsabläufe zu verbessern. Aber die Manager, die solche Ratschläge gaben und zahlreiche Projekte mit solchen Zielsetzungen genehmigten, begegneten

---

25 Jahre später, als ich nach China zurückkehrte, fand ich im Keller unseres Büros alle Akten vom 1. Tag (1978) unserer Arbeit in China vor. Ich engagierte ein paar Praktikanten, die alle diese Akten scannten und so vor der Zerstörung bewahrten. Aber selbst 2002, als wir diesen Vorgang abschlossen, hatte UNDP immer noch kein Textspeicherungs-System.

den Veränderungen in der eigenen Organisation ablehnend. Aber die Strömungen des Wandels für Management und Organisation waren stark in den USA, und auch in anderen Teilen der Welt. Und so schuf UNDP, wie schon andere Organisationen zuvor, ein *Change Management Team.*

## Die Durchsetzung einer neuen Managementkultur

Nach einem ersten und fehlgeschlagenen Versuch mit auswärtigen *Consultants* wurde schlussendlich beschlossen, ein Team aus Mitarbeitern der Organisation zu schaffen. Übereinstimmend mit den damaligen, allgemein üblichen Zielvorstellungen sollte das Team eine UNDP-Struktur und entsprechende Verfahrensweisen vorschlagen, die zu Kostensenkungen führen könnten. Dieses Team wurde jedoch nicht beauftragt, Veränderungen dahingehend vorzuschlagen, wie ein optimierter Einsatz der UNDP-Ressourcen zu erreichen sei.

Technische entwicklungspolitische Zusammenarbeit ist sehr arbeitsintensiv. Deshalb war es nicht verwunderlich, dass der größte Teil der UNDP-Verwaltungsausgaben für Personalkosten anfiel. Diese kann man nur senken, wenn die Produktivität pro Mitarbeiter steigt. Um solche Produktivitätssteigerungen zu erzielen, kann man entweder die Arbeitsanforderungen an jeden Mitarbeiter erhöhen – oder Informations- und Kommunikationstechnologien einsetzen. Diese Technologien entwickelten sich allerdings gerade erst. So war nicht immer abzusehen, wann Produkte reif genug waren, um sich im Markt zu halten, und Investitionen auch tatsächlich die erwünschten Kosteneinsparungen bringen würden. Außerdem musste fairerweise in die Fortbildung der Mitarbeiter investiert werden. So geriet UNDP in die gleiche Lage wie so viele andere Organisationen: Die Zahl der Mitarbeiter musste reduziert werden, gleichzeitig das Volumen der Programme zunehmen, um so zu einem kostengünstigeren Verhältnis zu gelangen.[26] Entscheidend war der Zeitpunkt der Entlassungen. Auch musste Sorgfalt getroffen werden, dass man nicht die

---

26  Zur Illustration möchte ich das UNDP-Büro in China anführen. 1998 hatte das Büro 72 Mitarbeiter und ein jährliches Programm von etwa 20 Millionen US-Dollar. 2003 arbeiteten 50 Mitarbeiter dort und managten ein Programm von 50 Millionen pro Jahr. Das heißt, es wurde eine Produktivitätssteigerung um etwas mehr als das 3fache erreicht. Hinter dieser Leistungssteigerung lag eine Vereinfachung der Verfahrensweisen innerhalb des Büros, eine Verbesserung des Ausbildungsstandes des Personals (alle Mitarbeiter, die keinen MA hatten, wurden entlassen und zum Teil ersetzt), der Einführung umfassender Computersysteme und der Einwerbung von Drittmitteln.

»Lernwilligen« gehen ließ. Es mussten somit Kriterien entwickelt werden, um neue gewünschte Fähigkeiten und Kompetenzen zu bestimmen. Wichtig war es gleichermaßen, die organisatorischen Überlappungen abzubauen. Das betraf insbesondere die interne Verwaltung der Organisation.

Die Reaktion auf diese *Change Management*-Initiative verschärfte die Gegensätze zwischen denen, die noch mehr Dezentralisierung wollten, und denen, die sich für ein globales Netzwerk aussprachen – mit der Hauptverwaltung als zentralem Knotenpunkt mit wichtigen Funktionen in diesem Netz. Die Argumentationen verliefen ungefähr wie folgt:

Dezentralisierer: »Gebt uns die nötigen Gelder und wir wissen dann schon, was am besten für uns ist.«

Netzwerker: »Lasst uns nicht jedes Mal wieder das Rad neu erfinden, sondern von Erfahrungen aus Teilen des Netzwerkes profitieren und mit minimalen Standards, die für alle gelten, Fehlentscheidungen vermeiden.«

Diese Debatten laufen in allen Organisationen mit einem hohen Grad an Dezentralisierung von Management-Verantwortung. Trotzdem sind diese Diskussionen aufreibend, wenn man zu einer gemeinsamen Linie kommen will. Am Ende ist es meistens so – zumindest in UNDP war es so –, dass die Kontrolle über die Vergabe der Haushaltsmittel und ihren Einsatz uns half, größere Fehlinvestitionen im Bereich der zunehmend Nutzung von ICTs[27] zu vermeiden.

## Alles wird komplizierter

1992, etwa 2 Jahre, nachdem ich meinen Posten als stellvertretende Direktorin der Abteilung für Informationsmanagement eingenommen hatte, wurde die Situation immer komplexer, ich segelte nicht mehr durch ruhiges Wasser. Einerseits rollten die Pläne zur Automatisierung jetzt in großer Zahl herein, andererseits musste das neue Programmmanagement-System mit den lateinamerikanischen Teams vorangebracht, die weltweite Kommunikationsstruktur musste ausgebaut und die Veränderungen für die Arbeitsläufe definiert werden. Organisationelle Umstrukturierungen wurden vorbereitet, die zum Teil zu Entlassungen von langjährigen Mitarbeitern führten. Aber es mussten auch neue Mitarbeiter rekrutiert werden, die mit der Handhabung der neuen

---

27  ICT: Information and Communication Technologies

Technologien vertraut waren und anderen Kollegen zur Seite stehen konnten. Oft wurden wir um Rat gefragt, manches Mal sogar bei der Lösung von Problemen, die nicht in unserem Ermessensspielraum lagen. Mein Direktor und sein Vorgesetzter hatten ein schwieriges Arbeitsverhältnis, oft musste ich vermitteln. Hin und wieder hatte ich den Eindruck, dass mich die Wellen des Wandels überspülten. Inzwischen hatte ich mir eine zweite Residenz auf Long Island für das ganze Jahr gemietet, so konnte ich mich aus Manhattan zurückziehen und am Strand erholen. Lange Strandspaziergänge, besonders im Winter, halfen mir, meine Nerven zu behalten und meine Kräfte zu regenerieren. Ich nahm zwar immer noch meinen Laptop mit und erledigte liegengebliebene Korrespondenz, die mich nun zunehmend elektronisch erreichte, am Wochenende, um die kommende Woche ohne einen Berg von unerledigten Anfragen zu beginnen.

Wie schon erwähnt, kann man Kosten senken, indem man die Produktivität mit neuen Arbeitsmitteln und -abläufen effizienter macht, Personal umbaut und neue Aufgaben angeht. Wobei sich diese drei Dimensionen auch gegenseitig stützen. Aber die Übergänge sind oft chaotisch, die Reichweite von Einzelmaßnahmen nicht immer erkennbar. Im Rückblick würde ich sagen, dass der Einfluss des *Change Management Teams* begrenzt war. Was UNDP in den frühen 90er Jahren verwandelte, war zum einen die schon erwähnte Öffnung neuer Länderbüros mit hochqualifizierten und motivierten Mitarbeitern und die sofortige Ausstattung dieser Büros mit den besten damals zur Verfügung stehenden Computersystemen und Kommunikationstechnologien. Zum anderen lag in der Entscheidung Bill Drapers, des *Administrators* von UNDP, einen jährlichen globalen Bericht über den Zustand der menschlichen Entwicklung herauszugeben, eine Chance für UNDP, die internationale Debatte um Entwicklungshilfe mitzubestimmen und das Feld nicht einfach nur der Weltbank zu überlassen. UNDPs Geber waren nicht sehr mit diesen Neuerungen einverstanden, aber all das zusammen sicherte UNDPs Zukunft. Es waren weitreichende Entscheidungen, die sich von dem alten Modell des UNDP als Agentur zur Finanzierung technischer Hilfe durch VN-Organisationen verabschiedeten. Mit dem *Human Development Index*[28] (HDI) begann UNDP die globale Situation zu erfassen. Somit war der Akzent – anders als bei der

---

28   Der HDI misst Langlebigkeit, Gesundheit, Bildungsstand und ein Einkommen, das ein Menschen-würdiges Leben garantiert. Mehr Informationen sind im Bericht von 2004 enthalten.

Weltbank und eher wie bei UNICEF – die Verbesserung der Lebensumstände der Menschen in allen Ländern statistisch zu dokumentieren –, eine direkte Antwort auf die Forderungen der VN-Charta. Die Berichte gaben eine zeitnahe Analyse der globalen Situation, und sie gaben Anreize für unsere Programme auf der Länderebene. UNDP hatte somit fast 30 Jahre nach seiner Gründung ein neues Werkzeug für die entwicklungspolitische Arbeit der VN geschaffen.

Der Bericht machte auch klar, dass eine Entwicklungsagenda global sein muss und nicht nur für Entwicklungsländer gelten kann. Allerdings wurde dieses Konzept erst 25 Jahre später mit den *Sustainable Development Goals 2016 – 2030* generell akzeptiert. Bis dahin war es jedes Jahr interessant zu sehen, wie sich die OECD-Länder um den besten Platz Konkurrenz machten und verstimmt waren, wenn sie ihn nicht erhielten. Meine Abteilung konnte die Publikation unterstützen, indem der Bericht auch auf einer CD verbreitet wurde, zusätzlich zur gedruckten Version.

## Wechsel an der Spitze der Organisation

Im gleichen Jahr, 1992, in dem alle diese Neuerungen vor sich gingen, entschloss sich Bill Draper, nur noch für eine weitere Amtszeit zur Verfügung zu stehen. Er hatte sich gegen viele Widerstände durchgesetzt. Wir langjährigen Mitarbeiter des UNDP waren ihm dafür dankbar. Aber er wollte zurückkehren zu seinem eigentlichen »Geschäft«, Wagniskapital gewinnbringend einzusetzen. Bill Draper hatte wie kein anderer die Organisation aus ihrem post-kolonialen, britischen Erbe gelöst und stattdessen eine US-amerikanische Managementkultur gefördert, die allerdings weniger inspiriert war durch die Arbeitsverhältnisse im öffentlichen Sektor als vielmehr dem Stil eines Wagnis-Investors glich. Diese Selbständigkeit und die Risikobereitschaft, die Bill Draper auch von seinen Ländervertretern forderte, gefiel einigen Leuten in der US-Vertretung überhaupt nicht. Sie wollten größere Kontrolle über die UNDP-Programme erhalten. Daher war es nicht überraschend, dass die Vertreterin der USA im UNDP-Verwaltungsrat eine seiner schärfsten Kritikerinnen war. Nach außen hin steckte Bill Draper diese Anfeindungen weg, aber das risikoscheue Verhalten in einer sich rapide wandelnden Welt ging ihm doch wohl sehr gegen den Strich.

In Washington sah es so aus, dass ein demokratischer Präsident (Bill Clinton) die Wahlen gewinnen würde. Also suchte Bill Draper einen Nachfolger aus dem Lager, das der Demokratischen Partei nahe stand. Er fand Gus Speth, den Direktor eines umweltorientierten *Think Tanks* in Washington DC, der mit Al Gore zusammenarbeitete. Übrigens sollte Gus Speth der letzte in einer Reihe von US-amerikanischen Inhabern des höchsten Postens in UNDP werden. Die USA waren schon seit Jahren nicht mehr der größte Geldgeber, das war inzwischen Japan geworden, somit wurde der Anspruch der USA auf diesen Posten immer umstrittener. Aber 1992 setzte sich Bill Draper noch einmal durch, und so kam Gus Speth Mitte 1993 an Bord.

Zwei Dinge passierten sofort: Erstens wandelte Gus Speth das Konzept des *Human Development* in *Sustainable Human Development* um, um den ökologischen Aspekten der globalen Entwicklung größere Aufmerksamkeit zu geben. Dazu brachte er viele neue Manager in die Organisation, die umfassende Erfahrung in diesem Bereich hatten. Die Konferenz von Rio[29] hatte einen neuen Fonds geschaffen, die *Global Environmental Facility* (GEF), für die UNDP, neben der Weltbank und UNEP, als einzige ausführende Organisation bestimmt worden war. GEF erhielt relativ schnell umfangreiche Mittel, auf die UNDP mit seinen neuen, fachlich qualifizierten Managern und seinem Netz von 132 Länderbüros aktiv zugriff. Zweitens füllte Gus Speth mehrere Führungspositionen mit Personen, die schon längere Zeit bei UNDP arbeiteten und die für ihre Bereitschaft bekannt waren, sich auf den Wandel vorbehaltlos einzulassen. Die Abteilungen am New Yorker Hauptsitz wurden umstrukturiert, viele mittlere Management-Positionen abgeschafft und frei werdende Stellen mit Managern besetzt, die Länderbüro-Erfahrungen hatten. Zum ersten Mal in UNDPs Geschichte waren mehr als 50 Prozent aller Führungspositionen in New York mit Managern besetzt, die »Felderfahrung« besaßen, das heißt in einem Länderbüro gearbeitet hatten.

Alle diese Neuerungen änderten den Stil und das Verhalten im Hauptsitz. Die Hierarchie wurde flacher, ein die ganze Organisation umfassendes E-Mail-System erleichterte die schnelle Kommunikation, LAN-basierte Informationssysteme beschleunigten und vereinfachten die Transaktionen. So wurde New York langsam, aber sicher zum Hauptknotenpunkt in einem globalen UNDP-Netzwerk.

---

29  Gemeint ist hier die *Global Conference for Environment and Development,* die im Juni 1992 in Rio de Janeiro stattfand.

## Ich übernehme zusätzliche Aufgaben

Es wurde immer deutlicher, dass auch unsere Abteilung von den Umstrukturierungen betroffen sein würde. Mitte 1993 war der neue Haushalt verabschiedet worden, und damit stand die Entscheidung fest: Meine Abteilung wurde mit der Verwaltung für Reise, Gebäude, Telefonie und Vertragswesen für Dienstleistungen zusammengelegt. Die Zusammenlegung machte in vieler Hinsicht Sinn. Telefonie und Datenverbindungen waren nun unter einem Dach, das Management für die materielle Ausstattung, Büroräume und Möbel wurde rationalisiert und die Vergabe von Verträgen an Dienstleister für die ganze Organisation gebündelt.

Ein neuer Direktor wurde bestellt; ich blieb die stellvertretende Direktorin für die zusammengelegte Abteilung mit 130 Mitarbeitern. Es waren keine Aufgaben, die ich mir ausgesucht hätte; aber spannend, wenn auch nicht leicht, wurde die Arbeit trotzdem. Der neue Direktor war einer unserer besten *Resident Representatives* aus Lateinamerika, und wir bildeten ein dynamisches Team. Wir hatten beide keine Berührungsängste in Bezug auf die neuen Technologien, wir kannten die Arbeit der Organisation genauestens und konnten schnell neue Möglichkeiten erkennen. So waren wir es, die beschlossen, eine Textmanagement-Software zu erwerben und alle Dokumente der globalen Konferenz aller Führungskräfte von UNDP elektronisch zu sammeln, um sie entweder auf Diskette oder über die LAN-Server zugänglich zu machen. Moderne Kommunikationsmittel hatten endlich das Kerngeschäft UNDPs erreicht! Mit dem neuen Direktor und der neuen organisatorischen Struktur hatte ich endlich wieder ein Surfboard, auf dem ich die Wellen des Wandels reiten konnte.

Allerdings dauerte dieser komfortable Zustand nicht lange. Kurz nach seinem Amtsantritt ernannte Gus Speth, der neue *Administrator* von UNDP, meinen Vorgesetzten zum Direktor eines neugeschaffenen Büros, das ihm bei der Aufgabe zur Seite stehen sollte, die Arbeit der UN-Organisationen auf Länderebene zu koordinieren. Die Generalversammlung hatte seit 1991 das *Resident Coordinator System* ins Leben gerufen, um die Koordination der VN-Organisationen auf der Länderebene zu verbessern, und dabei UNDP die Führungsrolle übertragen.[30] Dies war seit Schaffung des UNDP in den 1960er Jahren die

---

30   Siehe GA Resolutionen 46/182, 46/219 und 47/199

erste organisatorisch-strukturelle Veränderung, die das Potential hatte, UNDP im Kreis der anderen VN-Organisationen entweder zu stärken oder untergehen zu lassen. Denn Koordinierung mit Führungsanspruch war keineswegs erwünscht. Bill Draper hatte die Sache schleifen lassen, denn er konnte die Bedeutung dieser neuen Aufgabe für die Entwicklungspolitik nicht so recht sehen. Für ihn waren dies bürokratische Machenschaften. Aber der Generalsekretär wurde ungeduldig. Also schuf Gus Speth ein *UN Development Group Office* (UNDGO), das die fachliche Koordination der beteiligten Organisationen[31] übernehmen und die Bildung von VN-Länderteams mit dem UNDP-*Resident Representative* als *UN Resident Coordinator* unterstützen sollte. Die anderen VN-Organisationen hatten darauf bestanden, dass eine solche Trennung vom normalen institutionellen Rahmen UNDPs vorgenommen wurde. Denn sie befürchteten, dass sonst UNDP zu viel Gewicht und Einfluss auf ihre Ländervertreter gewinnen würde.

Die Versetzung meines Chefs bedeutete, dass ich nun die doppelte Bürde hatte, denn ich nahm nun auch kommissarisch die Aufgabe des Direktors wahr. Erst einige Monate später wurde ich zum Direktor der Abteilung ernannt und bekam einen jungen Kollegen als Stellvertreter, der mich konstruktiv in meiner Arbeit unterstützte, insbesondere im Bereich der Informationstechnologien. Dies war umso wichtiger, als ich mit zwei neuen Herausforderungen konfrontiert wurde, die beide im Bereich des Managements von Bürogebäuden lagen. Eine war eine erfreuliche, die andere eine sehr unerfreuliche Herausforderung.

Zunächst die erfreuliche: UNDP war in New York in mehreren Gebäuden untergebracht. Zum einen in einem Gebäude, das die Stadt und das Land New York über die *UN Corporation* für die VN errichtet hatte und uns steuerfrei vermietete. Aber die Büroräume reichten nicht aus. Daher hatte UNDP-Räume in der 45. Straße kommerziell angemietet. Wir nannten dieses Gebäude immer kurz *FF Building*[32]. Normalerweise waren die VN von den Steuern für Miete unserer Büroräume befreit, aber meine Vorgänger hatten versäumt, einen entsprechenden Antrag zu stellen, so zahlte UNDP jedes Jahr etwa 2 Millionen Dollar für diese Steuer. In den frühen 1990er Jahren beschlossen mehrere Großfirmen, ihren Firmensitz von Manhattan in die Nachbarstaaten oder in

---

31  Anfangs waren dies UNDP, UNFPA, UNICEF und WFP – die Fonds und Programme der VN. Heute (2016) sind 33 Organisationen beteiligt.
32  Eine Abkürzung für *Forty-fifth Street Building*

kleinere Orte im Umkreis der Stadt New York zu verlegen. Die erste Terrorattacke 1993 auf die *World Trade Towers* beschleunigte diesen Prozess. So gab es auf einmal in Mid-Manhattan viel Leerstand und die Mieten für Büroräume fielen. Als dann die deutsche Regierung UNDP anbot, nach Bonn umzuziehen, um leer werdende Räumlichkeiten zu übernehmen, die aufgrund des Umzugs der deutschen Bundesregierung von Bonn nach Berlin entstanden, witterten wir eine Chance, die Steuerbefreiung zu erreichen.

## Schaffung einer »Win-Win-Win-Situation«

Ich ermutigte meine Mitarbeiter, die Stadtverwaltung zu kontaktieren und ein Treffen zu vereinbaren. Wir wurden höflich empfangen, aber zu Beginn waren die Vertreter der Stadtverwaltung nicht davon überzeugt, dass unsere Anfrage beachtenswert sei. Ihre Haltung änderte sich allerdings während der Sitzung. Nicht nur sahen sie ein, dass es eine wirkliche Gefahr gab, dass UNDP die Stadt verließ, sondern sie verstanden nun besser, warum und dass unsere Mietzahlungen tatsächlich steuerfrei sein sollten. Sie versprachen deshalb, sich der Sache anzunehmen, und forderten uns auf, einen offiziellen Antrag zu stellen. Vielleicht hofften sie, dass wir unseren Antrag nicht zustandebringen und das Problem sich so lösen würde, aber nicht nur sandten wir unseren Antrag früher als vereinbart, darüber hinaus hatten wir viele Zahlen und Informationen, die zeigten, dass ein Umzug UNDPs einen echten wirtschaftlichen Verlust für Manhattan darstellen würde. Denn natürlich kauften wir auch Güter und Dienstleistungen direkt in New York, manchmal sogar für unser globales Netz von Büros.

Dann warteten wir geduldig auf eine Reaktion – die aber kam nicht. Wir verstanden nicht, was so schwierig war, denn entweder bekamen wir eine Steuerbefreiung oder die Stadt gab uns einen entsprechenden Zuschuss. Aber beides war weit gefehlt. Die Stadt sagte uns nach vielen Wochen, dass sie uns nur von der Steuer befreien könnte, wenn wir Besitzer des Gebäudes werden oder von der *UN Corporation* mieten würden, die für diesen Zweck geschaffen worden war. Aber weder wir noch die *UN Corporation* hatten Interesse, das Gebäude zu kaufen. Waren wir also in einer Sackgasse? Nein, waren wir nicht. Es gab eine gesetzliche Regelung, die besagte, dass man als Eigentümer im Grundbuch eingetragen sein konnte, ohne das Gebäude zu kaufen. Den Grundbucheintrag konnte man für 1 US-Dollar kaufen – vorausgesetzt, der Eigentümer des

Gebäudes stimmte dem zu. Wir konnten demnach also einen neuen Mietvertrag abschließen und die Stadt uns die Steuern erlassen.

Die VN-Rechtsabteilung hatte noch nie von so einer Lösung gehört, aber nach Rücksprache mit den Anwälten der Stadt gab sie uns grünes Licht für weitere Verhandlungen. Nun kam uns die Flaute auf dem Immobilienmarkt in Manhattan zugute. Unser Vermieter wusste dies natürlich besser als wir. Deshalb gab er seinen Widerstand schnell auf. Wir schlossen einen Mietvertrag über 30 Jahre ab, bekamen den Grundbucheintrag, akzeptierten Mietsteigerungen in diesem Zeitraum, allerdings nur auf der Grundlage des recht niedrigen Mietniveaus bei Vertragsabschluss. Wir hatten also alle gewonnen: Wir sparten bei der Miete, die Stadt hatte uns fest in Manhattan für die nächsten 30 Jahre verankert, der Vermieter hatte einen zuverlässigen Mieter in einer unruhigen und ertragsarmen Zeit für die nächsten 30 Jahre gefunden.

Im VN-Sekretariat wurden wir als Helden angesehen. Niemand dort hatte in den letzten Jahren irgendetwas von der Stadt New York bekommen ohne langwierige Kämpfe. Wir dagegen bekamen alles, was wir wollten. Mir hatten die Verhandlungen Spaß gemacht. Sie waren auf professioneller Ebene sehr interessant, die Stadtverwaltung sah uns als gute Partner an. Einmal sagte uns der Vertreter der Stadt, dass unser Antrag der bestformulierte und -begründete gewesen sei, den sie bis dahin je gesehen hatten. Ich hatte eine Menge darüber gelernt, wie man in den USA erfolgreiche Vereinbarungen ausarbeitete. Ich war in dieser Funktion im direkten Kontakt mit US-Regierungsstellen gewesen und damit nahe an der Funktion eines UNDP-*Resident Representatives* in einem Länderbüro.

## Bekämpfung von Inkompetenz und Korruption

Nun zur zweiten, wenig erfreulichen Herausforderung: UNDP hatte intern einen Spezialfonds geschaffen, um in Ländern, wo es keinen adäquaten Büroraum gab, diesen selbst bauen zu können. Das war zum Beispiel in den ehemaligen portugiesischen Kolonien, Angola, Mosambik, Cape Verde und Guinea-Bissau der Fall.

Der Fonds sollte aber nur so viele neue Gebäude erwerben oder bauen, wie durch die Mieteinnahmen gedeckt werden konnte. Darüber hinaus sollte UNDP sofort aus dem eigenen Immobiliengeschäft aussteigen, sobald sich die Lage in den Ländern verbesserte. Mit anderen Worten, der Fonds sollte jedes Jahr ausgeglichen sein. Tatsächlich war er aber seit Jahren defizitär. Der Verwaltungsrat hatte mit zunehmendem Widerstand der Erhöhung des Fonds zugestimmt, um neue Anforderungen zu finanzieren und den rechnerischen Ausgleich herzustellen. Mitte der 90er Jahre aber wurde UNDP aufgefordert, neuen Forderungen durch den Verkauf bisheriger Gebäude nachzukommen. Um diesem gerecht zu werden, mussten wir den Wert der Immobilien festlegen. Dies war jedoch aufgrund einer sehr lückenhaften Aktenlage kaum möglich. Wir engagierten eine Architekturfirma in Manhattan, um uns bei der Schätzung des Marktwertes unserer Immobilien zu helfen. Zunächst sollte diese Firma die Kosten unserer Investition zusammenstellen. In diesem Zusammenhang kamen schwerwiegende Versäumnisse und Unregelmäßigkeiten ans Licht, die auf Betrug und eine Interessensverbindung zwischen einer der beauftragten Firmen und dem zuständigen UNDP-Mitarbeiter hindeuteten. Es hatte immer Gerüchte um diesen Mitarbeiter gegeben. Aber ich war der Ansicht, entweder wir beweisen sein Fehlverhalten oder wir ignorieren diese Gerüchte. Als wir dann hinlängliche Informationen hatten, um Korruptionsvorwürfe erheben zu müssen, gaben wir unsere Akten an die internen Rechnungsprüfer ab und setzten die weiteren Aktivitäten, die aus diesem Fonds finanziert werden sollten, aus.

Sobald die Rechnungsprüfer die Untersuchung weiterführten, wurden auch mein ehemaliger Direktor und ich sowie unser Vorgesetzter in die Ermittlungen einbezogen und unterlagen dem Verdacht, dass wir die Dinge hätten schleifen lassen. Ich war wütend. Nicht nur hatte ich die Untersuchungen eingeleitet und dem betroffenen Mitarbeiter alle delegierte Autorität entzogen, nun war auch noch meine Autorität zum Teil eingeschränkt worden. Ich beantwortete die Fragen der Prüfer schnell, musste aber warten, bis die anderen Manager dies auch getan hatten. So vergingen Monate, bis es eine Entscheidung gab. Ich war deprimiert und überlegte, ob ich UNDP verlassen sollte, wusste aber, dass ich den Ausgang der Untersuchung abzuwarten hatte. Endlich dann, gegen Ende 1997, erhielt ich einen Brief vom *Administrator*, der mich von allen Verdächtigungen frei sprach. Aber ich fragte mich zunächst, wieso ich überhaupt Teil der Untersuchung geworden war. Ich hegte den Verdacht, berechtigt oder unberechtigt, dass mich jemand aus meinem Posten drängen wollte, bevor ich bereit war zu gehen.

Während der Monate des Wartens hielten meine Kollegen aus dem Informationstechnologiebereich standhaft zu mir und involvierten mich mehr als zuvor in ihre Arbeit. So hatten sie es vorangetrieben – unter Ausdehnung unseres Mandats –, kleinere Vertretungen bei den VN elektronisch mit dem Sekretariat zu verbinden. Der Generalsekretär gab uns später dafür sogar eine Auszeichnung, aber trotzdem half alles nichts. Ich war niedergeschlagen und schleppte mich täglich ins Büro, bis dann endlich der »Freispruch« kam und sich meine Wut und Enttäuschung langsam abbaute und ich wieder Freude an meiner Arbeit fand.[33]

## Verhandlungen über den Umzug von VN Organisationen nach Bonn

Wie schon erwähnt hatte die deutsche Regierung UNDP angeboten, auf Kosten der Bundesregierung nach Bonn umzuziehen. UNDP wollte aber aufgrund seiner Rolle als Manager des *Resident Coordinator Systems* in New York bleiben. Die Nähe zum Sekretariat und zum Generalsekretär erschien unabdingbar, um erfolgreich in dieser komplizierten Aufgabe zu agieren. Andererseits wollte das UNDP-Management der deutschen Regierung auch nicht einfach nur eine Absage erteilen. Als höchstplatzierte Deutsche am UNDP-Hauptsitz konsultierte mich der stellvertretende Administrator mit der Frage, wie eine Antwort aussehen sollte. Ich schlug vor, doch wenigstens einen Teil von UNDP oder eine UNDP nahestehende Organisation wie UNV[34] oder UNOPS[35] nach Bonn zu schicken. Die Idee wurde aufgegriffen und der Regierung in Bonn entsprechend übermittelt. Bonn akzeptierte und die Verhandlungen begannen. Ursprünglich war mein Chef mit der Verhandlungsführung beauftragt worden, aber nachdem er in seine neue Position im UNDGO gewechselt hatte, fiel die Aufgabe an mich. Ich war darüber begeistert. Nicht nur konnte ich meine eigene Idee umsetzen, darüber hinaus konnte ich auch für die VN mit meiner eigenen Regierung verhandeln. Eine wirklich seltene Gelegenheit für VN-Mitarbeiter.

Wir bekamen die Wahl zwischen mehreren Gebäuden in Bonn. Nachdem wir eine Wahl getroffen hatten, wurden ein Hauptsitzabkommen und ein Mietvertrag für die gewählten Büroräume abgeschlossen. Die Finanzierung

---

33  Der Kollege, den wir der Korruption überführt hatten, bezahlte teuer dafür. Nicht nur wurde seine Pension gepfändet, um einen Teil des Schadens, den er UNDP zugefügt hatte, zu ersetzen, sondern seine Immunität wurde aufgehoben und er wurde von einem US-Gericht zu einer Gefängnisstrafe verurteilt.

34  Programme der UN-Volunteers/Freiwilligenprogramm der VN

35  *UN Office of Project Services*

seitens der deutschen Regierung war sehr großzügig. Es gab einen einmaligen Zuschuss zu den Kosten für alle Mitarbeiter, die von Genf nach Bonn gingen, ebenso wie eine Ablösung für die, die nicht kommen konnten oder wollten, und Zuschüsse für die Rekrutierung von neuen Mitarbeitern.

Auf der deutschen Seite lag die Verhandlungsführung beim Ministerium für Entwicklungspolitik (BMZ) als direkt dem UNDP zugeordnetem Ministerium. Im Laufe der Verhandlungen wurde beschlossen, dass auch das Sekretariat des UNFCCC[36] nach Bonn ziehen sollte, daher wollte das Umweltministerium auf deutscher Seite mitreden. Um die Verhandlungen nicht zu verzögern, entschied der Generalsekretär, dass auf VN-Seite UNDP für alle VN-Organisationen verhandelte – somit konnte auch die Führungsrolle des BMZs gewahrt bleiben. Später beklagten sich natürlich andere Organisationen, die auch nach Bonn umzogen, dass wir ihre speziellen Bedürfnisse nicht hinreichend in Betracht gezogen hätten, aber im Großen und Ganzen waren alle zufrieden mit den Lösungen, die wir vereinbarten. Auf alle Fälle hatten wir einen Dienstort gefunden, wo die Kosten deutlich unter denen von Genf lagen.

UNVs Einstellungen und Platzierungen von Freiwilligen verlangsamte sich zwar für ein paar Jahre, da die neuen Mitarbeiter erst eingearbeitet werden mussten, aber alle waren mit dem Leben und der Arbeit am Dienstort Bonn zufrieden.

## New York in den frühen 90er Jahren – Zeit, Abschied zu nehmen

Während meiner ersten Dienstzeit am Hauptsitz genoss ich, was Manhattan zu bieten hatte. Bei diesem zweiten Aufenthalt erlebte ich die Stadt ganz anders: ruhelos, laut, schmutzig und immer stressig. Ich war froh, am Freitagabend oder Samstagmorgen den Zug nach Long Island zu nehmen und der Stadt zu entkommen. Wieder war es die China-Verbindung, die mir eine Bleibe bescherte. Ich traf zufällig einen deutschen Diplomaten in einer Seitenstraße in Manhattan, den ich aus Beijing kannte. Er bot mir an, zusammen mit seiner Frau und Familie ein Haus in Bellport, einem ehemaligen Walfischfängerdorf auf Long Island, zu mieten. Das Haus, das wir fanden, lag gleich am Yachthafen

---

36 *UN Framework Convention on Climate Change*

und hatte einen kleinen privaten Strand. Wir konnten so jederzeit schwimmen gehen und ansonsten die Ruhe und Gelassenheit Bellports genießen.

Zudem beeinflussten andere Faktoren meine Einstellung zu New York. Während dieses zweiten Aufenthaltes erlebte ich die Stadt sehr anders. Ich hatte aufgrund meiner Beförderungen ein höheres Gehalt, konnte mir sehr viel eher Besuche der Theater, Opernhäuser oder Konzerte leisten. Ich war Mitglied im *Museum of Modern Art* und dem *Metropolitan Museum of Art* geworden und hatte so privilegierten Zugang zu den Ausstellungen und Restaurants.

Lange Arbeitstage wurden dadurch erleichtert, dass ich im Büro, zu Hause oder auf Long Island elektronisch weiterarbeiten konnte. Ich verband also auf ideale Weise meine Arbeit mit meinem persönlichen Leben. Mahlzeiten konnten zu Hause oder im Restaurant zubereitet werden, oder sie wurden geliefert. Das Frühstück nahm ich auf dem Weg ins Büro ein oder im Zug nach Bellport. Die Wirtschaft um uns herum war in vollem Schwung, im Allgemeinen war der Lebensausblick positiv. Selbst die erste Attacke auf das *World Trade Center* nahmen wir als etwas Verrücktes wahr, das in New York eben an der Tagesordnung war. Mit Staunen und Bewunderung merkten wir, dass die Polizei innerhalb weniger Tage die Täter identifiziert hatte. Im Nachhinein hielten wir den Atem an angesichts des Schicksals einer Freundin, die 110 Etagen zu Fuß von einem der Türme heruntergehen musste, da sie dort ein Frühstückstreffen – ausgerechnet an diesem Tag – gehabt hatte, aber den Anschlag mit einem rauchgeschwärzten Gesicht wohlbehalten überlebte.[37]

In dieser Zeit hatte ich ein Erlebnis, das mich sehr nachdenklich machte. Ich saß in einem Hauskonzert in Bellport bei Freunden neben einem älteren Herrn, der in Bellport geboren und großgeworden war. Er hatte dort geheiratet und seine Kinder groß gezogen. Er war nur ein paar Mal in Manhattan gewesen – und dies auch nur während des 2. Weltkrieges. Es war mir unmöglich, diesem Herrn überzeugend zu erklären, dass ich in Afrika, Europa, China und den USA gelebt hatte, und alle diese Aufenthalte noch dazu aufregend, angenehm und bereichernd gefunden hatte. Er, wie so viele Amerikaner, konnte sich nicht vorstellen, warum ich die USA nicht als den aufregendsten und angenehmsten Platz auf der Erde erlebte.

---

37  1993 herrschte sicherlich eine ganz andere Situation als bei der Attacke am 11. September 2001. Damals veränderte sich etwas in der Psyche der New Yorker, viele waren erstaunt über den Hass, den es auf die USA und auf das gab, für das es stand.

Aber so wenig wie er meine Situation verstand, so wenig konnte ich eigentlich auch seine wirklich nachvollziehen. Bellport, eine liberale Gemeinde des gehobenen Bürgertums, erlaubte sich eine völlige Trennung seiner Einwohnerschaft. Die Afro-Amerikaner lebten nördlich von der Long Island Railway und die Weißen südlich davon. Nicht einmal am 4. Juli, dem Nationalfeiertag, kamen die beiden Gemeinden zusammen. Ich fragte mich damals, würden unser internationaler Lebensstil und unsere Erfahrungen die Zukunft gestalten – oder vielmehr die der großen Mehrheit der Menschen, die sesshafter waren und sich ihren eigenen Traditionen, Gewohnheiten und Ansichten und Vorurteilen verpflichtet fühlten? Sollten die bestehenden Unterschiede erhalten bleiben, oder sollten Veränderungen im Interesse eines friedlichen Zusammenlebens aller akzeptiert werden? Heute, 2016, haben wir immer noch keine eindeutige Antwort auf diese Frage.

Während meines ersten Aufenthaltes in New York war ich 40 geworden. Dieses Mal feierte ich die Vollendung meines 50. Lebensjahres. Irgendwie war mir bewusst, dass ich die Mitte meines Lebens überschritten hatte. Wie würde es weitergehen? Ich hatte den höchsten Dienstgrad erreicht, den eine langfristige Beamtin der VN erreichen konnte (D2), aber ich hatte mindestens noch 10 Jahre Berufsleben vor mir. Was sollte ich in dieser Zeit anfangen?

Mitte 1997 standen vier Posten in meinem Dienstrang zur Auswahl: Exekutivdirektorin von UNV in Bonn (meine erste Wahl), *Resident Coordinator* für China oder Ägypten und stellvertretende Regionaldirektorin für Asien und den Pazifischen Raum. Es waren die letzten Führungspositionen, die von Gus Speth besetzt werden würden. Er hatte sich entschlossen, UNDP zu verlassen und an die Yale-Universität zu wechseln. Mir wurde bedeutet, dass UNV nicht in Frage kam, eine Kanadierin sollte hier Vorrang haben. Da ich New York verlassen wollte, kam also nur China oder Ägypten in Frage. Mein Mitkonkurrent war ein guter Freund, ihm war es egal. So wählte er Ägypten und ich wurde für China vorgeschlagen.

Um mich wieder mit den neuen Entwicklungen in der Gestaltung unserer Kooperationsprogramme vertraut zu machen, handelte ich eine Versetzung ins Asienbüro aus. Leider dauerte die Bestätigung meiner Nominierung 12 Wochen, in denen ich nervös und ängstlich war, falls China nicht klappen würde. Immerhin war China das Juwel im Netzwerk der UNDP-Länderbüros. Dieses Mal war ich nicht entspannt und genoss nicht die verringerte Verantwortung vor meiner Versetzung. Als die Zustimmung der anderen VN-Organisationen endlich kam und kurz darauf die Akzeptanz der chinesischen Regierung, war ich erschöpft vom Warten und gleichermaßen erleichtert. Wieder einmal flog ich nach Beijing über Frankfurt/M. und Mutters Haus und Garten. Am 18. März 1998 kam ich in Beijing an, dem Tag, an dem eine neue Regierung unter Ministerpräsident Zhu Rongji ihre Amtszeit begann.

# Zurück in China, dem Motor der Weltwirtschaft: Beijing (1998–2003)

In meiner ganzen Karriere sah ich niemals mit so viel freudiger Erwartung einer neuen Tätigkeit entgegen. Ich wollte immer nach China zurückkehren, um zu sehen, welche Ergebnisse die Reformen erzielt hatten. Und nun wurde mir die Chance gegeben. Das war wie ein Sechser im Lotto! Ich fühlte mich außerdem wohl bei dem Gedanken an die neue Aufgabe: Ich wusste, wie man in China arbeitete, und selbst für die Aufgabe als *Resident Coordinator* war ich vorbereitet, da ich in New York mehrfach an der Erarbeitung dieser neuen Funktion beteiligt war.

Das Einleben war ebenfalls einfach. Ich bezog ein großes Apartment neben dem Bürogebäude, das ich schon kannte. Ich kaufte viele Haushaltsgüter, ebenso ein privates Auto von meinem Vorgänger. So konnte ich unmittelbar nach meiner Ankunft losfahren, auch ohne einen Chauffeur. Zumindest dachte ich dies.

Aber ich unterschätzte die Unwägbarkeiten, die größerer Freiraum für uns Ausländer mit sich brachte. Anfang der 80er Jahre waren nur wenige Straßen außerhalb Beijings für uns offen, nun gab es viele Möglichkeiten, zu den Ming-Gräbern, der Großen Mauer und den Tempeln in den Westbergen zu fahren. Prompt verirrte ich mich beim ersten Versuch und landete in einem Teil Beijings, der mir völlig unbekannt war.

Beijing ist sehr schön in der nordchinesischen Tiefebene gelegen, im Westen und Norden von einer Bergkette umgeben, die bis zu 2400 Meter hoch ist. Versteckt in den Bergen liegen viele taoistische Tempel, buddhistische Klosteranlagen und Dörfer mit intakten Häusern aus der Ming-Zeit (also von vor 1600). Lange Strecken der nicht restaurierten Großen Mauer ziehen sich über die Berge, und alles lädt zu Wanderungen und Picknicken ein. Ein Netz gut erhaltener Landstraßen macht diese Orte mit dem Auto leicht erreichbar. So verstand ich zum ersten Mal den Charme, den Beijing auf ausländische Bewohner im 19. und zu Beginn des 20. Jahrhunderts ausgeübt hatte.

Ich kam im März 1998 in Beijing zu einem Zeitpunkt an, zu dem es bei meinem ersten Aufenthalt kaum frisches Gemüse und Obst gegeben hatte. Damals lagen höchstens verschrumpelte Kohlköpfe, ein paar Knoblauchstiele und vertrocknete Äpfel in den Geschäften aus. Jetzt gab es Berge von frischen Orangen und frisches Gemüse wie Tomaten, Gurken und grünen Salat. Ein sichtbares Zeichen für die verbesserte Versorgungslage der chinesischen Bevölkerung in den Großstädten.

Aber diese deutlichen Verbesserungen beunruhigten mich auch. China hatte sich in den letzten 20 Jahren dramatisch verändert. War UNDP immer noch von Nutzen? Vor meiner Abreise aus New York hatte ich gehört, dass das Programm gut lief, aber mit schwindenden finanziellen Mitteln. Die Beziehungen zu unseren unmittelbaren Partnern in der chinesischen Regierung galten als angespannt; der Kreis der Geber war gewachsen, deren Mittel überstiegen um ein Vielfaches die Mittel des gesamten VN-Systems in China. Die Weltbank hatte ein jährliches Programm von 3 Milliarden US-Dollar, die Asiatische Entwicklungsbank von 1 Milliarde. Ausländische Direktinvestitionen lagen bei einem Vielfachen von diesen Summen. Gleichzeitig gab China Entwicklungshilfe. 1997 wurde das Volumen dieser Hilfe an afrikanische und asiatische Länder auf 500 Millionen US-Dollar geschätzt. Daneben erschienen UNDPs 20 Millionen an jährlichen Ausgaben als eine nebensächliche Angelegenheit.

## Erstellen von neuen Programm-Prioritäten

Manchmal fragte ich mich, ob ich den Rückzug von UNDP aus China durchführen müsste. Und auch wenn nicht, so stellte ich mir die Frage, wie und wo könnten wir in diesem sich rasant entwickelnden Land von Relevanz sein? So machte ich meine Runde von Antrittsbesuchen und hörte meinen Gesprächspartnern aufmerksam zu. Ich verstand, wo China enorme Fortschritte gemacht hatte, aber ich begann langsam die Kehrseite dieser explosiven Entwicklung zu entdecken – und damit mögliche Ansatzpunkte für UNDP, sich zu engagieren.

Tatsächlich erreichte die Bevölkerung in einem großen Teil des Landes ein Pro-Kopf-Einkommen, das dem von Afrika südlich der Sahara entsprach. Lediglich die Küstenprovinzen und Städte wie Shanghai, Guangzhou, Beijing und Tianjin waren in ihrem Pro-Kopf-Einkommen Schwellenländern wie Brasilien gleichgestellt. UNDPs erster *Human Development Report* für China, der zu dem Zeitpunkt veröffentlicht wurde, als ich ankam, zeigte in deutlichen Statistiken dieses regionale Ungleichgewicht. Damit wurde deutlich, wie anfällig die wirtschaftliche Grundlage für eine ausgewogene Entwicklung in ganz China war.

Verbunden mit diesen wirtschaftlichen Disparitäten waren die sozialen. Chinas Bevölkerung war immer noch mehrheitlich auf dem Lande ansässig, auch wenn die Landflucht diese Situation schnell zu verändern begann. Zwar blieben die inländischen Migranten noch über Jahrzehnte hinaus als Landbewohner registriert, aber die Bewegungen der Wanderarbeiter veränderten die Strukturen auf dem Lande nachhaltig. Dort blieben die schulischen Einrichtungen deutlich hinter den städtischen zurück, die Gesundheitsversorgung war schlechter und für manche Familien zu teuer geworden, denn staatlich angestellte Ärzte verlangten nun (illegal) Behandlungsgebühren. Während die städtische wirtschaftliche Entwicklung rasant voranging, hatten sich die Handelsbeziehungen zwischen Stadt und Land merklich zugunsten der Städte gewandelt – ein deutlicher Unterschied zu den ersten Jahren in der Reformära. Traditionelle gesellschaftliche Vorstellungen waren auf dem Vormarsch, wie zum Beispiel die Präferenz für Jungen statt Mädchen. Die Ein-Kind-Politik blieb bestehen und führte in einigen Provinzen zu einem ungesunden Bevölkerungsungleichgewicht zwischen Jungen und Mädchen. Frauen, die nach 1949 so viel an Gleichberechtigung gewonnen hatten, wurden zunehmend wieder in traditionelle Rollen zurückgestoßen, was auf dem Lande zu einer hohen Selbstmordrate unter den Frauen führte (Ende der 90er Jahre hatte China tatsächlich die höchste Selbstmordrate der Welt).

Die Behebung dieser Ungleichgewichte war ganz sicherlich eine Rolle von UNDP und des VN Systems, unabhängig von der Höhe der uns zur Verfügung stehenden finanziellen Mittel. Die Frage war allerdings, wie und wo konnten wir katalytisch aktiv werden, um nationale Politik und Programme zu beeinflussen, so wie wir es in den Jahren nach 1978 getan hatten?

Eine Erkenntnis kam für mich frühzeitig. Etwa 3 Wochen nach meiner Ankunft, im April 1998, wurde ich eingeladen, ein nationales Seminar zu eröffnen, das UNDP für alle führenden Sozialwissenschaftler in China organisierte und finanzierte, um Strategien und Ansätze für die Armutsbekämpfung in ländlichen Gegenden zu diskutieren. Ich nahm die Einladung gerne an, denn Armutsbekämpfung war ein großes Anliegen unseres Programms, das ich übernommen hatte. Außerdem wollte ich meine Neugierde befriedigen und erfahren, was aus unserem relativ kleinen Projekt mit der Akademie für Tropische Landwirtschaft als Teil unseres ersten Programms in China geworden war.[38]

Ich hielt eine Rede, die meine Mitarbeiter vorbereitet hatten. Als ich mich mit der Rede vertraut machte, war ich erstaunt darüber, dass die Rolle der NGOs[39] oder andere ehrenamtliche Organisationen keine Erwähnung fanden. Vor allem auf dem Lande, wo sich die schlimmste Armut in entlegenen Dörfern hartnäckig hält, sind solche Organisationen unabdingbar, um die ansonsten »vergessenen« Familien zu erreichen. Aber ich beschloss, zunächst einmal zuzuhören, um zu sehen, ob jemand anderes diese Lücke auch erkennen würde. Aber niemand erwähnte sie. So meldete ich mich zum Schluss und sprach die Bedeutung von solchen freiwilligen Organisationen an. Die Antwort der versammelten Wissenschaft war – Schweigen! Ganz offensichtlich hatte ich einen neuralgischen politischen Punkt berührt, zu dem sich niemand äußern wollte. Ich machte mir eine mentale Notiz, um in Beijing auf das Thema zurückzukommen. Weiterhin lernte ich bei diesem Seminar, dass Armutsbekämpfung von mehreren Seiten aus angegangen werden musste, und dass dies am besten durch eine koordinierte Zusammenarbeit aller VN-Organisationen machbar war.

## Das VN-*Resident Coordinator System* in China

Im Sommer 1997 hatte der VN-Generalsekretär, Kofi Annan, eine erste Serie von Reformen bekannt gegeben. Diese ersten Schritte konzentrierten sich auf die bessere Gestaltung der VN-Arbeit auf der Länderebene, wo die VN das Leben von Menschen direkt beeinflussen konnten, vor allem das der Ärmsten in der Gesellschaft. Die Reformen sahen vor, dass alle VN-Vertreter in einem Land ein Länderteam bilden sollten, das von einem *Resident Coordinator* geführt wurde. Normalerweise nahm der UNDP-*Resident Representative*

---

38  Details über diesen Besuch kann man in Kapitel 2 finden.
39  Nichtregierungsorganisationen, *non governmental organizations* (NGOs)

diese Funktion wahr. Diese Länderteams sollten ein *Common Country Assessment* (CCA) erstellen, das in ein *UN Development Framework* (UNDAF) für einen Zeitraum von 5 Jahren münden sollte, und das für alle VN-Organisationen, die in dem Land tätig waren, Gültigkeit haben würde. Die UNDAF wurde so zu einem *Business Plan* für mehrere Jahre und zeigte die generelle Richtung und die Prioritäten, die für die Kooperation der VN in dem Lande vereinbart waren. Während die CCA in Konsultation mit der nationalen Regierung erstellt werden musste, wurde erwartet, dass die UNDAF das Ergebnis einer gemeinsamen Arbeit von VN-System und nationaler Regierung sein würde. Im Falle Chinas dachten viele, dass es unmöglich sein würde, die nationale Regierung zur Beteiligung zu motivieren. Auch die Kontakte unter den Vertretern der VN waren nur sporadisch und oberflächlich, so erschien die Situation ziemlich aussichtslos. Dennoch beschloss ich, als *Resident Coordinator* einen Versuch zu unternehmen.

Erwartungsgemäß waren meine VN-Kollegen skeptisch, als ich eine erste Runde von Kontaktaufnahmen startete. Aber dann kam Hilfe von zwei Seiten. Zum einen machte der Generalsekretär im April 1998 einen offiziellen Besuch in China. In einem Treffen mit allen VN-Vertretern unterstützte er den Vorschlag, eine CCA und ein UNDAF zu erarbeiten. Zum damaligen Zeitpunkt war die Erstellung von CCA/UNDAF noch ein freiwilliges Vorhaben. Somit hatten wir einen gewissen Spielraum dahingehend, wie wir den Prozess gestalten wollten. In meinen anfänglichen Gesprächen mit Vertretern anderer Entwicklungsorganisationen wurde deutlich, dass auch sie mit der Setzung von Prioritäten Schwierigkeiten hatten. Daher begrüßten sie unsere Initiative, die auch für sie von Nutzen sein konnte. Darüber hinaus würde es uns möglich werden, Klarheit darüber zu bekommen, wo und wie die VN von besonderer Bedeutung für China war und wo unser vergleichbarer Vorteil gegenüber anderen Partnern der chinesischen Behörden lag.

Der zweite hilfreiche Umstand war, dass ein neuer UNICEF-Vertreter seine Stelle antrat, der Anfang der 80er Jahre schon einmal für UNICEF in China gewesen war und jetzt aus New York kam, wo er aktiv an der Erarbeitung der Richtlinien für die CCA/UNDAF beteiligt gewesen war. Er brachte viel Erfahrung sowie die Bereitschaft mit, den Prozess in China zu starten. Für den Erfolg eines Länderteams ist ein gutes Arbeitsverhältnis zwischen UNDP und UNICEF unerlässlich – dafür hatten wir Anfang 1998 in China sehr gute Karten in der Hand.

Wir begannen mit einer Klausur aller VN-Vertreter in China, um zu einem gemeinsamen Verständnis zu kommen, welches die Herausforderungen für China zur damaligen Zeit waren und welche davon für eine Zusammenarbeit mit dem VN-Entwicklungssystem als geeignet erschienen. Wir erstellten eine lange Liste von Herausforderungen, die wir dann auf 10 Probleme konzentrierten. Diese reichten von sozial gleichberechtigter Entwicklung, Verbesserung der Ernährung über die Stärkung des Binnenmarktes, eine verbesserte Umweltpolitik und Urbanisierung, die Verringerung der Arbeitslosigkeit hin zur Stärkung des Rechtsstaates und der Eindämmung der HIV/AIDS-Epidemie. Hinzu kamen dann noch die Umsetzung internationaler Konventionen, die China ratifiziert hatte, und eine verstärkte internationale Zusammenarbeit mit Entwicklungsländern. Angesichts unserer beschränkten finanziellen Mittel war die Liste immer noch zu lang, aber wir kamen überein, 10 Arbeitsgruppen zu bilden, um zusätzliche Informationen und Daten zu diesen Problembereichen zusammenzutragen und uns eine entwicklungspolitische Analyse nach 6 Monaten vorzulegen. Mit dem Ergebnis dieser Arbeitsgruppen würden wir dann 3 Ziele und mehrere Unterziele für die UNDAF festhalten, die sich in den Programmen der beteiligten VN-Organisationen widerspiegeln sollten.

Ein zusätzliches Ergebnis unserer Klausur war, dass wir alle sahen, dass eine Reihe der laufenden Projekte beendet werden und wir neue Initiativen mit neuen nationalen Partnern suchen mussten. Der bevorstehende Widerstand unserer bisherigen Partner war uns sehr wohl klar, aber die Möglichkeit, strategisch relevante Probleme anzugehen, erschien uns ebenso notwendig. Wir hatten so für uns alle über den Sinn und Zweck unserer Arbeit in China ein besseres Verständnis gefunden, und wir veränderten schlagartig unsere Beziehungen zueinander, die sehr viel kollegialer wurden. Wir verstanden, dass wir nur mit gut koordinierten Programmen verstärkten Einfluss auf chinesische Politik und nationale Programme gewinnen würden.

## Die Erneuerung UNDPs in China

Nachdem der CCA/UNDAF-Prozess eingeleitet worden war, konnte ich mich nun UNDP und seinem Programm zuwenden. In den ersten Tagen hatte ich systematisch alle Mitarbeiter, international und national, zu einer Besprechung in mein Büro gebeten. Das war schon eine bisher ungewöhnliche Aktion, denn viele waren weder im direkten Kontakt mit meinen Vorgängern noch jemals in ihrem Büro gewesen. Durch die Gespräche erfuhr ich, was jeder machte, und bekam eine Vorstellung vom Potential der einzelnen Mitarbeiter. Denn eines war leider ziemlich klar: Wenn wir uns in neue Richtungen bewegen wollten, dann mussten auch neue Fähigkeiten und Kenntnisse zur Verfügung stehen. Vieles kann man durch Schulung und Fortbildung vermitteln, aber nicht alles. Die Voraussetzungen waren gute Sprachkenntnisse in Englisch und Lernwilligkeit. Leider wurde deutlich, dass nicht alle diese Voraussetzungen erfüllten.

Bisher war es nötig, UNDPs Regeln und Richtlinien gut zu kennen und anzuwenden. Das würde natürlich auch in Zukunft noch wichtig sein. Aber zusätzlich brauchte ich Mitarbeiter, die bereit waren, sich in neue Arbeitsgebiete einzuarbeiten und unseren Aktivitäten größere Sichtbarkeit zu geben, um neue Finanzierungsquellen zu erschließen. In der Vergangenheit wurden Projekte und Programme zwischen dem Führungspersonal des Büros und der Regierung ausgehandelt. In Zukunft brauchte ich Mitarbeiter, die sich ergebende Möglichkeiten sahen und mit mir und meinen beiden Stellvertretern darüber diskutieren konnten, ob und, wenn ja, wie wir diese Möglichkeiten nutzen konnten. Diese neuen Aufgaben erforderten in stärkerem Maße andere Fähigkeiten als bisher. So waren diese anfänglichen Gespräche »bittersüße Erfahrungen«. 12 von den 72 Mitarbeitern waren noch aus meiner ersten Zeit in China da, und es war wunderbar zu sehen, dass sie sich professionell weiterentwickelt hatten, aber nicht alle würden den neuen Aufgaben gewachsen sein. Ich merkte mir im Stillen, wer wo eventuell eingesetzt werden könnte. Ich war immer der Überzeugung, dass die richtigen Mitarbeiter an der richtigen Stelle eingesetzt von unschätzbarem Wert sind. Die Situation derjenigen, die wir dann gehen lassen mussten, wurde sehr sorgfältig analysiert, und es wurde ihnen Hilfe angeboten, um eine lange Arbeitslosigkeit zu vermeiden.

Aber wir konnten nicht einfach chinesische Mitarbeiter entlassen. Die meisten waren von der Regierung ernannt und uns zugewiesen worden. Im Grunde wäre es für uns ein leichtes gewesen, diese Mitarbeiter zurückzuschicken, aber dies ging nur, wenn wir einen Ersatz annahmen. Das wollten wir aber nicht. Wir wollten neue Mitarbeiter nach unseren Personalbedingungen einstellen. In China begann gerade erst das Zeitalter der direkten Rekrutierung von nationalen Mitarbeitern auf der Basis von Stellenausschreibungen und Auswahl aus einer Reihe von Kandidat/innen. Wir wollten diese Neuerungen auch für uns anwenden.

Damals erschien mir die chinesische Seite sehr schwerfällig und zögerlich. Im Nachhinein muss ich sagen, dass die Sorgfalt, mit der die chinesischen Regierungsstellen Notlagen unserer Mitarbeiter zu minimieren suchte, angebracht war. Viele Mitarbeiter wurden entlassen und fanden nicht schnell wieder eine Anstellung. In manchen Familien verloren sowohl der Ehemann wie auch die Ehefrau ihren Job. Das waren zum Teil sehr harte Zeiten für diese Familien.

Wir hatten am Ende dieses Umwandlungsprozesses der Anstellung von nationalen Mitarbeitern ein dreigeteiltes System, das weniger im Interesse der Organisation als im Interesse der Angestellten war. Ältere Mitarbeiter blieben bis zu ihrer Pensionierung im Staatsdienst, wir bezahlten der Regierung neben dem Gehalt, das direkt an die Mitarbeiter ging, eine administrative Gebühr, die die Beiträge zur chinesischen Sozialversicherung und die Kosten für die Lohnsteuer abdecken sollten. Jüngere langjährige Mitarbeiter konnten wählen und aus dem Staatsdienst ausscheiden, dafür einen UNDP-Vertrag bekommen. Neue Mitarbeiter wurden direkt rekrutiert und hatten UNDP-Verträge. Auch für diese beiden Kategorien zahlten wir eine geringe Verwaltungsgebühr, deren Verwendung uns aber nie aufgeschlüsselt wurde.

Wir hatten somit erreicht, was wir wollten. Wir konnten auf dem Arbeitsmarkt frei wählen und Mitarbeiter einstellen, die unseren Ansprüchen entsprachen. Allerdings waren wir nun auch nicht mehr gefeit gegen die Unstetigkeit vieler junger, gut ausgebildeter Chinesen/innen, die von einem Job zum anderen sprangen, ohne Kündigungsfristen einzuhalten. Aber nach einer gewissen Zeit hatten wir unseren Personalstand konsolidiert, von 72 schrumpften wir auf 50 Mitarbeiter. Nun konnte ich mich den Aufgaben zuwenden, die mir am liebsten waren: Erneuerung des Programmes und dessen Wachstum.

## Erster Schritt: Wachstum des Programms

Eine schnelle Ausdehnung unseres Programms bot sich mit unseren Projektvorschlägen zur Finanzierung durch die *Global Environmental Facility* (GEF).[40] Als ich nach China kam, waren etwa 8 Projekte formuliert und fertig für den Begutachtungs- und Genehmigungsvorgang. Mir war die Thematik des Klima-

---

40  Für mehr Information siehe www.thegef.org

wandels und der Erhaltung der Artenvielfalt (Biodiversität) allerdings fachlich neu. Darüber hinaus musste sichergestellt sein, dass die grundsätzliche Finanzierung eines Projektes gesichert war, da GEF nur die *incremental costs* übernehmen konnte.[41] Wenn ich die fachlichen Aspekte auch meinen Mitarbeitern und nationalen und internationalen Experten überlassen musste, so konnte ich doch den Prozess im Ganzen aufgrund meiner Erfahrung beschleunigen. Ich stellte also die Auswahl der Projekte nicht infrage, sondern konzentrierte mich darauf, dass wir sie zur nächsten Phase, der Durchführung, brachten. GEF genehmigte neue Projekte nur einmal im Vierteljahr. Und so machte ich Druck, dass wir in jedem Quartal wenigstens ein Projekt genehmigt bekamen. Es half, dass ich von der Notwendigkeit eines jeden Projektes überzeugt war. Denn Chinas Ergebnisse in Sachen Kontrolle der Luftverschmutzung, Entsorgung von industriellem Müll oder Erhaltung von Sumpf- und Küstengebieten waren ziemlich schwach. Um Auswirkungen für eine verbesserte globale Situation haben zu können, mussten diese Projekte auch ein gewisses Volumen haben. Auf diese Weise füllte sich unser Portfolio an Projekten mit einem finanziellen Volumen von mehreren Millionen US-Dollar relativ schnell. Es gab andere Umweltbereiche, wie zum Beispiel die Verschmutzung von Seen und Flüssen, die allerdings unsere und GEFs Ressourcen überstiegen. Diese Projekte überließen wir der Weltbank und der Asiatischen Entwicklungsbank. Wir begleiteten deren Projekte nur mit 2 kleinen Projekten der technischen Hilfe, die sich mit der Messung von Wasserqualität und dem Management städtischer Wasserversorgung beschäftigten.

## Die Steigerung der Effektivität des UNDP-Programms

Nachdem die GEF-Projekte auf den Weg gebracht worden waren, konnte ich mich einem weiteren Teil des Programms zuwenden, das mit UNDP-Finanzierung schon in der Implementierungsphase war: Armutsbekämpfung auf dem Lande. Mein Vorgänger hatte die nicht leichte Aufgabe erfolgreich gelöst, eine Reihe von Projekten gegen die bürokratischen Widerstände der Zentralregie-

---

41  Es war nicht immer leicht, diese *incremental costs* zu bestimmen. Konzeptionell hieß dies, GEF finanzierte die Kosten, die zum Beispiel in einem Projekt im Bereich Klimawandel als notwendig und erfolgversprechend für die Verbesserung der globalen Situation identifiziert worden waren.

rung durchzusetzen, und hinterließ mir Projekte in den ärmsten Gegenden Chinas, in Sechuan, Xinjiang und Tibet.

Es musste jetzt darum gehen, die große Zahl an lokalen Einzelinterventionen zu bündeln, um so Kosten zu senken und Synergien zu erzeugen. Alle Projekte hatten ähnliche, wenn nicht gar gleiche Elemente – trotz der lokalen Unterschiede. Um ein Umdenken in Gang zu bringen, organisierte ich eine Evaluation, die dann in entsprechende Vorschläge münden sollte. So fassten wir alle Ausbildungsmaßnahmen in einem Projekt zusammen. Zunächst waren unsere Partner in der Zentralregierung gegen diese Umstrukturierung, als ich aber klar machte, dass Einsparungen nicht für andere Zwecke verwendet werden sollten als für die Ausbildung derer, die in der Armutsbekämpfung arbeiteten, willigten sie schließlich ein. Tatsächlich konnten wir eine sehr viel größere Anzahl von Seminaren für die lokalen Kader finanzieren.

Diese Bündelung hatte noch einen zusätzlichen Vorteil. Bisher fühlten sich diejenigen, die sich um eine Verringerung der ländlichen Armut bemühten, isoliert – und das in einem Land, wo viele schnell reich wurden und völlig andere Ziele verfolgten als sie selbst. Unser Ausbildungsprojekt brachte sie nun öfter mit anderen Chinesen zusammen, die sich mit ähnlichen Problemen abmühten. Darüber hinaus verstanden sie sehr viel besser, dass sie Teil eines nationalen Programms waren. Dessen Ziel war es, in 7 Jahren (1994–2000) 80 Millionen Chinesen aus der größten ländlichen Armut zu befreien.

War es anfangs schwierig, diesen Teil des Programms effektiver zu machen, so forderte uns ein anderes Problem noch viel stärker heraus. Alle unsere Projekte hatten eine Komponente für die Vergabe von Kleinkrediten an die armen Familien. Das VN-System und einige US-amerikanische Stiftungen hatten diese Form der Armutsbekämpfung in China eingeführt. Das chinesische Programm sah Hilfe für private Haushalte zunächst nicht vor, sondern nur Hilfe für arme Landkreise. Aber nach den ersten Erfolgen übernahm auch die Regierung ein System von Kleinkrediten in ihr nationales Programm und verfügte, dass jeder Kredit mit einem Zinssatz von 3 Prozent zu vergeben sei. Wir waren der Meinung, dass dieser Zinssatz zu niedrig war, um die Vergabe von Kleinkrediten nachhaltig zu machen. Wir plädierten für 12 Prozent. Das war zwar auch noch nicht kostendeckend, vor allem nicht in der Anfangsphase, aber sehr vielversprechend. Banken liehen Geld zu einem Zins von 8 Prozent, und lokale Kreditgeber zu Zinsen bis zu 200 Prozent. Wir waren der Ansicht, dass es den erfolgreichen ländlichen Kreditnehmern den Schritt zu einem größeren Bankdarlehen leichter machen würde, wenn sie vorher schon einmal einen Kredit zu 12 Prozent zurückgezahlt hatten. Vor allem waren wir daran interessiert, dass die Kredite mit sehr viel höheren Zinssätzen, die private Geldgeber den Bauern gaben, überflüssig wurden. Aber wir konnten das Büro für Armutsbekämpfung unter dem Staatsrat nicht überzeugen. Andere Kollegen hatten deshalb aufgegeben, ich suchte aber weiterhin nach einer Möglichkeit. Diese bot sich in einem verwandten, aber anderen Zusammenhang. Unsere Transaktionskosten für die Armutsprojekte waren sehr hoch. Wir transferierten die Gelder an die Zentralverwaltung, diese dann an die Verwaltung auf der Provinzebene. Von dort gingen die Gelder an die Landkreise und anschließend erst in die Dörfer und in unsere Projekte auf der lokalen Ebene. Abgesehen davon, dass dies ein langwieriger Prozess war und die Gelder oft verspätet ankamen, war es auch teuer. Jede Verwaltungsebene erhob eine 2–3-prozentige Verwaltungsgebühr. Mit anderen Worten: etwa 10–12 Prozent kamen bei der Zielgruppe gar nicht an. Ich war empört, mir wurde gesagt, nur die Zentralbank könne dies ändern. Also bat ich um einen Termin mit einem der stellvertretenden Gouverneure der Zentralbank, um mit ihm die Sache zu besprechen.

Zu Beginn unseres Treffens erwähnte ich zunächst die Transaktionskosten. Nach einigem Zögern stimmte er zu und ordnete an, dass UNDP die Gelder für die Kleinkredite an unsere Partnerorganisation in der Zentralregierung überweisen solle und diese dann direkt an das lokale Projektmanagement. Somit waren 3 Zwischenstationen ausgeschaltet und die Gebühren drastisch reduziert.

Dann nahm ich die Gelegenheit wahr und erwähnte die Frage des Zinssatzes für Kleinkredite. Hier war der Gouverneur sehr viel schneller bereit, eine Entscheidung zu fällen. Er teilte dem nationalen Büro für Armutsbekämpfung mit, dass UNDP einen höheren Zinssatz erheben könne, wenn es dies wünsche. Allerdings blieb für Kleinkredite aus nationalen Mitteln der Zinssatz bei 3 Prozent bestehen. Interessanterweise wurden unsere Kredite nach dieser Entscheidung öfter nachgefragt als vorher. Ich erfuhr nie genau, wieso dies so war. Aber ich vermutete, dass die Kredite nun freizügiger angeboten wurden, da Kosten und Arbeitsaufwand für die lokalen Manager in einem besseren Verhältnis standen. Unsere Kredite konnten nun schneller und kostengünstiger bearbeitet werden, und die lokalen Manager griffen auf die nationalen Kredite nur zurück, wenn Anträge die dort formulierten Kriterien erfüllten, die restriktiver waren als unsere. Auf alle Fälle hatten wir eine Win-Win-Lösung für unsere Zielgruppe gefunden.

Im Laufe der Zeit besuchte ich viele Armutsbekämpfungsprojekte in China. Unweigerlich mussten wir die letzten Kilometer zu Fuß gehen, da keine Fahrstraße für Autos bestand. Umso ermutigender war es, die Teilnehmer/innen unserer Projekte zu treffen. Viele Male hatte ein Kleinkredit von umgerechnet 100 US-Dollar die Einkommenssituation einer ganzen Familie grundlegend verbessert. Beschämt war ich dann oft bei dem Gedanken, wie leicht ich 100 US-Dollar für etwas weniger Wichtiges ausgab. Aber der Erfolg dieser Kleinkredite verbunden mit technischer Hilfe war erstaunlich. Die meisten Empfänger waren übrigens Frauen. UNDP hatte dies nicht so geplant. Aber den Männern waren die Kreditsummen zu klein, um sich zu bewerben. Allerdings kamen sie immer anstelle ihrer Frauen zu den Ausbildungsseminaren. Es brauchte einige Anstrengung, um die Männer abzuhalten und stattdessen die Frauen für die Teilnahme an diesen Seminaren zu mobilisieren. Die Männer kamen aber nicht, um Neues zu lernen, sondern um eine bezahlte Reise in die nächstliegende Stadt zu bekommen. Wir organisierten dann die Teilnahme so, dass sowohl der Transport wie auch die Unterbringung und das Essen von der Projektleitung direkt bezahlt wurde und die Teilnehmerinnen nur noch ein Taschengeld bekamen. Den Frauen war dies recht, den Männern zu wenig. Aber so hatten wir unser Problem gelöst.

Immer wieder erlebte ich, dass Intelligenz und unternehmerisches Talent unabhängig vom Niveau der schulischen Ausbildung waren. Oft waren unsere erfolgreichsten Teilnehmerinnen Analphabeten, nichtsdestotrotz erreichten sie große Gewinne mit ihrem ideenreichen Einsatz. So investierte etwa eine Frau ihre Gewinne in die Installation eines Telefons, das sie dazu nutzte, die Preise für ihre Produkte auf dem nächstliegenden städtischen Marktplatz zu erfragen. Mit dieser Information konnte sie dann mit den Zwischenhändlern Preise aushandeln, die für sie und andere Produzenten in ihrem Dorf günstiger waren.

Auch hier fand ich wieder, was ich bereits in Malawi beobachtet hatte. Die Projekte waren alle unterfinanziert, um nachhaltig erfolgreich zu sein. In einem Projekt im südlichen Xinjiang sah ich, dass die Gelder effektiv auf einer revolvierenden Basis eingesetzt wurden. Aber mit dem Tempo würde es 30 Jahren dauern, bis alle bedürftigen Haushalte in diesem einen Landkreis erreicht wären. China würde in demselben Zeitraum sein Bruttoinlandsprodukt voraussichtlich verdreifachen. Eine ernüchternde Gegenüberstellung!

## CCA/UNDAF werden Wirklichkeit

Sehr viel später als geplant hatten wir endlich einen ersten Entwurf des *Common Country Assessment* (CCA). Die Arbeit der 10 Gruppen hatte einen sehr rohen Entwurf erstellt, der uns einige neue und wichtige Einblicke in die Lage Chinas vermittelte. Nach einigen Diskussionen im Länderteam beschlossen wir, diesen Entwurf einem größeren Kreis von Gebern vorzulegen. Das Ergebnis dieser ersten Konsultation war für uns alle ein Weckruf. Erstens stellten wir fest, dass es einfach war, Probleme zu benennen. Es war allerdings sehr viel komplizierter, sie zu verstehen und Ansatzpunkte für eine Lösung zu finden. Zweitens konstatierten wir, dass sich die chinesische Regierung nicht nur dieser Probleme bewusst war, sondern auch schon daran arbeitete. Drittens fanden andere Geber unseren Prozess nützlich für ihre eigene Arbeit. Die Reichweite des VN-Systems war größer als ihre, so konnten sie auf unserer Einschätzung aufbauen und wenn nötig die Analyse im Rahmen ihrer eigenen Programme vertiefen. Zum ersten Mal hatten wir auch nationale und internationale NGOs zu diesen Konsultationen eingeladen. Sie wussten unsere Einladung zu schätzen, waren aber auch etwas überwältigt von der Komplexität der Lage. Trotzdem hatten wir ein Signal dahingehend gesetzt, dass Regierung und NGOs zusammenarbeiten können, selbst in China.

Das Länderteam und ich als *Resident Coordinator* waren erleichtert. Der Prozess war nicht immer glatt gelaufen, und mehr als einmal sah es so aus, dass wir es nicht schaffen würden. Trotz unserer großen intellektuellen Kapazität – wir hatten etwa 100 Mitarbeiter mit MA-Abschluss oder Doktortitel – fanden es unsere Arbeitsgruppen schwierig, die Daten zu sammeln, zu analysieren und in einer verständlichen Weise die sozialen und wirtschaftlichen Herausforderungen zu formulieren.[42] Viele unserer Mitarbeiter beklagten sich immer darüber, dass sie ihre Kapazität nur begrenzt in der täglichen Arbeit einsetzen könnten. So war die CCA für uns Manager und das betroffene Personal auch

---

[42] Die Weltbank wird deshalb immer als überlegen angesehen. Es stimmt selbstverständlich, dass die WB viele sehr nützliche Studien vorlegt. Aber sie folgt einem spezifischen wirtschaftpolitischen Kanon (Neoliberalismus zur damaligen Zeit) und behandelt soziale Probleme nur soweit, wie sie wirtschaftliches Wachstum verhindern. Die VN dagegen arbeiten mit einem Menschenrechtsansatz, der in vielen Situationen nur schwer zu konkreten wirtschaftspolitischen und sozialen Empfehlungen geführt werden kann, da das politische Interesse daran nicht gegeben ist.

eine Ermahnung, dass die Arbeit bei den VN mehr bedeuten musste, als Treffen, Seminare und das Programm für offizielle Besucher zu organisieren. Davon würde immer genug bleiben, aber wir mussten uns auch wieder mehr den sachlichen Herausforderungen stellen, diese fachlich aufarbeiten und in entsprechenden Kooperationsprogrammen umsetzen.

Wir gewannen noch eine weitere Erkenntnis: Obwohl wir 4 Monate länger gebraucht hatten für die CCA, floss uns die anschließende Formulierung des *UN Development Assistance Frameworks* (UNDAF) viel schneller aufs Papier, und wir legten das Endergebnis zum gewünschten Zeitpunkt vor. Die daraus zu lernende Lektion war, dass eine solide Ist-Analyse die Formulierung eines *business plans* wie die UNDAF beschleunigte. In der Vergangenheit waren Projekte und Programme für die entwicklungspolitische Zusammenarbeit auf der Basis von konkretem Bedarf genehmigt worden. Eine Analyse der gesamten Situation führte stärker dazu, Projekte in den Rahmen internationaler wie auch nationaler Politik einzuordnen. Wir erlebten so aus erster Hand den Paradigmenwechsel, der sich damals international vollzog. Unsere Ziele für den Zeitraum 2001–2006 waren nun festgelegt, und alle VN-Organisationen verpflichteten sich, ihre Programme diesen Zielen zuzuordnen. Als Ziele hatten wir festgelegt:

- Die Förderung nachhaltiger Entwicklung verbunden mit einer Verringerung sozialer und anderer Disparitäten
- Die Unterstützung von vielversprechenden Bedingungen für den nationalen Reform- und Entwicklungsprozess
- Die Unterstützung Chinas in der Erreichung globaler Ziele und internationaler Zusammenarbeit

Wir hatten auch als nationale Teilnehmer in den Arbeitsgruppen jüngere Mitarbeiter der staatlichen Planungskommission, die an den Vorbereitungen des nächsten Fünfjahresplanes (2001 – 2006) beteiligt waren. Später, nachdem der Plan verabschiedet worden war, sagten sie mir, dass ihre Beteiligung am CCA/UNDAF-Prozess ihre Arbeit um Vieles erleichtert hätte. So hatten wir auf eine diskrete Art und Weise auch die Formulierung des nationalen Entwicklungsrahmens beeinflusst.

Das UNDAF-Dokument wurde ohne große Verzögerung von der Regierung unterschrieben, auch der Vertreter der Weltbank und des IWFs gaben ihre Unterschrift. Wir hatten die China-UNDAF kurz vor dem VN-Gipfel im September 2000 beendet, auf dem die Millenniumsdeklaration verabschiedet wurde. Und obwohl es zu dem Zeitpunkt noch keine ausformulierten Millenniumsziele (MDGs) gab, hatten wir doch mehrere antizipiert.[43] Wir wollten uns im Zeitraum 2001–2006 auf die Bekämpfung von Armut und Hunger/Unter-bzw. Fehlernährung konzentrieren; wir wollten uns der Gleichstellung der Frau annehmen und uns um die Situation der Kinder und der schnell wachsenden Zahl der Älteren in der Gesellschaft kümmern. Darüber hinaus standen Fragen des Umweltschutzes und der erfolgreichen Maßnahmen gegen Epidemien, wie die rapide Ausbreitung des Virus, der AIDS verursachte, ganz oben auf unserer Agenda.

## HIV/AIDS und SARS – das Versagen des öffentlichen Gesundheitswesens

Schon Anfang der 80er Jahre beobachteten wir mit Sorge den Zerfall der Gesundheitsversorgung, insbesondere auf dem Lande. Als die ländlichen Kommunen aufgelöst wurden, wurden als allererstes Schulen und Gesundheitseinrichtungen abgebaut, da die staatlichen Instanzen keine Budgets dafür hatten und die Bauern privat dafür nicht aufkommen wollten, auch nicht auf der Basis von Kooperativen. So blieben im Gesundheitswesen nur staatliche Krankenhäuser erhalten, die sich meistens auf der Kreisebene befanden, daneben gab es einige Barfußdoktoren, die freiwillig unter großen Schwierigkeiten weitermachten. Bei meinem zweiten Aufenthalt in China konnte man die kleinen Behandlungskoffer eines Barfußdoktors auf dem Trödel in Beijing für wenige Yuan kaufen. Es war ein trauriges Ende für eine beispiellose, kostengünstige medizinische Grundversorgung auf dem Lande.

Nur wenige Jahre später sah man die verheerenden Konsequenzen dieser verfehlten Politik. 1985 wurde die erste HIV/AIDS-Infektion registriert. Ein chinesischer Tourist, der aus Südostasien zurückgekommen war, war positiv getestet worden. Seitdem findet man Menschen mit dieser Virusinfektion in

---

43  Die acht Ziele lauteten: 1. Kampf gegen Armut und Hunger, 2. Erreichung universeller Grundschulausbildung, 3. Förderung der Gleichstellung und Bevollmächtigung der Frauen, 4. Verringerung der Kindersterblichkeit, 5. Verbesserung der mütterlichen Gesundheit, 6. Kampf gegen HIV/AIDS, Malaria und andere Krankheiten, 7. Ökologische Nachhaltigkeit, 8. Globale Partnerschaft für die Entwicklung.

ganz China, insbesondere entlang der Routen des Drogenhandels durch China, von Zentralasien nach Japan und darüber hinaus. Zusätzlich wurden in den ländlichen Gegenden aus Mangel an sauberen Nadeln viele Menschen bei Blutspendekampagnen infiziert. In den Städten verbreitete sich der Virus rapide über sexuelle Promiskuität und Prostitution. Zwar waren Ende der 90er Jahre die Zahlen der Infizierten noch niedrig, trotzdem wurde die jährliche Infektionsrate von unseren Kollegen bei UNAIDS[44] auf 20 Prozent geschätzt. Dem Gesundheitsministerium waren die Zahlen bekannt und sie kannten auch die Risikogruppen. Aber sie wussten nicht, wie sie über die Epidemie in der Öffentlichkeit informieren sollten. Denn eine solche Aktion würde einem öffentlichen Offenbarungseid dahingehend gleichkommen, dass es illegale Aktivitäten gab wie den Gebrauch von Drogen oder Prostitution.

Der Generalsekretär, Kofi Annan, hatte den Kampf gegen AIDS seit den späten 90er Jahren zu einer der höchsten Prioritäten des VN-Systems gemacht, die MDGs enthielten diesen Kampf zusammen mit dem Kampf gegen Malaria und Tuberkulose als 6. Ziel von 8. Der Generalsekretär verpflichtete alle Länderteams dazu, die Situation zu beobachten und den Regierungen zu helfen, die Weiterverbreitung des Virus einzudämmen. Wir richteten deshalb in China eine UN-HIV/AIDS-Arbeitsgruppe ein, die sich dem Thema widmen und Vorschläge für unser kollektives Vorgehen machen sollte. Während des ersten Jahres wurden die Daten gesammelt. Dann legte uns die Arbeitsgruppe einen Bericht vor, der eine erschreckende Situation zeigte. Besonders die Leugnung der Epidemie auf Provinzebene war entmutigend. Darum baten wir Kofi Annan bei seinem jährlichen Besuch in Beijing im Herbst 2001, die Lage in seinem Gespräch mit dem Staatspräsidenten zu erwähnen. Aber Präsident Jiang Zemin sah die Gefahr damals als eine an, die nur Afrika betraf. Ich hatte gehofft, dass der Präsident im Nachgang zu diesem Gespräch das Gesundheitsministerium um Aufklärung bitten würde. Aber allen Anzeichen nach passierte dies nicht.

So beschlossen wir als VN-Länderteam den Bericht unserer Arbeitsgruppe, nach Rücksprache mit dem nationalen Gesundheitsministerium, unter dem Titel *HIV/AIDS: China's Titanic Peril* im Juni 2002 der nationalen und internationalen Presse vorzustellen. Ich scheute mich stets davor, solche Pressebrie-

---

44   1996 bildeten mehrere VN-Organisationen ein Konsortium mit einem Sekretariat in Genf, um die Aktionen gegen die Epidemie zu koordinieren und den *Resident Coordinators* einen Berater zur Seite zu stellen.

fings zu unternehmen, denn die Gefahr, dass unsere Ab- und Ansichten falsch wiedergegeben wurden, war immer sehr groß. Unserer Einladung folgten etwa 200 Journalisten. Aber nur ausländische Korrespondenten stellten Fragen. Ein Vertreter des Gesundheitsministeriums beschwerte sich lediglich über den Titel unseres Berichtes, zum Inhalt sagte er nichts. Die öffentliche Vorstellung unseres Berichtes fand zur selben Zeit wie die internationale HIV/AIDS-Konferenz in Barcelona statt, an der der chinesische Gesundheitsminister und einige der Führungskräfte des Ministeriums teilnahmen. Der Minister war leider sehr schlecht auf alle Fragen zu unserem Bericht vorbereitet. Denn im Gegensatz zu den Versicherungen, die wir erhalten hatten, war der Minister nicht rechtzeitig von seinen Mitarbeitern informiert worden und damit in Unkenntnis unserer Pläne und auch mit den Fakten nicht vertraut.

Es folgten einige Tage, die große Anforderungen an uns stellten. Die internationale Presse bombardierte uns mit Fragen und wollte, dass wir die fehlenden Aktionen der Regierung kritisieren. Wir wichen aus, da für uns die Kritik nicht im Vordergrund stand, sondern das Finden von Lösungen. Trotzdem fand der Bericht ein lautes Echo in der internationalen Presse. Im Gegensatz dazu blieben die nationalen Medien schweigsam. Unsere Kollegen von UNAIDS und WHO in Genf fragten uns nervös, warum wir die chinesische Regierung so provozierten. Auf der anderen Seite schätzte das VN-Sekretariat in Genf unsere Initiative und fragte in New Delhi an, wann das dortige Team einen ähnlichen Bericht vorlegen würde.

Die Aufregung flaute mit der Zeit ab. Nach seiner Rückkehr aus Barcelona lud der Minister mich und einige Kollegen zu einem Dinner ein, um mit uns über die HIV/AIDS-Situation und unsere Empfehlungen zu diskutieren. Leider war die Diskussion enttäuschend. Denn wie auch bei anderen Gelegenheiten musste ich erleben, dass sich chinesische Politiker an die Zahlen klammern, wenn sie nicht so recht wissen, was konkret gemacht werden soll. Für uns waren die Stigmatisierung, Diskriminierung und die verpfuschten Blutspendeaktionen die wirkliche Herausforderung – die Zahlen waren die symptomatischen Zeichen dieser Probleme. Einige Monate später berief das Ministerium dann endlich eine Geberkonferenz ein, um zu einer allseits akzeptierten Strategie im Kampf gegen AIDS zu gelangen und um Gelder einzuwerben. Auch der Staatspräsident gab uns zu verstehen, dass er sich mit der Situation auseinandergesetzt hatte. Als Kofi Annan im Oktober 2002 zu seinem nächsten Besuch kam, griff Präsident Jiang Zemin das Thema von sich aus auf. Während der

Dolmetscher seine Worte übersetzte, sah mich der Präsident neugierig an. Ich glaube, er dachte: Wer ist diese Ausländerin, die mich zwingt, über etwas zu sprechen, von dem ich nichts verstehe. Trotzdem: Wir hatten den Durchbruch geschafft. Als im darauffolgenden Jahr eine neue Führung die Regierung des Landes übernahm, waren einige der ersten Amtshandlungen des neuen Ministerpräsidenten Besuche bei AIDS-Kranken, denen er demonstrativ vor laufenden TV-Kameras die Hand schüttelte, um damit der Diskriminierung und Stigmatisierung von AIDS-Infizierten entgegenzuwirken.

## SARS – Eine unbekannte, hoch ansteckende Krankheit

Falls wir gedacht hatten, HIV/AIDS war eine große und schwierige Herausforderung, so wussten wir nur ein halbes Jahr später, dass uns ein viel größerer Gesundheitsnotstand erwartete: SARS![45]

Im November/Dezember 2002 lasen wir in der internationalen Presse von einer hoch ansteckenden, mysteriösen Atemwegserkrankung, aufgetreten in der südlichen Küstenregion Guangdong. Die Gesundheitsbehörden und das medizinische Personal hatte allerdings allen Berichten zufolge die Krankheit unter Kontrolle gebracht. Aber Gerüchte verbreiteten sich, dass Erkrankungen in den Nachbarprovinzen und auch in Hongkong weiterhin auftraten. Ich flog Mitte Januar nach Hongkong, um dort einen Vortrag zu halten, und fand, dass das Leben normal verlief. Kaum war ich in Beijing zurück, rief New York an und wollte einen Bericht über die Lage. Ich begann mich also umzuhören und erfuhr, dass in der Tat eine Woche nach meinem Aufenthalt in Hongkong der dortige Flughafen geschlossen worden war und der Bevölkerung Restriktionen auferlegt wurden. Wir sahen dann auch im chinesischen Fernsehen Bilder vom stillgelegten Flughafen Hongkong.

Ich rief meinen Kollegen, der die WHO in China vertrat, an und fragte, was er wüsste. Die Auskunft, die er mir gab, war ziemlich beunruhigend. Die WHO hatte endlich Zugang zu den betroffenen Orten in Guangdong erhalten und dabei erfahren, dass die Krankheit von einem unbekannten Virus verursacht wurde, der über den Verzehr von Wildkatzen den Menschen befallen hatte. Ein Koch, der Wildkatzenfleisch in einem Restaurant verarbeitete, hatte überlebt,

---

45   SARS: Schweres Akutes (respiratorisches) Atemwegssyndrom

aber viele seiner Gäste oder andere, die ähnliche Mahlzeiten verzehrt hatten, starben. In Hongkong hatte ein Mann in einem Hotellift mehrere Menschen angesteckt, die dann die Krankheit unerkannt nach Kanada, Vietnam und in andere Länder getragen hatten. Anfang Februar wurden die ersten Fälle in Beijing bekannt. Aber das Ministerium reagierte nicht auf solche Nachrichten, die sich als Gerüchte wie ein Waldbrand verbreiteten. Der Vertreter der WHO führte deshalb tägliche Briefings für die Presse und das diplomatische Corps ein, da er die Flut der Einzelanfragen nicht mehr bewältigen konnte. Wir hatten unsere Lektion aus der AIDS-Situation gelernt – die Regierung offensichtlich nicht.

Mitte März gab die WHO in Genf eine erste Warnung heraus und riet von Reisen nach Beijing und anderen Orten ab. Daraufhin lud ich zu einer Sitzung des *Desaster Management Teams*[46] ein, an der alle VN-Organisationen, Geber und humanitäre Organisationen wie das Rote Kreuz teilnahmen, um zu vereinbaren, welche Organisation was, wann und wie machen könnte, um die chinesische Regierung zu unterstützen. Wir einigten uns schnell, dass Schutzkleidung für das medizinische Personal am dringendsten benötigt wurde, darüber hinaus eine bessere Kommunikation seitens der chinesischen Regierung, um erstens über den Stand der Epidemie zu informieren und zweitens über alles, was von ihnen unternommen wurde, um die Patienten zu behandeln und die Verbreitung zu unterbinden. Der geplante Regierungswechsel von Jiang Zemin/Zhu Rongji zu Hu Jintao/Wen Jiabao war problemlos vonstattengegangen, daher gingen wir davon aus, dass sich die neue Regierung schnellstens und sichtbar um diese Gesundheitskrise kümmern würde. Es war ein erster Test, in dem die neue Führung ihre Kraft zeigen konnte und musste. Der Gesundheitsminister wurde entlassen und die vorgesetzte Staatsrätin, Frau Wu Yi, übernahm das Amt. Der Bürgermeister von Beijing wurde ebenfalls gefeuert und sein Nachfolger aus Hainan geholt.

Zur gleichen Zeit wurde die Situation in Beijing dramatisch. Die Krankenhäuser waren überbelegt. Auch aus den Nachbarprovinzen kamen Patienten, die die Symptome von SARS zeigten. Allerdings war März/April auch Grippesaison in Nordchina, und die SARS-Symptome im Anfangsstadium sind denen einer Grippe sehr ähnlich. Es konnte nicht einmal ausgeschlossen werden, dass sich Menschen beim Warten in den Krankenhäusern ansteckten, da man nicht wusste, wie man die Patienten voneinander trennen konnte.

---

46  Dieses Team bestand de jure zu jeder Zeit und wurde dann aktiv, wenn es einen Notstand im Land gab.

Ich kam unter massiven Druck mit der Frage, ob die internationale VN-Gemeinschaft zu evakuieren sei. Kleinere Botschaften hatten dies schon getan. Aber die großen Botschaften, die EU und die Weltbank hatten keine Evakuierungspläne, somit widerstand ich dem Druck. Stattdessen sandte ich täglich eine E-Mail mit den neuesten Zahlen und Tipps, wie man sich schützen konnte. Dann schlossen die internationalen Schulen über die Frühjahrsferien, und wieder fragten viele VN-Familien, ob sie nicht evakuiert werden könnten. Ich konsultierte die Leiterin des VN-Medizinischen Dienstes in New York und wir kamen überein, dass wir Familien mit schulpflichtigen Kindern erlauben würden, für sechs Wochen China auf Kosten der VN-Organisationen verlassen zu können. Während New York zustimmte, waren die Organisationen in Genf dagegen. Also musste ich weiterverhandeln, bis alle VN-Organisationen zugestimmt hatten. Anfang April waren wir direkt betroffen. Ein Experte der ILO infizierte sich auf einem Flug von Bangkok nach Beijing. Während seine chinesischen Mitreisenden die Virusattacke überlebten, starb er. Wellen der Angst liefen durch die VN-Gemeinschaft und das diplomatische Corps. Die ILO-Kollegen gingen geschlossen in eine selbst verordnete Quarantäne, da mehrere mit dem Besucher in Kontakt gewesen waren. Trotzdem: Ich schloss unser Büro nicht, sondern überließ es jedem Einzelnen, ob sie/er ins Büro kommen wollte. Unsere nationalen Mitarbeiter waren sehr froh darüber, denn so stellte das Büro ein gewisses Schutzgebiet dar, in einer Stadt, die in Panikstimmung verfiel. Die Regierung veröffentlichte immer noch keine Zahlen, aber WHO und UNICEF publizierten nun täglich den aktuellen Stand und jeder konnte sehen, dass die Epidemie in vollem Gange war und Vorsichtsmaßnahmen geboten waren. Endlich gelang es dem Vertreter der WHO, die Stadtregierung und das Ministerium davon zu überzeugen, dass die Stadtregierung die Zahlen bekannt geben solle, die sie vom Ministerium erhielt. Dann erreichte er darüber hinaus, dass das städtische Koordinationsbüro tägliche Pressekonferenzen abhielt. Aber die chinesischen Beamten waren so unerfahren und ungeschickt, dass die Pressevertreter immer argwöhnten, dass Informationen zurückgehalten würden. Obwohl die WHO die Bemühungen der nationalen Stellen voll unterstützte, musste sie dennoch mit ihren Briefings fortfahren.

Diese Kommunikationsschwäche hatten wir schon früher erlebt, aber keinen Ansatz gefunden, wie wir damit umgehen sollten. Nun, da das »normale« Leben in der Stadt mehr oder weniger zum Erliegen kam, schöpfte ich Hoffnung. Ich hatte privat über eine Benefizveranstaltung für AIDS-Opfer einen französischen Experten kennengelernt, den ich ansprach. Seine Aufträge ruhten und er war gerne bereit – auch für ein sehr viel geringeres VN-Honorar –, das Koordinationsbüro der Beijinger Stadtverwaltung zu unterstützen. Allerdings mussten mehrere institutionelle Hürden genommen werden. Der Bürgermeister musste überzeugt werden. Er war etwas erstaunt bis amüsiert, als ich ihm den Vorschlag unterbreitete. Aber da wir alles organisieren und finanzieren würden, stimmte er zu. Nun musste ich meine Kollegen in New York dazu bringen, mir Geld für die Bezahlung dieses Experten zu bewilligen. Niemand hatte jemals von einer solchen Verwendung der Gelder in einer Notstandssituation gehört. Nach einigem Zögern erhielt ich die Zustimmung. Letztendlich musste ich noch den Verdacht der WHO ausräumen, dass UNDP oder ich als *UN Resident Coordinator* die Führungsrolle übernehmen wollte. Etwas, das nun wirklich nicht in unserem Interesse war. Ich schlug deshalb vor, dass der Experte offiziell dem Büro der WHO zugeordnet würde, dieses ihn dann an das chinesische Büro »auslieh«.

Wie so oft in China haben kleine Interventionen (in diesem Fall 30 000 US-Dollar) eine große Wirkung. Insgesamt gab es 9 Pressekonferenzen. Die erste war rau und unfreundlich auf beiden Seiten. Die letzte, nur wenige Wochen später, an der auch ich teilnahm, ließ die Journalisten und chinesischen Beamten miteinander freundliche Scherze austauschen, die ausländischen Journalisten bedankten sich für die nützlichen Informationen und lobten die Arbeit aller Beteiligten, die gegen die SARS-Epidemie kämpften. Aufgrund dieser positiven Erfahrung wollte die Beijinger Stadtverwaltung unsere Unterstützung auch für die Medienarbeit im Zusammenhang mit der Sommerolympiade 2008. Das lehnten wir aber ab. Aus unserer Sicht konnte die Stadt dafür die Experten selbst anheuern und bezahlen.

Die Wochen der SARS-Epidemie in Beijing von März bis Ende Juni 2003 waren eine seltsame Erfahrung. Einerseits hörten wir von tragischen Fällen, in denen ganze Familien hingerafft wurden. Andererseits nahm die Stadt in diesem sonnigen Frühjahr eine langsamere Gangart an. Die Menschen fuhren wieder Fahrrad, kramten ihre Badmintonschläger heraus und gingen wie in alten Zeiten in den Parks spazieren, spielten oder unternahmen Picknicks, statt in den Malls zu flanieren. Der internationale Tourismus war fast völlig zum Erliegen gekommen. Die Hotels waren leer. Der Verkehr nahm deutlich ab. Dörfer in der Umgebung von Beijing sperrten alle Besucher aus. Als ich an einem Wochenende einmal unbemerkt mit Freunden in ein Dorf in der Nähe der Ming-

Gräber gelangt war und wir dann sozusagen von der falschen Seite kamen, konnten wir den Wächter nicht von unserer Harmlosigkeit überzeugen. Aber er ließ uns wenigstens gehen.

Die Epidemie ging, wie sie gekommen war: leise und unbemerkt. Die Menschen beschlossen Anfang Juni, dass es genug sei, und so zog das Tempo wieder an. Die Straßen füllten sich mit neuen Autos und unerfahrenen Fahrern. Die Stadtverwaltung hatte den Beschluss gefasst, dass neue Autos sofort mit einer zeitlich begrenzten Fahrerlaubnis benutzt werden durften, um die Zahl derer, die sonst mit Bus und U-Bahn fuhren, zu reduzieren. Die Bürger nahmen dieses Angebot gerne wahr, so gab es schnell und vermehrt die berüchtigten Staus. Ende Mai fuhr ich mit meinem WHO-Kollegen in meinem privaten Auto durch Beijing, um ihm zu zeigen, wie das Leben pulsierte. Er hatte dafür noch keine Zeit gefunden. Aber die Krankenhäuser waren nach wie vor vollbelegt mit SARS-Patienten, wenn nun auch jeder überlebte. Trotzdem gab es immer wieder einmal neue Fälle. Erst Ende Juni konnte die WHO der Regierung zustimmen, dass die Epidemie vorbei sei, aber Vorsicht war immer noch geboten.

Der wirtschaftliche Schaden, den SARS angerichtet hatte, belief sich allein für Beijing auf mehrere Milliarden Dollar. Die Frage war, was konnte, was musste geschehen, um eine Wiederholung zu vermeiden? Ich wurde kurz nach dem Ende der SARS-Epidemie versetzt und wechselte zur WHO in Genf. Aber bevor ich zu einer Schilderung dieser Tätigkeit komme, möchte ich noch ein paar andere Aspekte meiner Arbeit in China erwähnen.

## Entwicklung des Rechtsstaates – eine neue Dimension für das UNDP-Programm

Das Ergebnis des CCA/UNDAF-Prozesses hatte noch einmal verdeutlicht, dass UNDP neue Partner suchen musste. Bisher hatte UNDP in erster Linie mit der Verwaltung und dem Parlament zusammengearbeitet. Es wurde Zeit, sich auch der Justiz zuzuwenden und die Rechtsstaatsbemühungen und Reformen im Rechtswesen zu unterstützen. Die Institutionen des Rechtswesens umfassten die Gerichte, die Staatsanwaltschaft, das Justizministerium und Rechtsanwälte sowie die Polizei. Zwar lehnte die Kommunistische Partei Chinas die im Westen übliche Gewaltenteilung ab, aber im Rechtswesen waren die Funktionen ähnlich aufgefächert, wobei den Staatsanwälten auch die Verantwortung zufiel, für das Funktionieren des Rechtssystems als Ganzes zu sorgen.

Viele ausländische Partner waren an der Stärkung des Rechtsstaates interessiert. Insbesondere ausländische Investoren übten starken Druck aus, da sie für ihre Investitionen Rechtssicherheit brauchten. Die prominentesten Rechtsfakultäten amerikanischer Universitäten bemühten sich, an den großen Universitäten in China Zentren aufzubauen, an denen eine gemeinsame Ausbildung stattfinden sollte. Dabei wurde völlig ignoriert, dass China viele Elemente des deutschen Rechtssystems übernommen hatte. Sowohl das Strafrecht wie auch das Bürgerliche Gesetzbuch wurden in weiten Teilen zur Gestaltung des modernen Rechtes in China benutzt.

Ich lehnte UNDP in erster Linie an die Arbeit des Büros der VN-Hohen Kommissarin für Menschenrechte an. Mary Robinson, die damalige Amtsinhaberin, kam häufig nach China, so konnte ich über sie und ihre Mitarbeiter die nötigen Kontakte knüpfen. Ich stellte auch einen chinesischen Juristen als meinen Berater ein, der in den Gesprächen sehr hilfreich war. Von meinem Vorgänger hatte ich 2 Projekte geerbt, einmal die Stärkung der Ausbildung am Obersten Gerichtshof Chinas, das aber auslief, und zweitens ein kleines Projekt zur Unterstützung der Rechtshilfezentren der Justizverwaltung, die kostenfrei Rechtsbeistand für Kläger und Klägerinnen zur Verfügung stellten, die sich keinen Rechtsanwalt leisten konnten. Das zweite Projekt war für mich immer ein gutes Beispiel, wie in konkreten Fällen die Menschenwürde Einzelner gewahrt werden konnte, sei es am Arbeitsplatz, bei einem Nachbarschaftsstreit oder nach einem Verkehrsunfall.

Das chinesische Justizwesen hatte nach 1949 sehr gelitten. In den 50er Jahren hatte Mao Zedong entschieden, dass das sozialistische China keine Justiz benötigte. Trotzdem war sie nicht ganz abgeschafft worden, sondern wurde nach sowjetischem Vorbild umgebaut. Aber das System blieb schwach und der Grad der Professionalisierung war sehr niedrig. Selbst in den späten 90er Jahren gab es noch ehemalige Offiziere der Volksarmee, die als Richter fungierten. Viele chinesische Gesprächspartner waren unsicher, welche Unterstützung sie von uns anfragen sollten. Das Volumen des Bedarfs überstieg um ein Vielfaches unsere Mittel. Wir mussten also sehr strategisch vorgehen. Dazu mussten wir zunächst die laufenden Reformvorhaben viel besser kennen. Deshalb lud ich eine Reihe von chinesischen Rechtsgelehrten sowie Vertreter des Obersten Gerichtshofes, der Staatsanwaltschaft, der Polizei und der Justizverwaltung zu einem Runden Tisch in unserem Büro ein. Das Ergebnis war für alle Beteiligten überraschend: Die Reformbemühungen waren keineswegs synchronisiert, und so gab es im Alltag viel Konfliktpotential. Zum Beispiel waren die Richter und Rechtsanwälte bereit, Prozesse auch auf der Basis von Beweisen zu führen, wohingegen die Polizei und die Staatsanwälte zurückhaltend waren. Für sie war ein Geständnis eines Beschuldigten immer noch der sicherste Weg zu einem erfolgreichen Prozess. Zwar versicherte die Polizei, dass Folter nicht akzeptabel sei, aber überprüft werden konnte dies nur, wenn es Beschwerden gab. So hatten wir in unserem Gespräch ohne großes Anklagen festgestellt, dass es noch viele Möglichkeiten für Folterungen in China gab, obwohl die Regierung die Internationale Konvention gegen die Folter 1988 unterzeichnet und der Volkskongress diese ratifiziert hatte. Eine Möglichkeit für uns war deshalb, die Polizeiführung darin zu unterstützen, dass die Konvention, die mit der Ratifizierung nationales Gesetz geworden war, in allen Polizeiinstanzen befolgt wurde.

## Den Schutz der Menschenrechte stärken – Toleranz gegenüber Andersdenkenden: der Fall Falun Gong

Eine Gelegenheit ergab sich dann recht bald, als die chinesische Führung auf das Härteste die Anhänger der quasi-religiösen Gruppe Falun Gong bekämpfte und es in diesem Zusammenhang ganz eindeutig zu Folterungen kam. Es war unmöglich zu verstehen, warum die chinesische Führung so brutal diese Bewegung zu zerschlagen suchte, statt sie zuzulassen und anschließend etablierten Regeln zu unterwerfen. Die Anhänger der Bewegung setzten sich massiv zur Wehr. Das Problem war entstanden, weil die Regierung sich nicht entscheiden konnte, ob die Bewegung eine NGO sei oder als eine religiöse Gruppe anerkannt und registriert werden sollte. Da diese offizielle Anerkennung nicht kam, hatte es »spontane« Demonstrationen der Falun Gong-Anhänger vor Zhongnanhai, dem offiziellen Sitz der Zentralregierung, gegeben. Die Reaktion der Regierung auf diese unbotmäßige Aktion war strikte Bestrafung, der Widerstand der Falun Gong-Anhänger aber ebenso heftig. Sie wollten ihre neu gewonnenen Ansichten und Praktiken nicht aufgeben. Es war ihre Antwort auf eine Situation, die sie psychisch und auch physisch ständig unter Stress stellte. Viele Chinesen konnten oder wollten sich der etablierten Medizin nicht anvertrauen. So sahen sie in den Übungen der Falun Gong eine Möglichkeit, aus eigener Kraft psychisch und physisch gesund zu bleiben. Im Laufe der Auseinandersetzung kam es zu mehreren Versuchen von Selbstverbrennungen in Beijing und an anderen Orten. Die Anweisungen der Regierung daraufhin wurden immer schärfer: Sie machte alle Abteilungsleiter in der Regierung und Manager in staatseigenen Betrieben sowie die Polizei unter Strafandrohung dafür verantwortlich, dass sich solche Akte nicht wiederholten. Allerdings blieb eine kleine Tür offen: Wer der Lehre der Falun Gong rein privat und nicht in der Öffentlichkeit folgte, würde keine Repressalien zu fürchten haben. Aber die Verunsicherung im staatlichen Bereich war deutlich spürbar. Die Gesetzgebung, die die Registrierung von NGOs und deren Wirken regeln sollte, verschwand in einer großen Schublade.

Es wurde in diplomatischen Kreisen und dem Corps der Auslandsjournalisten kolportiert, dass Präsident Jiang Zemin jegliche Form einer öffentlichen Demonstration ablehnte, vor allem wenn diese gegen Partei und Regierung sowie deren Handlungen protestierte. Die Wunden aus der Kulturrevolution und der Ereignisse auf dem Tiananmen-Platz im Juni 1989 waren noch frisch in der Erinnerung der politischen Führung des Landes. So hatte die Falun Gong-Führung das verkehrteste Mittel gewählt, um Anerkennung zu erlangen. Die chinesischen Medien scheuten sich nicht, ausländische Politiker in den Konflikt hineinzuziehen, während die internationale Presse vornehmlich über die Verfolgungen und Inhaftierungen mit Berichten über Folterungen schrieb. Vor seinem Besuch in China 2001 wurde Kofi Annan in Tokio von einem chinesischen Journalisten gefragt, was er von Falun Gong hielte. Der Generalsekretär antwortete, dass er auf dem Wege nach China sei und dort sicherlich mehr über die Situation erfahren würde.

Ich erklärte dem Generalsekretär bei seiner Ankunft auf dem Wege vom Flughafen zu seinem Hotel die Lage und schlug vor, dass UNDP, wenn die Regierung es wollte, dabei helfen könnte, ein menschenrechtskonformes Vorgehen zu finden. Der Generalsekretär griff die Idee auf und erwähnte es in seinem Treffen mit dem Außenminister. Dieser leitete das Angebot weiter, und so begann eines der schwierigsten Projekte meiner gesamten Laufbahn. Das Außenministerium brachte uns in Kontakt mit der Polizei und dort insbesondere mit der Inneren Revision, die die Verantwortung für das ordnungsgemäße Funktionieren der Polizeiarbeit hatte. Wie üblich wollten unsere Gesprächspartner eine internationale Studienreise unternehmen. Ich stimmte dem zu,

157

schlug aber vor, dass erst einmal ein internationales Seminar abgehalten werden sollte, um den Ursprung und die soziale Bedeutung der Falun Gong zu analysieren, um auf dieser Basis dann eine angemessene Vorgehensweise zu formulieren, die die Rechte der Anhänger schützte. Die nationale Seite akzeptierte unseren Gegenvorschlag und lud in kürzester Zeit Sozialwissenschaftler aus Kanada, den USA, Japan, Russland und Westeuropa ein, die sich mit solchen Bewegungen beschäftigten.

Kurz darauf sahen wir den Abschlussbericht des Seminars und gaben grünes Licht zur Durchführung der Studienreise. Aber ich bestand darauf, dass Länder besucht wurden, die nicht einen ähnlich harten Kurs wie die chinesische Partei und Regierung fuhren. Auch das wurde akzeptiert und die betreffenden Länder aus dem Programm gestrichen. Diese Besuche führte die Regierung später separat und mit ihren eigenen Mitteln durch.

Das Ergebnis dieser zwei Schritte war, dass die Polizei nicht mehr individuelle Mitglieder verfolgte, die sich – aus welchem Beweggrund auch immer – über alle Restriktionen hinwegsetzten, sondern diejenigen verhaftete, die diese Mitglieder der Bewegung zu ihren Handlungen ermutigt hatten. Die Auswirkungen waren schnell sichtbar. Öffentliche Protestaktionen hörten auf. Was Anhänger der Bewegung in ihren Wohnungen oder an privaten Orten machten, wurde von der Regierung unbeachtet gelassen. So hatten wir zumindest den *status quo ante* wieder erreicht. Unter den Umständen war dies schon ein Erfolg.

In unserer Abschlusssitzung drängte ich die Regierung, andere soziale Organisationen anzusprechen, die sich ganz offensichtlich nicht ausreichend der Menschen annahmen, die alt, marginalisiert, mit geringem Einkommen und am Rande der Gesellschaft lebten. Die Falun Gong gewann besonders aus diesen Kreisen viele ihrer Mitglieder, da sie sich direkt an sie wandte und ihnen das Gefühl verlieh, dass sie allein Lösungen zu ihren gesundheitlichen und sonstigen Problemen finden konnten. Obwohl diese Zusammenarbeit nicht ausreichte, um die Menschenrechte der Falun Gong im ganzen Land zu sichern, so hatten wir wenigstens einen Ansatzpunkt gefunden, um mit den zuständigen Behörden zusammenzuarbeiten und die staatlichen Maßnahmen weniger hart zu gestalten.

Statt an einer friedlichen Lösung dieses Konfliktes weiterzuarbeiten, kam ich selbst allerdings unter enormen Beschuss. Nach dem Seminar sprach einer der US-Sozialwissenschaftler mit dem Korrespondenten des *Wallstreet Journals*, der dann in einem Artikel mich sowie die Integrität unserer Intervention in Frage stellte. Ich lud den Journalisten später ein, aber ich konnte ihn nicht davon überzeugen, dass konstruktive Zusammenarbeit wichtiger war als bloße Kritik. Im Nachhinein realisierte ich, dass ich die öffentliche Darstellung unseres Engagements nicht sehr geschickt handhabe. Glückerweise bekam ich Rückendeckung aus New York und hatte meine Lektion gelernt. Die kam mir im Fall eines weiteren Projektes zugute, nämlich im Zusammenhang mit unserer Beteiligung an einer Studie über die sozialen Auswirkungen der Westostpipeline von Xinjiang nach Shanghai, von der ich später noch berichten werde.

Wie schon erwähnt, die Regierung wurde übervorsichtig in Bezug auf die Registrierung von NGOs. Einige ließen sich dann als Kleingewerbe registrieren, um den juristisch nicht geklärten Status zu umgehen. Dies war eine pragmatische Lösung, aber nicht ausreichend, um solche Freiwilligenorganisationen produktiv werden zu lassen in der sich rapide verändernden Gesellschaft, in der die Marktwirtschaft Reichtum schuf, Güter und Leistungen mit sich brachte, aber auch große Diskrepanzen hervorrief, ohne dass es ein soziales Netz gab, das sich der Armut und sozialen Ausgrenzung effektiv annahm. Besonders betroffen davon waren Frauen auf dem Lande, aber auch in den Städten war die Gleichstellung stark verbesserungswürdig.

## Den Schutz der Menschenrechte stärken – Gleichstellung der Frau

Der Satz, der Mao zugeschrieben wird, dass Frauen die Hälfte des Himmels stützen, ist international fast sprichwörtlich geworden. Es steht außer Frage, dass sich nach 1949 die gesellschaftliche Stellung der Frau in China massiv in Richtung Gleichstellung verändert hatte. Seit 1978, dem Beginn der Reformära, konnte man jedoch deutlich den Unterschied zwischen Realität und Politik erkennen. Zwar war die Gleichstellung auch in den Jahren zuvor nicht immer erreicht worden, zumindest galten die gesellschaftlichen Unterschiede als unzeitgemäß. Das hatte sich geändert seit 1978, denn alte Verhaltensweisen kamen wieder zum Vorschein, vor allem auf dem Lande, und neue bildeten sich heraus.

In den Familien, wo beide Teile eines Ehepaares arbeiteten, war das beste Rezept zum wirtschaftlichen Erfolg, dass der Ehemann beim Staat arbeitete und somit Prestige und Privilegien erhielt, während die Ehefrau, meist freiberuflich, in der Geschäftswelt tätig war und dadurch das Einkommen erhöhte. Auf dem Lande gingen die Männer als Wanderarbeiter in die Stadt und schickten Geld nach Hause, während sich die Ehefrau um die Eltern und Kinder kümmerte und einen kleinen Hof bewirtschaftete. Viele Studien belegten, dass die Bewirtschaftung dieser kleinen Höfe unökonomisch war, aber die Familien hielten daran fest. Die Ein-Kind-Politik galt weiterhin, der Vorzug für einen Sohn statt einer Tochter setzte sich wieder durch. Der Trend war so stark, dass sich die Regierung gezwungen sah, die medizinische Früherkennung des Geschlechts eines Ungeborenen unter Strafe zu stellen. Aber all dies half wenig. Wenn man über Land fuhr und gerade Schulschluss war, konnte man mit bloßem Auge die erschreckende Überzahl an Jungen sehen, obwohl statistisch betrachtet die Mädchen schulisch sehr viel erfolgreicher waren als die gleichaltrigen Jungen, die auch früher die Schule verließen, um Geld zu verdienen. So zeichnete sich der Trend ab, dass junge Männer in einigen Jahren große Schwierigkeiten haben würden, eine Ehepartnerin zu finden, und Frauen es schwer haben würden, Männer zu heiraten, die ihnen an Bildung und Interesse nahe standen. Schon gab es im Süden Chinas einen blühenden Mädchen- und Frauenhandel über die Grenzen von Vietnam, Laos und Burma nach China. Ein Konsortium von VN-Organisationen, UNDP, UNICEF und die ILO unterstützten in einem regionalen Projekt die Arbeit der Polizei, »entführte« Frauen und Mädchen, die man aufgegriffen hatte, zu ihren Familien zurückzuführen. Nicht immer gelang dies. Denn die Familien hatten im Austausch für die Frauen/Mädchen Geld erhalten und wollten dieses nicht zurückzahlen müssen.

Am anderen Ende des Spektrums, nämlich der politischen und wirtschaftlichen Führung des Landes, waren erstaunlich wenige Frauen unter den Führungskräften. Einer der Gründe dafür kam per Zufall ans Licht, in einer Mitarbeitersitzung im UNDP-Büro. Im öffentlichen Dienst mussten Frauen mit 55 in Pension gehen, Männer mit 60 Jahren. Da man bei einer politischen Laufbahn im Staat oder der Partei aber meistens erst Ende 40/Anfang 50 eine Stellung annahm, zum Beispiel die eines Generaldirektors in einem Ministerium, von der aus man sich für eine Führungsposition qualifizierte, waren Frauen deutlich im Nachteil, da man sie als zu nahe an der Pensionsgrenze sah. Darüber hinaus hinkten die meisten durch Geburt und Mutterschutz an Seniorität ihren männlichen Kollegen hinterher. Die wenigen Frauen, die auf der ministeriellen Ebene oder höher arbeiteten, waren meistens unverheiratet oder verwitwet, zudem nahmen die Frauen vornehmlich den Rang des stellvertretenden Ministers oder Gouverneurs ein. All dieses war mir ja nicht unbekannt aus meiner Zeit in New York. Mit Freude nahm ich mich der Sache an und bezeichnete in einem Gespräch mit dem Direktor der Grundlagenabteilung beim Generalstaatsanwalt diese Praxis als diskriminierend. Mein Gesprächspartner konnte überhaupt nicht verstehen, warum und worüber ich mich so aufregte. Er war der Meinung, dass die Regelung der Gesundheit und dem Wohlbefinden der Frauen diente. Daraufhin zog ich alle Register und erwiderte, die Bestimmung sei verfassungswidrig. Nur eine »Kann«-Bestimmung für alle, Männer und Frauen, würde diese Diskriminierung aufheben. Etwas genervt versprach er, sich der Sache anzunehmen. Ich informierte die Rechtsabteilung des chinesischen Frauenverbandes über dieses Gespräch, und sie nahmen den Ball auf, den ich ihnen zuspielte. Später gab es eine pragmatische Lösung, wie so oft in China. Frauen können nun länger im Amt bleiben, wenn sie Abteilungsleiterin sind. Das gibt ihnen zumindest eine größere Chance, die Direktorenebene zu erreichen.

Am schwierigsten war es, die Mauer der gesellschaftlichen Überzeugung zu durchbrechen, die besagte, dass Jungs nützlicher für die Familien seien als Mädchen. Auf die Anregung von UNICEF hin sprach ich auf einer Kundgebung aus Anlass des Internationalen Frauentags vor mehr als 1000 Teilnehmern – unter ihnen auch alle, die Rang und Namen in der Regierung und Partei hatten. In meiner Rede ging ich zunächst auf die negativen demographischen Auswirkungen dieser Bevorzugung ein. Dann argumentierte ich, dass es im realen Leben ja eben doch die Töchter oder Schwiegertöchter seien, die sich um die Angehörigen der älteren Generation kümmern würden. Meine Argumente wurden mit lang anhaltendem Applaus belohnt. Offensichtlich rannte ich offene Türen ein. Aber zu einer pro-aktiven Politik führte diese Zustimmung leider trotzdem nicht.

Im Rahmen des UNDP-Programms nahmen wir uns der arbeitslos gewordenen Frauen in der Textilindustrie in Tianjin an. In Zusammenarbeit mit dem dortigen Frauenverband verhalfen wir den ehemaligen Arbeiterinnen dazu, sich eine neue Existenz aufzubauen. Es war auch hier wieder zu beobachten, welche unternehmerischen Talente viele dieser Frauen besaßen. Heute ist der Ansatz, den wir seinerzeit dort testeten, zur Regierungspolitik geworden, um den Gemeinden und Städten bei der Umstrukturierung der Industrie zu helfen, und um die Arbeitslosigkeit nicht ausufern zu lassen, sondern den Menschen einkommenssichernde Alternativen zu eröffnen.

## Menschenrechte schützen – die Not der nordkoreanischen Flüchtlinge

Über viele Jahre hinweg kamen Nordkoreaner illegal über die Grenze nach China. Im Nordosten verlief die Grenze entlang des Tumen-Flusses, der die meiste Zeit des Jahres so wenig Wasser führte, dass man ihn leicht durchwaten konnte. Auf der chinesischen Seite liegt der Autonome Koreanische Distrikt, da die Mehrheit der Bevölkerung seit vielen Jahrhunderten mehrheitlich koreanisch ist. Wer es also unentdeckt über den Fluss schaffte, konnte sich leicht in der Menge der Ansässigen verstecken. Trotzdem mussten die Flüchtlinge in ständiger Angst leben, von den chinesischen Behörden entdeckt zu werden. Wenn dies passierte, wurden sie nach Nordkorea abgeschoben, um dort im Gefängnis oder in einem Arbeitslager zu landen. Allerdings bemühte sich die chinesische Polizei nicht aktiv, diese nordkoreanischen Flüchtlinge aufzuspüren. Da die Flüchtlinge oft keine Arbeit fanden, mussten sie sich mit illegalen Tätigkeiten wie Prostitution über Wasser halten und wurden dann bei Razzien verhaftet. Viele dieser nordkoreanischen Immigranten zogen innerhalb Chinas weiter, oder auch über Russland in Richtung Westeuropa. In Beijing zirkulierten viele Gerüchte über schlimme Erfahrungen dieser Migranten im täglichen Leben, aber die Zentralregierung und das diplomatische Corps in Beijing schlossen Augen und Ohren. Dann änderte sich die Situation 2002 schlagartig. Eine Gruppe von 6 Nordkoreanern drang in das Büro von UNHCR in Beijing ein und verlangte, ausgeflogen zu werden. Meine Kollegen von UNHCR verhandelten mit dem chinesischen Außenministerium und flogen die Gruppe über Hongkong in die Philippinen aus. Erstaunlicherweise waren sofort Auslandskorrespondenten zur Stelle und hatten die am Fenster winkenden Flüchtlinge fotografiert. Wir fragten uns, wo und wie die Pressevertreter die Nachricht erhalten hatten, aber da das Büro in einem Wohnhaus für Familien des diplomatischen Corps untergebracht war, nahmen wir an, dass einige Bewohner die Menschen gesehen hatten und so die Nachricht mit neugierigen Fragen verbreiteten. Es sollte sich herausstellen, dass dies eine zu einfache Erklärung war.

Kurz nach diesem Ereignis gab es immer häufiger Fälle, in denen Nordkoreaner über Mauern und Zäune auf das Gelände ausländischer Botschaften kletterten und um Asyl baten. Jedes Mal waren Vertreter der ausländischen Presse vor Ort, um die Aktion zu filmen und darüber zu berichten. Es musste also mehr dahinter stecken als spontane Aktionen von verzweifelten Nordkoreanern. Wenn sie befragt wurden, gaben sie keine Antwort. Nach einer Weile kam dann aber doch ans Licht, dass einige internationale NGOs und ausländische Journalisten die Nordkoreaner ermutigt hatten, in die Botschaften einzudringen und auf eine Ausreise zu drängen. Ganz offensichtlich waren diese – meist südkoreanischen – NGOs daran interessiert, eine ähnliche Massenflucht zu organisieren wie die, zu der es 1988/89 aus der DDR über Prag und Budapest gekommen war. Aber Geschichte wiederholt sich nicht. Die betroffenen Botschaften einigten sich mit der südkoreanischen Regierung, dass die chinesische Regierung mit aktiver Unterstützung von UNHCR die Geflüchteten über ein Drittland nach Südkorea ausfliegen konnte. Nach einigen Monaten war die Behandlung dieser Fälle so zur Routine geworden, dass sie keine mediale Aufmerksamkeit mehr erhielt.

Aber damit war die Angelegenheit für uns nicht ausgestanden. Denn in der Zwischenzeit hatte die Stadtregierung von Beijing um mehrere Botschaften sowie um unser Bürogebäude Stacheldrahtzäune errichtet und Polizeibeamte in Zivil postiert, die jeden anhielten, der sich unserem Gebäude näherte, und erschwerten dadurch den Zugang zu Treffen und Sitzungen bei den VN. Ich beschwerte mich im Außenministerium und wies darauf hin, dass diese Blockaden zu einer Störung unseres Programms führten und dass das Vertrauen der chinesischen Partner in unsere Integrität unter diesen Umständen leiden würde. Ich flog einen VN-Sicherheitsexperten ein, der Vorschläge für diskretere Sicherheitsvorkehrungen machte, aber die Regierung fand diese zu teuer. Wir jedoch wollten auf gar keinen Fall in solche Vorkehrungen investieren. Nach mehreren Wochen wurde dann eine pragmatische Lösung gefunden: Der Stacheldrahtzaun wurde abgebaut und stattdessen unsere Mauer damit »geschmückt«. Alle Zivilpolizisten wurden abgezogen, stattdessen wurde die ganze Straße abgesperrt. Nur noch Fußgänger und Fahrradfahrer durften nach einer Kontrolle an der Straßensperre passieren. Mir war es recht, denn so wurde unsere Straße sehr ruhig, selbst die Prostituierten, die sich dort abends einfanden, verschwanden.

Aber ich griff das Thema auch in meinen Gesprächen mit dem Außenministerium auf und erinnerte die Beamten und den Minister daran, dass China die Genfer Konventionen zum Schutze von Flüchtlingen ratifiziert hatte und deshalb verpflichtet war, diese vor weiteren Verfolgungen zu bewahren. Aber die Regierung in Beijing blieb dabei, sie wollte ihre schon ziemlich angespannten Beziehungen zu den Machthabern in Nordkorea nicht noch weiter belasten und versprach lediglich, die örtlichen Autoritäten entlang der Grenze anzuweisen, keine Nordkoreaner mehr gegen ihren Willen nach Nordkorea auszuliefern. Ob dies umgesetzt wurde, konnte ich nicht überprüfen. Daher blieben ein getrübter Eindruck und starke Zweifel zurück. Dies war umso bedauerlicher, da wir uns als UNDP schon seit den frühen 90er Jahren bemühten, in Nordostasien eine regionale wirtschaftliche Zusammenarbeit zwischen China, Japan, Russland, Nord- und Südkorea und der Mongolei zu fördern, in der Hoffnung, so auch Nordkorea aus seiner politischen und wirtschaftlichen Isolation zu befreien.

## Regionale Kooperation zwischen China und seinen Nachbarn

Die ursprüngliche Idee war, dass eine internationale Wirtschaftssonderzone geschaffen werden sollte, und zwar dort, wo mehrere Länder in Nordostasien eine gemeinsame Grenze hatten. Dies war im Tal des Tumen-Flusses der Fall. China, Nordkorea und Russland hatten dort eine gemeinsame Grenze. Im Laufe der 80er/90er Jahre hatten aber alle drei Länder ihre eigene Sonderwirtschaftszone geschaffen und machten sich Konkurrenz, wobei China mit Abstand am erfolgreichsten war und viele südkoreanische Unternehmen angelockt hatte, die von dort den nordkoreanischen Markt versorgen wollten. Aber das war eine Fehlkalkulation. Die Regierung in Pjöngjang wollte die südkoreanischen Unternehmen in einer ähnlichen Zone im Süden haben und nicht im Norden des Landes. Die Chinesen hatten zudem ein weiteres Interesse und hielten deshalb an dem Projekt fest: Sie wollten die Landstraße zur Hafenstadt Rajin ausbauen, da der dortige Hafen das ganze Jahr über eisfrei war. Für sie war Rajin die kürzeste Strecke, um von den Industriestandorten in den nordöstlichen Provinzen Chinas an die Pazifikküste zu gelangen. Selbst in China waren diese Pläne nicht unumstritten. Dalian und Tianjin wurden als ausreichend angesehen. Die Mongolei war zwar interessiert an alternativen Häfen, konnte aber keine Investitionsgelder zur Verfügung stellen. Russland war für eine Konkurrenz zu Wladiwostok ebenfalls kaum zu begeistern. Somit blieb nur ein vage definiertes politisches Interesse, Pjöngjang aus der Reserve zu locken und stärker in die internationale Entwicklung einzubinden. Einmal im Jahr gab es ein Treffen auf ministerieller Ebene. Die jeweiligen Außenhandelsminister oder ihre Stellvertreter kamen zusammen und trafen sich unter Beteiligung von UNDP mit potenziellen Investoren.

Vier oder fünf Mal nahm ich an einem solchen Treffen teil und konnte miterleben, wie sich die Beziehungen zwischen den 6 Ländern gestalteten. Einmal kam die nordkoreanische Delegation nicht zu einem Treffen nach Hongkong, wo sich mehrere Investoren angemeldet hatten, ein anderes Mal lehnten sie es ab, nach Ulan Bator zu reisen, da aus einer Verstimmung heraus Pjöngjang seinen Botschafter in der Mongolei zurückgezogen hatte. Bei einem anderen Treffen in Wladiwostok kam ein stellvertretender Minister aus Moskau erst in dem Moment, nachdem einige Investoren schon wieder abgereist waren. Es war eine frustrierende Erfahrung. Zwar waren alle von der Entwicklung der EU und der ASEAN fasziniert, aber für sich selbst konnten sie eine Realisierung solcher Kooperationen nicht sehen.

Einerseits war ich überzeugt, dass wir UNDP-Gelder unnütz einsetzten, und mehr als einmal legte ich dem Regionaldirektor in New York nahe, das Projekt auslaufen zu lassen. Andererseits gab es ganz offensichtliche Möglichkeiten, die Wirtschaft in diesem Ländereck zu fördern. Russland hatte in Sibirien einen ungenutzten Überschuss an Elektrizität, und beide Koreas und Japan brauchten dringend Zugang zu zusätzlichen Energiequellen. Nordkoreas desaströse Wirtschaftslage war in erster Linie das Ergebnis von akuten Energieengpässen. Die Situation erreichte den Krisenstatus, als Moskau Anfang der 90er Jahre abrupt die subventionierten Elektrizitätslieferungen nach Nordkorea einstellte. Russland wollte nur noch zu Weltmarktpreisen liefern. Beide Regierungen hatten es nicht fertiggebracht, sich auf einen neuen Vertrag zu einigen.

Seitdem gerieten die Wirtschaft und das gesellschaftliche Gefüge Nordkoreas immer mehr in eine Schieflage – die politische Führung war nicht in der Lage, dem Trend entgegenzuwirken. Was als eine Energiekrise begonnen hatte, wurde so zu einer humanitären Krise. Hunger und ein sich rasch verschlechternder Lebensstandard waren die Auswirkungen für einen großen Teil der Bevölkerung. Vor 1989 hatte die politische Führung Nordkoreas die Unterstützung der Sowjetunion und Chinas genossen. Nach 1989 weigerten sie sich, ebenfalls einen Reformkurs einzuschlagen. So verloren sie sowohl die politische Unterstützung Moskaus wie auch Beijings. Anschließend wandten sie sich den USA zu, aber diese Kontakte kamen ebenfalls zu keinem Ergebnis. Pjöngjang isolierte sich immer mehr, und so blieb nur noch übrig, humanitäre Hilfe zu leisten. UNICEF, UNFPA und WFP dokumentierten eine entsetzliche Verschlechterung des Gesundheitsstandes der Bevölkerung, insbesondere der Kinder. WFP lieferte Ernährungshilfe an Schulen und Krankenhäuser, die chinesische Regierung an die Armee. Beijing wollte auf diesem Wege sicherstellen, dass die Nahrungsmittel von WFP nicht für andere Zwecke genutzt wurden oder sich die Armee noch größeren politischen Einfluss aneignete, als sie bereits hatte. Die internationalen Beziehungen wurden zunehmend auf sicherheitspolitische Überlegungen reduziert – und UNDPs regionales Anliegen damit immer weiter marginalisiert.

Aber Tumen im Nordosten Chinas war nicht das einzige regionale Projekt. UNDP war auch im Nordwesten Chinas engagiert und unterstützte die wirtschaftliche Zusammenarbeit zwischen China und seinen zentralasiatischen Nachbarn. Diese Bemühungen liefen unter dem Namen einer Wiederherstellung der Seidenstraße. Hier kam uns die seit 2001 verstärkte Zusammenarbeit von China, Russland und den zentralasiatischen Ländern Usbekistan, Kasachstan, Kirgisistan und Tadschikistan in der *Shanghai Cooperation Organisation* zugute. Besonders China hatte ein Interesse daran, die Landbrücke entlang eines Korridors südlich der Transsibirischen Eisenbahn wiederzubeleben, um so Europa nicht nur auf dem See- und Luftweg, sondern auch auf dem Landweg erreichen zu können. Wegen des Entwicklungsgefälles zwischen den Küstenregionen und den westlichen Provinzen baute China die Infrastrukturen in diesem Teil des Landes massiv aus. Somit lag es für Beijing nahe, die alten kontinentalen Handelsstraßen wieder stärker zu nutzen. Zusammen mit UNCTAD und der Asiatischen Entwicklungsbank bemühte sich UNDP, die Kontrollen an den Grenzübergängen zu vereinfachen und damit den grenzüberschreitenden Verkehr flüssiger zu gestalten. Auch sollte die Infrastruktur entlang der Routen verbessert werden, um den Tourismus zu entwickeln. Aber auch hier gab es Widerstände zu überwinden. Zolleinnahmen sind in all diesen Ländern eine wichtige Einnahmequelle. Die Regierungen befürchteten, dass ihnen durch eine Vereinfachung Einnahmen entgehen könnten. Darüber hinaus bestanden zwischen Usbekistan, Kirgisistan und Kasachstan Spannungen im Fergana-Tal, die durch einen verstärkten Handel und Tourismus wohl kaum zu überwinden waren. Trotzdem war in Nordeuropa das Interesse groß, diesen Landkorridor für den Transport von Gütern zu verbessern. 2002 wurde ich zum Zentralasiatischen Wirtschaftsforum in Almaty eingeladen, und dort sprachen mich viele skandinavische und südostasiatische Geschäftsleute auf unsere Bemühungen an. Die einen aus Interesse an verstärktem Handel, die anderen aus Befürchtungen, dass es ihre Handelsströme verringern könnte.

Für meinen Rückweg von Almaty nach China wählte ich bewusst den Landweg. Ich wollte einmal selbst erleben, wie einfach oder schwierig es sein würde, die Grenze zu überqueren. Es war in der Tat ein zeitraubender Prozess. Obwohl ich ein diplomatisches Visum hatte und auf der einen Seite von einem VN-Auto abgesetzt und auf der anderen von einem chinesischen Regierungsauto in Empfang genommen wurde, dauerte mein Übergang gefühlte Stunden. Es gab kaum andere Grenzgänger, die diese Länge der Zeit hätten rechtfertigen können. Es war einfach nur bürokratisches Vorgehen. Allerdings kam es zum Schluss noch zu einem netten Abschluss. Als ich endlich meinen Ausreisestempel im Pass hatte und mich schon zu Fuß auf den Weg zum chinesischen Grenzposten machte, rief mir eine kasachische Zollbeamtin auf Deutsch nach: »Gute Reise«. Ich drehte mich um und fragte sie, woher sie denn Deutsch sprechen könne. Worauf sie antwortete, dass sie in der DDR ausgebildet worden sei.

## Soziale und wirtschaftliche Entwicklung für Tibeter – ein erneuter Versuch

China hat Grenzen mit insgesamt 14 Nachbarstaaten. Ein Teil der Grenze mit Indien läuft entlang des Gebietes der Autonomen Region Tibets. Allerdings war es nicht dieser Umstand, der UNDP an Tibet interessierte, sondern die Tatsache, dass im HDI Tibet das Schlusslicht der Rankings unter den Provinzen und Regionen Chinas bildete. Im internationalen Vergleich war Tibet auf dem Niveau der afrikanischen Länder südlich der Sahara, während die Küstenregionen Chinas sich dem Standard Westeuropas annäherten. Der niedrige Entwicklungsstand war sowohl Beijing wie auch der tibetischen Exilregierung ein Dorn im Auge. Aber weil beide sehr unterschiedliche entwicklungspolitische Ansatzpunkte hatten, kam es zu keiner Verständigung. Im Laufe der 90er Jahre zog es viele junge Chinesen, die dem Druck der sich rapide verändernden Entwicklung in ihren Provinzen entkommen wollten, nach Tibet. So war die

Region zu einer Art »Wildem Westen« Chinas geworden. Eine demographische Entwicklung, die viel soziales Spannungspotential enthielt.

UNDP finanzierte eine Reihe von Maßnahmen, die die ländliche Armut in Tibet verringern sollten. Diese benötigten dringend zusätzliche Mittel, um nachhaltig zu wirken. Deshalb wollten wir zusammen mit unserem Partnerministerium, MOFTEC, eine Geberkonferenz organisieren. Im Herbst 2001 flog ich nach Lhasa, um die Zustimmung der dortigen Regierung zu erhalten. Wir hätten die Konferenz gerne in Lhasa abgehalten. Die Regierung in Lhasa akzeptierte zwar die Konferenz, wollte jedoch, dass sie in Beijing stattfände, damit viele Geber daran teilnehmen konnten. Wir einigten uns in Bezug auf die Tagesordnung der Konferenz und unsere jeweiligen Rollen während des Ablaufs, und ich akzeptierte, dass die Konferenz in Beijing stattfinden würde.

Im Januar 2002 war es dann soweit. Die Konferenz war ein großer Erfolg. Sowohl die Geber wie die Mitglieder des diplomatischen Corps waren beeindruckt, dass wir Herausforderungen der Entwicklung und eine Verbesserung der Lebenssituation der tibetischen Bevölkerung diskutierten, ohne uns in politischen Widersprüchen zu verlieren. Einige Geber beschlossen, sich erstmals in Tibet zu engagieren. Einige Monate vor der Konferenz hatte mich die dänische Regierung nach Kopenhagen eingeladen, um zu besprechen, wo und wie man in Tibet entwicklungspolitisch tätig werden könnte. Ich hatte die Unterstützung der Grundschulausbildung in tibetischer Sprache vorgeschlagen. Auf unserer Konferenz wurde dann ein entsprechendes Projekt seitens der dänischen Entwicklungsbehörde angekündigt.

Im Zusammenhang mit den Kopenhagener Konsultationen hielten einige skandinavische NGOs eine Tagung ab, auf der sie die Lage in Tibet diskutieren wollten. Auch ich wurde eingeladen, ging allerdings mit einigen Vorbehalten dorthin, weil ich nicht sicher war, dass die NGOs und UNDP unbedingt auf derselben Linie waren. Die Eröffnungsrede wurde von einer Vertreterin einer Londoner NGO gehalten. Sie wetterte gegen die Eisenbahn, die die Zentralregierung damals von Xining nach Lhasa baute. Ich hörte eine Weile zu und beschloss, entweder zu gehen oder eine Stellungnahme abzugeben. Als mir das Wort erteilt wurde, sagte ich, dass die Bahn trotz aller Opposition gebaut werden würde. Deshalb sei es wichtiger, darüber zu diskutieren, wie die tibetische Bevölkerung davon profitieren könnte. Unsere Experten hätten beobachtet, dass Tibeter entlang der Bahntrasse wegzögen und damit die Versorgung der Linie unweigerlich in chinesische Hände fallen würde. Zunächst gab es keine

Reaktion auf meinen Beitrag. Als ich gerade gehen wollte, meldete sich der Vertreter des Dalai Lamas zu Wort und sagte, dass er autorisiert sei, klar zu stellen, dass alles, was die Lebensumstände der Tibeter verbessern könnte, vom Dalai Lama unterstützt würde. Diese Intervention veränderte den Tenor der Diskussionen und später bemerkte der Vertreter einer tibetischen NGO sogar, dass es ihm lieber sei, den tibetischen Bauern und Viehzüchtern beizubringen, wie sie ihre Produktion steigern könnten, statt ständig über deren Menschenrechte zu debattieren.

In den Kaffeepausen kamen einige Teilnehmer auf mich zu und stellten sich als Exiltibeter vor, die gerne einmal nach Tibet reisen würden. Sie wollten wissen, wie sie eine solche Reise realisieren könnten. Sie waren als Jugendliche nach 1957, als der Dalai Lama aus Tibet floh, von skandinavischen Familien aufgenommen worden. Sie hatten die Schule und einige auch Universitäten besucht, alle arbeiteten mit NGOs, die sich für Tibet einsetzten. Ich fragte, ob sie jemals ein Einreisevisum beantragt hätten. Dies verneinten sie. Ich erwähnte dies nach meiner Rückkehr nach Beijing im chinesischen Außenministerium, und kurz darauf hörte ich, dass alle chinesischen Botschaften in Skandinavien angewiesen wurden, mit besonderer Sorgfalt und ohne Zögern solche Visumsanträge zu bearbeiten. Wie viele dieser Anträge tatsächlich gestellt wurden, weiß ich allerdings nicht.

Mit meiner zugegebenermaßen sehr begrenzten Erfahrung in Tibet konnte ich trotzdem feststellen, dass die kulturellen Unterschiede zwischen den Tibetern und den Chinesen – solange sich beide Seiten mit wohlwollender Nachsicht begegnen – eine äußerlich friedvolle Situation ermöglichten. Aber die unterschiedlichen Lebensauffassungen und Prioritäten enthielten viel Konfliktpotenzial. Viele Chinesen wollen reich werden, vielen Tibetern genügen ein angemessener Lebensstandard und die Einhaltung ihrer religiösen Gebräuche. Dazu gehört, dass sie die Rückkehr des Dalai Lama wünschen und eine selbstbestimmte Regierung. Beides wird die chinesische Regierung auf absehbare Zeit nicht akzeptieren, und so ist die politische Lage in einer Sackgasse. Der einzige Weg nach vorn ist im Moment, sich für eine gleichberechtigte und gleichgewichtige Entwicklung einzusetzen, an der die Tibeter voll teilnehmen können. Ich nahm von diesem zweiten Besuch die Idee mit, dass man vielleicht die Klöster zu Exzellenzzentren für die Entwicklung in Tibet machen müsste, um ihnen eine ähnliche Rolle zu geben, wie sie die christlichen Klöster im europäischen Mittelalter eingenommen hatten. Alle bedeutenden Klöster Tibets hatten ihren Hauptsitz nach Dharamsala, dem Sitz des exilierten Dalai Lamas, verlagert. Die wichtigen theologischen Debatten fanden seit Jahren dort statt. In den Klöstern in Tibet brodelte es ständig unter der Oberfläche aus der Frustration heraus, dass die Gemeinschaften an theologischer Bedeutung verloren hatten. Aber es gab auch heftigen Widerstand gegen die staatlichen Autoritäten, die nach chinesischen Gesichtspunkten aufgebaut waren. Den Mönchen und Nonnen eine soziale, wirtschaftliche und kulturelle Entwicklungsaufgabe zu geben, hätte möglicherweise den Effekt, die Situation zu entschärfen. Ich diskutierte diese Vorstellungen mit einem lebenden Buddha in einem Kloster oberhalb Lhasas. Er war sehr angetan davon, ebenso wie Vertreter der Regierung in Lhasa. Leider war es mir nicht mehr möglich, diese Idee vor meiner Abreise aus China weiterzuverfolgen, und mein Nachfolger nahm den Faden nicht auf.

## Xinjiang – ein soziales und kulturelles Pulverfass

Wie in den anderen westlichen Provinzen Chinas hatten wir eine Reihe von Projekten, die sich der Armutsbekämpfung auf dem Lande annahmen. Aber auch in Xinjiang galt, was ich in Tibet beobachtet hatte: Der Zuzug chinesischer Bewohner aus den Küstenregionen hatte seit den 80er Jahren enorm zugenommen. Hinzu kam, dass die Provinz über reiche Erdöl- und Erdgasvorkommen in der Taklamakan-Wüste verfügte. Die Zentralregierung wollte deshalb eine Pipeline bauen, um das Erdgas aus dem Westen in die Region um Shanghai zu pumpen. Mehrere internationale Energiefirmen waren an einer Mitarbeit interessiert, brauchten aber für ihre Investitionsentscheidung eine Studie, die sowohl die Auswirkungen der Pipeline auf die Umwelt wie auch auf die soziale Situation untersuchte. UNDP hatte in den 80er Jahren an einer Gesetzgebung mitgewirkt, die Studien zur Umweltverträglichkeit auch für chinesische Investoren obligatorisch machte. Wir hatten nun ein Interesse daran, auch die Voruntersuchung zur sozialen Verträglichkeit von großen Investitionsprojekten in China einzuführen. Als uns daher ein großer Energiekonzern fragte, ob wir eine solche Studie für sie durchführen könnten, sagte ich zu. Ich hatte als wirtschaftlichen Berater einen Professor der Harvard-Universität, der sich bereit erklärte, die Studie zu entwerfen und zu überwachen. Ich machte zur einzigen Bedingung, dass die Befragungen der Bevölkerung vom Nationalen Statistikamt (NSB) durchgeführt werden sollten. Diese Zusammenarbeit schien mir die Garantie dafür, dass die chinesische Seite die Studie genehmigen und die Ergebnisse auch akzeptieren würde. UNDP führte die Studie für ein Honorar durch, das nur unsere Kosten abdeckte.

Die Gewinnprognosen für das chinesische Konsortium waren gesichert, die Provinz Xinjiang würde Gebühren und Steuern einnehmen und Shanghai Energie aus einer nationalen Quelle geliefert bekommen. Unsere Studie sollte nun feststellen, welche Vorteile sich die Bevölkerung entlang der Pipeline von dieser Investition versprach. Die Trasse der geplanten Pipeline lief durch einige der ärmsten Landkreise Chinas, noch dazu mit einem hohen Anteil an nationalen Minoritäten. Schon von daher war es ein politisch sensibles Projekt. Die chinesische Seite war nicht besonders an dieser Studie interessiert. Sie fürchtete, dass es zu Verzögerungen kommen könnte. Aber da die ausländischen potenziellen Geschäftspartner die Durchführung dieser Studie zu einer Vorbedingung gemacht hatten, stimmten sie zu. Das Vertrauen in UNDP und unsere angestrebte Zusammenarbeit mit dem NSB halfen uns, die Genehmigung zu erhalten. Die Unterstützung durch das NSB und die lokalen Verwaltungen waren ausnehmend gut. Unser Problem waren ausländische NGOs, die uns vorwarfen, dass wir uns von der Energieindustrie hatten kaufen lassen und dass damit unsere Unabhängigkeit in Frage gestellt sei. Sie vermuteten, dass keine Studie in China glaubwürdige Ergebnisse produzieren würde, vor allem nicht, wenn sie Gebiete mit nationalen Minoritäten betraf. E-Mails mit scharfen Anklagen erreichten uns täglich. Erst im Laufe der Zeit, als wir die ersten Ergebnisse veröffentlichen konnten, wurde der Ton sachlicher. Die Auseinandersetzungen mit diesen NGOs waren mühselig, jedoch auch hilfreich. Denn als die Studie abgeschlossen war, setzte ich durch, dass sie nicht nur auf Chinesisch und Englisch, sondern ebenfalls auf Uigurisch auf unserer Webseite veröffentlich wurde – und damit einsehbar für einen weiten Kreis interessierter Leser war.

Die Studie war einzigartig in ihrer Form und ihrem Einfluss. Die ausländischen Firmen stiegen aus dem Projekt aus, da es ihnen zu riskant war, wenn unter anderem die chinesischen Partner nicht bereit waren, auf die Ergebnisse der Studie einzugehen. Wir hatten kalkuliert, dass etwa 1 Prozent der gesamten Investitionssumme ausreichen würde, um die geäußerten Bedürfnisse der Bevölkerung in den 58 betroffenen Landkreisen zu befriedigen. Dieses Geld, richtig eingesetzt, hätte die lokale Wirtschaft beleben können. Aber wenn nicht alle Partner an Bord sind, kann auch UNDP nichts mehr machen. Übrigens waren nicht die Manager der staatlichen Energieunternehmen, sondern die Verantwortlichen in der Planungskommission für diese Ablehnung verantwortlich. Erst später verstand ich, warum. Die Planungsbehörde hatte dieses Projekt zu spät in Angriff genommen, Engpässe in der Energieversorgung mussten befürchtet werden. Im Sommer 2004 und 2005 kam es tatsächlich zu Unterbrechungen der Elektrizitätsversorgung in Shanghai und Beijing. Die Bekämpfung der Armut in den westlichen Provinzen musste da zurückstehen. Dies war mein direktester Zusammenstoß mit der sozialen und ökologisch wenig bewussten Politik in der zentralen Planungsbehörde in China.

Noch gab ich mich aber nicht geschlagen. Ich kannte Wissenschaftler an der chinesischen Akademie der Sozialwissenschaften und an einigen Universitäten, die sich bemühten, Kriterien und Strategien zu entwickeln, den Wirtschaftskurs Chinas besser auszutarieren. Sie setzten sich für eine *qualitative growth strategy* ein. Ich unterstützte diese Arbeit, konnte aber nicht auf das volle Engagement seitens der Weltbank und des IWFs zählen. Das machte es entsprechend schwer, solchen alternativen Denkansätzen zum Durchbruch zu verhelfen.

Ein anderer möglicher Partner war die Politische Konsultativkonferenz des chinesischen Volkes[47]. Dieses Gremium wird von der Zentralregierung konsultiert, bevor sie dem Volkskongress einen Gesetzentwurf, den Fünfjahresplan und ihren jährlichen Bericht vorlegt. Mitglieder dieser Konferenz waren besonders daran interessiert, ein Wertesystem zu entwickeln, das Grundsätze für eine gerechte, gleiche und faire Entwicklung für alle Chinesen bestimmen würde. So stimulierend diese Diskussionen intellektuell auch waren, es wurde mir doch überdeutlich vor Augen geführt, dass nur ein Wandel in der Kommunistischen Partei Chinas ein besser ausgeglichenes Entwicklungsszenario mit sich bringen würde. Nur dann würde die Balance zwischen wirtschaftlichem Wachstum, sozialer Gerechtigkeit und ökologischem Schutz eine Chance haben.

---

47  In diesem Gremium sind die 8 chinesischen Parteien zusammengefasst, einschließlich der Kuomintang; zudem viele höhere Beamte und Wissenschaftler, die in dieses Gremium nach ihrer Pensionierung berufen werden.

## Good Governance[48] – ein übergeordnetes Anliegen UNDPs

1999 veröffentlichte UNDP-China seinen zweiten nationalen *Human Development Report* unter dem Titel »*Transition and the State*«. Im Bericht leuchteten wir den Rückzug des Staates aus vielen gesellschaftlichen Bereichen aus und diskutierten darüber, wie die geschaffenen Freiräume für den Einzelnen genutzt werden konnten und welche Auswirkungen dieser Rückzug des Staates auf wenige Funktionen für das Allgemeinwohl hatte. Letztendlich handelte es sich um einen Abbau des maoistischen Staates, der der chinesischen Tradition auch gar nicht entsprach. Oft sagten wir, China ist in erster Linie chinesisch – und danach erst kommunistisch. Aber dieser Rückzug des Staates hatte nicht nur positive Auswirkungen. Ich erwähnte bereits den Zusammenbruch der Gesundheits- und Erziehungsinfrastruktur auf dem Lande. Der Übergang von staatlich kontrollierten Unternehmen zu privatwirtschaftlich betriebenen Unternehmen schuf große soziale Probleme. Es galt also herauszufinden, wo in der chinesischen Gesellschaft Ansatzpunkte für nichtstaatliche Akteure im öffentlichen Raum bestanden, um sich dieser Probleme anzunehmen. Neben den NGOs galt es, auch die chinesischen Unternehmer zu erreichen. Um diese zu erreichen, organisierte ich in unserem Büro einen Runden Tisch, zu dem ausländische Firmen, die für ihre Programme der *Corporate Social Responsibility* bekannt waren, chinesische Unternehmen mit sozialen Programmen, Vertreter der internationalen Industrie- und Handelskammern und der chinesische Unternehmerverband eingeladen wurden. Die Diskussion sollte ohne vorher festgelegte Agenda laufen. Bei UNDP wussten wir, dass sich eine eventuelle Kooperation um spezifische Themen ranken musste, um eine Chance zu haben. Wir hatten deshalb für uns eine Auswahl getroffen: HIV/AIDS, Anti-Korruption und soziale Gleichstellung, ergo: Armutsbekämpfung. Die Unternehmensvertreter nannten ihrerseits die Intransparenz der chinesischen Arbeitsgesetzgebung, Korruption und Produktpiraterie seitens chinesischer Unternehmen. Zu einem 2. Runden Tisch luden wir deshalb Vertreter des Arbeitsministeriums, der ILO und der Gewerkschaften ein. Zwar war es nicht das Beste aller möglichen Informationstreffen, dennoch führte uns die Dis-

---

48  Leider gibt es keine eindeutige Übersetzung dieses Begriffs ins Deutsche. Am besten wird die Bedeutung wohl durch »gutes Regierungswesen« oder »gute Regierungsführung« erfasst.

kussion weiter. Einerseits zeigten sich die Gewerkschaften daran interessiert, unser Projekt in Tianjin zu kopieren, um arbeitslosen Arbeitern aus Staatsbetrieben in zwei Provinzen durch Kleinkredite, Schulung und technische Hilfe in Form von Geschäftsinkubatoren eine wirtschaftliche Alternative zu bieten. Andererseits waren die ausländischen Wirtschaftsvertreter bereit, über ihre Handelskammern eine Studie in Auftrag zu geben, die aufzeigen sollte, wie im Süden Chinas Initiativen der örtlichen Industrie- und Handelskammern zu einer weitgehenden Beachtung von Patenten und registrierten Warenzeichen geführt hatten. Die Vertreter der ausländischen Firmen waren skeptisch, aber sie erklärten sich bereit, wenn UNDP die Studie finanzierte und die Ergebnisse gute Ansatzpunkte lieferte, dann würden sie im Gegenzug Schulungspakete entwickeln und eine Reihe von Schulungsseminaren in ganz China durchführen. UNDP nahm also 2 Sozialwissenschaftler aus der Chinesischen Akademie der Sozialwissenschaften (CASS) unter Vertrag und gab ihnen den Auftrag, die südchinesischen Erfahrungen zu dokumentieren und zu analysieren. Wir beauftragten die Forscher, insbesondere die erfolgreichen Maßnahmen zu beschreiben und deren Effektivität zu analysieren. Die Ergebnisse rechtfertigten unseren Einsatz. Die Skeptiker wurden überzeugt und das Schulungsprogramm lief an. Damit leisteten wir einen kleinen, aber effektiven Beitrag zu den WTO-Beitrittsverhandlungen, die China damals immer noch führte. Denn der Schutz von Markenzeichen war bei jeder Verhandlung ein Thema. Nun konnte die Regierung belegen, dass es nicht nur ausreichende Gesetze in China gab, sondern ansatzweise auch Selbsthilfemaßnahmen der chinesischen Industrie. Aber einmal mehr wurde klar, wie viele Anstrengungen es kosten würde, die hunderttausend chinesischen Geschäftsleute zu erreichen. Unter Mao hatte es Kampagnen gegeben, um eine große Zahl von Chinesen zu mobilisieren. Dies war nun kein legitimes Mittel der Politik oder der gesellschaftlichen Praxis mehr. Aber keine Allianz würde ausreichende finanzielle und andere Ressourcen haben, um einen relevanten Teil der Zielgruppe, nämlich mittelständische Unternehmen, zu sensibilisieren. Trotzdem war es der Mühe wert.

Die anderen Themen waren schwerer in dieser *Public Private Partnership* zu fassen. Die Armutsbekämpfung griffen wir in der schon beschriebenen Sozialstudie zur Westostpipeline auf, aber Korruption und HIV/AIDS bekamen wir nur teilweise in den Griff. Zwar waren die ausländischen Unternehmen bereit, sich der Herausforderung von HIV/AIDS zu stellen, da sie auch entsprechende Erfahrungen in anderen Ländern wie Brasilien und Südafrika gemacht hatten, aber alle warteten auf die entsprechenden Signale der Regierung und der Partei. Nachdem wir in der VN dann das Thema HIV/AIDS ausführlich behandelt hatten, und auch die Regierung begann, sich der Situation zu stellen, öffnete sich der chinesische Unternehmerverband zögerlich, HIV/AIDS in seinen Tagungen anzusprechen.

## Korruption – ein wachsendes Problem

Das Thema Korruption war ausschließlich über zusätzliche Kontakte in den Griff zu bekommen. Ich bat unsere Partnerorganisation in der Regierung, mir ein Gespräch mit dem zuständigen Ministerium zu vermitteln. In der Regierung gibt es ein Ministerium, das die Verwaltungspraktiken aller anderen Ministerien überwacht. Um die nötige Autorität zu haben, steht es in der Hierarchie etwas höher als alle anderen Ministerien. Darüber hinaus ist das Ministerium eng mit der Kommission für innerparteiliche Disziplin verbunden. Wie so oft stellte sich bei den ersten Gesprächen heraus, dass die Regierung schon aktiv an einer Verbesserung der Anti-Korruptionsmaßnahmen arbeitete. Allerdings lag der Akzent auf der Verschärfung von Kontrollen und der Bestrafung von korrupten Beamten. Weder wurden die systemischen Ursachen für Korruption noch die moralisch-ethischen Beweggründe angemessen berücksichtigt. Hier sah ich eine Möglichkeit, durch internationale Erfahrungen den Horizont der chinesischen Korruptionsbekämpfung zu erweitern. Eine erfolgreiche Vorgehensweise lag sozusagen vor der Tür, nämlich Hongkong. Dort war es gelungen, durch wohlabgestimmte Einzelmaßnahmen die Korruption im öffentlichen Dienst merklich zu verringern.

Ich habe die Ergebnisse unseres Projektes dann nicht mehr erlebt. Aber wie ich hörte, wurden die moralisch-ethischen Aspekte mehr in den Vordergrund gerückt. Leider war der Druck auf das Ministerium zu groß, als dass auch einige der systemischen Aspekte hätten angegangen werden können, die vor allem im Management-System der Staatsfinanzen zu suchen sind.

UNDP war seit Beginn seiner Tätigkeit in China im Bereich fiskalischer Reformen engagiert. In Bezug auf die Steuerreformen arbeiteten wir eng mit dem Internationalen Währungsfond (IWF) zusammen, in Bezug auf die Reformen des Zollwesens überließen wir es der chinesischen Regierung, internationale Partner zu bestimmen. Die Zollverwaltung war ein zentraler Dienst und erbrachte Ende der 90er Jahre etwa 40 Prozent der Einnahmen der Zentralregierung. Die Automatisierung der Verwaltung war weit fortgeschritten, dadurch war die Rolle UNDPs relativ unbedeutend geworden. Ganz anders war die Situation auf der Steuerseite. Auch hier hatte es eine Weiterentwicklung gegeben. Die chinesische Regierung holte sich Ratschläge nicht mehr vom IWF, sondern von meist chinesischen Experten in Hongkong und den USA. Unsere Arbeit hatte sich auf eine technische Ebene verlagert, dadurch wurden zum Beispiel Seminare und Tagungen finanziert, um die Vor- und Nachteile der Einführung der Mehrwertsteuer und deren Höhe zu diskutieren. So wichtig diese Fragen waren, sah ich doch darüber hinaus Bedarf an Beratung, die die Regierung nicht bekam und auch anderweitig nicht nachfragte. Als unser laufendes Projekt zu Ende ging, wollten sowohl das Finanzministerium wie auch der IWF eine Fortsetzung unserer Zusammenarbeit. Ich sagte diese prinzipiell zu, forderte aber eine Umorientierung. Das Finanzministerium war offen, die Mitarbeiter des IWFs weniger. Denn ich stellte Forderungen, die von anderen Abteilungen im IWF abgedeckt wurden. Ich wollte, dass sich unsere zukünftige Zusammenarbeit auf 2 Aspekte konzentrierte: zum einen auf die Abschaffung von staatlichen Gebühren auf dem Lande, die manchmal höher als die Steuerabgaben waren. Zum anderen forderte ich, dass die Steuerverwaltung wieder stärker zentralisiert wurde, da aus unserer Sicht eine solche Zentralisierung einen besseren Hebel bot, den Finanztransfer von reicheren Provinzen auf die ärmeren zu managen.

Mir war klar, dass wir dadurch trotzdem nicht an einen Aspekt herankamen, der aus unserer Sicht das Einfallstor für Korruption war. Aber wir waren näher dran. Es musste darum gehen, eine größere Transparenz der Steuereinnahmen und -ausgaben auf der Ebene der Provinzen und Landkreise herzustellen. Eine Zentralisierung in Form eines standardisierten Buchungswesens würde hier einen Beitrag leisten können.

Ich hatte ursprünglich vom IWF gefordert, dass auch das Management des Finanzausgleichs Teil unseres Projektes sein sollte. Leider konnte ich mich nicht durchsetzen, da die Weltbank an diesem Aspekt bereits arbeitete. Aber hier lag einer der Hauptgründe für korrupte Praktiken. Die Zentralregierung verlangte für Zuschüsse aus dem zentralen Haushalt die Bereitstellung von Eigenmitteln. Wenn diese nicht gesichert waren, dann wurden auch die Zuschüsse nicht genehmigt. Arme Landkreise waren deshalb in einer schwierigen Situation, vor allem wenn sie darüber hinaus keine zusätzlichen Gebühren mehr erheben durften. Oft mussten sich die lokalen Behörden das Geld von lokalen Unternehmern »leihen« – im Austausch für die Genehmigung von Bau- oder sonstigen kommerziellen Projekten. Und so wechselte Geld, das nicht immer korrekt ausgewiesen war, von öffentlichen in private Hände und umgekehrt. Diese Praxis durch eine neue zu ersetzen, die eine bessere Offenlegung der Herkunft und Verwendung der Gelder ermöglicht, ist eine Mammutaufgabe und wohl bis heute nicht zufriedenstellend gelöst.

Zwar hat die Führung unter Xin Jinping dem Kampf gegen die Korruption einen sehr hohen Stellenwert eingeräumt, aber der Fokus scheint inzwischen auf den moralisch-ethischen Aspekten zu liegen – und nicht den systemischen. Bei Umfragen zeigt sich seit vielen Jahren, dass die Bevölkerung Korruption als das größte Problem ansieht. Daher haben die Partei und die Regierung gar keine andere Wahl, als das Problem anzugehen, denn nur so können sie ihre Legitimität aufrechterhalten. Aber der intransparenten Verwendung von öffentlichen Geldern wird damit nur bedingt ein Riegel vorgeschoben.

Mit dem Fortschreiten der Reformen zeichnete sich immer deutlicher ab, dass das politische System Chinas an seine Grenzen stieß. Zwar waren alle Bausteine für eine offene Gesellschaft vorhanden, aber die absolute Vormachtstellung der Partei erdrosselte doch so manche Initiative und stapelte diese Steine immer wieder so, dass eben kein neues Gefüge entstehen konnte. Es würde hier zu weit gehen, auf Einzelheiten des chinesischen politischen Systems und seines täglichen Funktionierens einzugehen, aber einen Aspekt möchte ich noch herausgreifen, da er im westlichen Ausland oft als ein Ansatzpunkt für eine grundlegende politische Veränderung angesehen wird.

## Allgemeine und freie Wahlen auf der Dorfebene

Nach 1911 erlebte China mehrere Formen gewählter politischer Führung. In den 1920er Jahren versank die Republik aber schnell in einem Morast sich bekämpfender Militärführer, erst 1949 – mit dem Sieg der Kommunistischen Partei Chinas – verfügte das Land wieder über eine einheitliche politische Führung. Die KPC übernahm das System des leninistischen demokratischen Zentralismus, in dem die jeweils höhere Instanz ihre Kader von der unteren kooptiert. Die Bevölkerung hatte auf solche Entscheidungen lange keinen Einfluss. Erst die Reformen der späten 70er Jahren brachten eine geringfügige Veränderung.

Nach Maos Tod 1976 wurde die Provinz Sichuan zur Quelle einer Reihe von wirtschaftlichen und politischen Reformen. In dieser Provinz fand die erste Privatisierung kollektivierter Landwirtschaft statt, was zu enormen Produktivitätssteigerungen pro Hektar und Arbeitskraft führte. Ebenfalls in dieser Provinz organisierten die ersten Dörfer direkte Wahlen der Dorfältesten und Dorfkomitees. 10 Jahre später konnten solche Wahlen freiwillig in allen Teilen des Landes abgehalten werden. Dann, 1998, verabschiedete der Volkskongress ein Gesetz, das die Wahlen obligatorisch machte. Am Beginn des 21. Jahrhunderts erhalten somit etwa 3,2 Millionen Dorfführer alle 4 Jahre in freien, allgemeinen und direkten Wahlen ihr Amt. In einigen Dörfern haben diese Wahlen schon mehrfach stattgefunden, in anderen erst nach der Verabschiedung des obigen Gesetzes. Die lokalen Parteisekretäre sind angewiesen, sich aus der Auswahl von Kandidaten herauszuhalten, Parteimitgliedschaft ist nicht Voraussetzung für eine Kandidatur.[49]

Die Zentralregierung war sich zunächst uneinig darüber, wie sie auf diese lokalen Initiativen reagieren sollte. Aber dann wurde beschlossen, dass das Ministerium für Gemeinschaftliche Dienste (*Community Services*), das für die Überwachung von allen zivilen Nichtregierungsorganisationen und -organen zuständig ist, die Wahlen begleiten und Regeln für die Durchführung von Wahlen erlassen sollte. Meine Vorgänger hatten sich die Gelegenheit nicht entgehen lassen und UNDPs Zusammenarbeit angeboten, die auch angenommen wurde. In unserem Projekt wurden daher die Regeln für die Durchführung der Wahlen und die Ausbildungsprogramme für die lokalen Wahlbeauftragten entwickelt. Darüber hinaus waren in ähnlicher Weise die Stiftungen der beiden politischen Parteien aus den USA involviert; sie berieten und unterstützten den Prozess seit den 90er Jahren.

Als ich mich 1998 mit diesem Projekt vertraut machte, verlief die Einführung lokaler Wahlen im Schneckentempo. Einerseits musste sich das Ministerium auf die Überwachung beschränken, andererseits gaben sie jeder Form von Widerstand auf der provinziellen Ebene nach. Erst mit der Verabschiedung des Gesetzes, das die Wahlen in allen Provinzen zur Pflicht machte, hatte das Ministerium einen größeren Spielraum, die Widerstände zu überwinden.

Ich drängte das Ministerium zudem, vergleichbare Wahlen in den Städten einzuführen. Denn etwa ein Viertel der chinesischen Bevölkerung arbei-

---

49  Für mehr Einzelheiten siehe Baogang He: *How democratic are village elections in China, 2003*

tete als Wanderarbeiter, die auf dem Land wählen durften aber nicht in der Stadt, wo sie nun lebten. 2001 begannen schließlich einige Stadtbezirke in Beijing mit lokalen Wahlen zu experimentieren, die von der Zentralregierung geduldet wurden. 2002 waren unsere Gelder erschöpft, wir hatten keine Reserven mehr. Aber die EU war bereit, ein Programm mit mehreren Millionen Euro zu genehmigen und wollte UNDP als Manager für dieses Programm einsetzen. Zwar wurden uns unsere Kosten kaum erstattet, aber wir sagten trotzdem zu, weil die chinesische Seite darum nachgesucht hatte und wir gerne hautnah die Veränderung des politischen Systems weiter verfolgen wollten.

Übrigens hatte die Einführung dieser direkten Wahlen örtlicher Führung weniger damit zu tun, dass sie der Beginn einer parlamentarischen Demokratie im westlichen Sinne sein würden. Sie hatte vielmehr mit der chinesischen Tradition zu tun, dass sich der Staat auf der Dorfebene, insbesondere im ländlichen Raum, auf nichtstaatliche Autoritäten verließ, um für Recht und Ordnung zu sorgen. Im kaiserlichen China waren reiche Landbesitzer mit diesen Aufgaben betraut worden. Diese gab es nun nicht mehr, deshalb nahm die nationale Führung die Gelegenheit wahr, die Dorfbewohner diese Amtsträger auf Zeit durch Wahlen bestimmen zu lassen. Andere Formen dieser direkten Selbstverwaltung waren häufig verschüttet unter der Erblast der maoistischen Herrschaft, aber hier und dort kamen sie zum Vorschein. Genau hier waren die Ansätze für eine Veränderung des politischen Systems angelegt – und nicht in der Übernahme westlicher Systeme. Letztlich will die politische Führung auch im politischen Bereich einen graduellen Übergang zu größerer Beteiligung und Mitwirkung an den politischen Entscheidungsprozessen. Es bleibt abzuwarten, ob diese Öffnung des bisherigen bürokratisch-technokratischen Systems schnell genug vor sich geht, um mit den Hoffnungen und Wünschen der chinesischen Bevölkerung Schritt zu halten.

## Zeit, sich zu verabschieden

Anfang 2003 wurde es Zeit für mich, an meine Versetzung zu denken. Mehr als 5 Jahre war ich zu diesem Zeitpunkt in China. Entweder ging ich in Frühruhestand, verlängerte um 2 Jahre oder versuchte noch einmal, mich um eine andere Stelle zu bewerben. Das Schicksal war mir hold. Im April 2003 lud mich der designierte Generaldirektor der WHO, Dr. J.W. Lee, zu einem Gespräch nach Genf ein und bot mir wenig später den Posten der Beigeordneten Generaldirektorin für Nachhaltige Entwicklung und Gesundheit an. Ich hatte mich zwar auch für den Posten der stellvertretenden Hohen Kommissarin für Menschenrechte beworben, aber Sergio Viera de Mello, der Hohe Kommissar, war vom Generalsekretär in den Irak geschickt worden, um die dortige VN-Mission zu leiten. Damit war klar, dass keine Entscheidung mehr vor meiner Abreise aus China, die für den Sommer vorgesehen war, über meine Kandidatur gefällt würde. Ich nahm also das WHO-Angebot an – und habe es auch nie bereut. So hatte ich 3 Monate Zeit, von China Abschied zu nehmen und über meine Tätigkeit nachzudenken.

Die letzten 5 Jahre waren mit Abstand die interessantesten meiner Karriere gewesen. Herausfordernd, trotzdem mit viel positiven Ergebnissen. Einerseits waren diese mit einem hohen persönlichen Einsatz verbunden, andererseits aber auch mit sichtbaren Früchten dieses Einsatzes. China konnte in vieler Hinsicht als Modell für entwicklungspolitische Zusammenarbeit gelten. Alle notwendigen Voraussetzungen waren gegeben: Eine nationale Regierung, die Entscheidungen nach einem sorgfältigen Konsultationsprozess trifft. Auf der Arbeitsebene nationale Partner, die zuhörten und Ratschläge sowie Fachwissen kritisch aufnahmen. Man konnte sicher sein, dass unsere Stellungnahmen mit denen von anderen Quellen verglichen würden und sich aus diesem Vergleich und der Verarbeitung des Gehörten eine eigenständige chinesische Position entwickeln würde. Zunehmend waren die chinesischen Partner auch bereit, Alternativen zu diskutieren. Verhandlungen waren somit darüber hinaus intellektuell stimulierend und offen. Chinesische Beamte und Politiker sind selbstbewusst genug, den Beitrag ausländischer Partner anzuerkennen, was immer den Eindruck vermittelt, dass man willkommen ist und geschätzt wird. Gleichzeitig lassen chinesische offizielle Kontaktpersonen nie einen Zweifel daran, dass alle Entscheidungen die der chinesischen Seite sind. Es gab in der Zeit von 1998 bis 2003 relativ wenige Tabus; man konnte mit Höflichkeit und Respekt als ausländischer Vertreter sehr wohl kritische Beobachtungen machen. Solange man das ungeschriebene chinesische Protokoll beachtete, wurden solche kritischen Stellungnahmen bereitwillig zur Kenntnis genommen.

Eine dieser ungeschriebenen protokollarischen Regeln war, dass man kritische Bemerkungen bei der »richtigen« Instanz anbrachte. Die ausländische Presse war in den Augen der chinesischen Autoritäten dabei niemals die »richtige« Adresse. Natürlich konnten wir als Vertreter einer internationalen Organisation keine Interviews ablehnen, aber wir mussten immer abwägen, was wir wann und zu wem sagten.

Im schnellen Tempo Chinas war es immer wichtig, früh zu erfahren, was passierte. Für die Journalisten waren gut informierte Quellen unerlässlich. Schnell bekamen sie mit, dass wir als VN oft Zugang zu vertraulicher Information hatten, die wir allerdings meistens nicht offen mitteilen konnten. Somit blieben unsere Beziehungen zu den Medien, und vor allem zu den Auslandsjournalisten, immer etwas angespannt. Ich war eigentlich gerne bereit, mit der Presse unsere Sicht der Dinge zu teilen, aber ich wollte nicht den Zugang zur staatlichen und politischen Führung des Landes verlieren. Im Allgemeinen wussten wir, dass unsere Gespräche blockiert würden, sobald ein kritischer Punkt zuerst in der Auslandspresse erwähnt wurde. Wir mussten deshalb immer zuallererst mit den zuständigen Vertretern der Regierung und/oder der Partei ein Problem ansprechen, bevor wir uns öffentlich dazu äußern konnten. Die Beziehung zur internationalen Presse war und blieb so immer ein »Eiertanz«. Manches Mal bin ich dabei ausgerutscht, im Großen und Ganzen sahen uns die Pressevertreter – besonders mich – als zu unkritisch gegenüber den Machtverhältnissen und den Schwachpunkten des chinesischen Systems. Wir mussten mit dieser Wahrnehmung leben, da sie weniger hinderlich für unsere Arbeit war als kritische Offenheit gegenüber den Medien, die die chinesischen Partner irritiert und unseren Zugang zu hohen und höchsten Politikern und Beamten verschlossen hätte.

## Blick zurück und nach vorn

Chinas Entwicklung ist in vieler Hinsicht einzigartig. Die rapide Entwicklung offenbart allerdings gleichermaßen Minuspunkte. So hat China seine Philosophie der »goldenen Mitte« und die Dinge in der Balance zu halten verloren. Auch hat das Land den sorgfältigen Umgang mit natürlichen Ressourcen aufgegeben. Recycling und die Nutzung knapper Ressourcen müssen erst mühselig als Herausforderung neu erkannt und angegangen werden. Manchmal hat man den Eindruck, dass das ganze Land das Gespür dafür verloren hat, was für seine Menschen von Priorität sein sollte. Die wirtschaftliche Transformation ist angetrieben vom Ehrgeiz der weiterentwickelten Marktwirtschaften (USA, Westeuropa, Japan) und dem Willen, so schnell wie möglich dort zu lernen und das Gelernte mit Verbesserungen umzusetzen. Politisch ist der Prozess angetrieben von der Vorstellung, die OECD-Länder erfolgreich herauszufordern und dies im Interesse aller Entwicklungsländer zu tun. So ist China nach wie vor am ehesten mit den Positionen der Gruppe der 77 in den VN verbunden, viel enger als mit denen der G 8. Nur sehr widerwillig hat sich China in die G 20 aufnehmen lassen.

Zwei Aspekte sind aus meiner Sicht vor allem besorgniserregend: Zum einen die Vorherrschaft der Technokraten, die meinen, dass Wissenschaft und Technik alle wirtschaftlichen und sozialen Probleme lösen können, um den Lebensstandard zu verbessern und den Menschen ein zufriedenstellendes Leben zu ermöglichen. Der Gegensatz zwischen den Milliarden, die China heute in sein Raumfahrtprogramm steckt, und den Millionen, die es in die Bekämpfung der Armut investiert, ist ein aussagekräftiges Beispiel. Zwar kann argumentiert werden, dass China, das die Ausdehnung eines Kontinents hat (geographisch etwa genauso groß wie Europa von Moskau bis Sizilien), die Weltraumtechnologie nutzen sollte, um die Versorgung des Landes besser zu sichern. Aber gehört dazu das Ziel, einen Chinesen auf dem Mond landen zu lassen? 2003 registrierte der GINI-Koeffizient, der den Unterschied zwischen den Reichsten und Ärmsten in einer Gesellschaft misst, eine derartige Lücke, dass dadurch soziale Unruhen prognostiziert werden könnten. Tatsächlich gab es im Jahr 2003 Berichte von etwa 20000 lokalen Unruhen, die sich seitdem um ein Vielfaches vermehrt haben.

Der zweite besorgniserregende Aspekt ist Chinas große Hingabe an wirtschaftliches Wachstum. Die heutige Führung unter Xin Jinping versucht eine ausgewogenere, die gesamte gesellschaftliche Transformation umfassende Politik durchzusetzen. Aber die vielen kleinen Schritte erscheinen als zu klein und zu spät, um einen wirklichen grundlegenden Wandel zu bewirken. Darüber ist der Stil sehr autokratisch geworden und erstickt viele Initiativen auf nachgeordneten Ebenen. In meinen beiden letzten Jahren war ich ständig auf der Suche nach Reformern, die eine umfassende gesellschaftliche und politische Transformation anstrebten. Aber selbst diese waren zurückhaltend in ihren Pilotaktivitäten. Einer der Gründe für diese Zurückhaltung liegt in der jüngsten Geschichte Chinas. Die heutigen Führungskräfte erinnern sich noch gut an das menschliche Leiden, das die maoistischen Kampagnen und vor allem die Kulturrevolution mit sich brachten. Die Führung verabscheut es deshalb, Konflikte und politische Kontroversen offen auszutragen, weil sie befürchtet, dass es zu ähnlichen gewalttätigen Auseinandersetzungen führen könnte. Dennoch, der freie

Fluss an Informationen, die politische Gewaltenteilung, rechtsstaatliche Praktiken, mit denen wirtschaftliche, soziale und kulturelle Konflikte gelöst werden können, mit anderen Worten: alle Instrumente, die für eine ausgewogene und friedliche Entwicklung gebraucht werden, waren damals und sind auch heute (2016) noch zu schwach in China, um durchschlagende Wirkung zu zeigen.

## Traurig, Abschied zu nehmen

Meine Jahre in China gaben mir den Eindruck, dass ich erlebte, wie Geschichte gemacht wird. Mir wurde bewusst, dass der Beitrag, den die VN leisten konnten, klein, aber bedeutsam war. Um relevant zu sein und zu bleiben, mussten wir uns politisch positionieren und Risiken eingehen. Wir mussten auf die Situation derer hinweisen, die in die wirtschaftlichen und sonstigen Reformen wenig oder gar nicht mit einbezogen waren, und wir mussten uns um die negativen Folgen der Integration der chinesischen Wirtschaft in die globale Wirtschaft kümmern. Es wurde immer deutlicher, dass diese negativen Folgen nicht nur für China galten, sondern für alle Länder in einer globalisierten Welt. Chinas soziale Probleme und seine Umweltzerstörung waren identisch mit denen in anderen Ländern. Viele Entwicklungsländer standen diesen Veränderungen ziemlich hilflos gegenüber, viele OECD-Länder taten zu wenig. China musste, aufgrund seiner Größe und wirtschaftlichen Bedeutung, endlich seinem Diktum folgen, dass es eine besondere Verantwortung für die globale Entwicklung trug.

Mit diesen Erkenntnissen sah ich nun mit großem Interesse meiner neuen Aufgabe bei der WHO entgegen. Ich würde dieses Mal global agieren müssen. Ich sollte ein Team von wissenschaftlich qualifizierten Fachkräften führen, die sich mit Problemen der Auswirkungen von Umweltbedingungen auf die menschliche Gesundheit beschäftigen, also mit Themen wie Radiation, chemische Stoffe, Lebensmittelsicherheit, Klimawandel. Weiterhin war die Umsetzung der *Millennium Development Goals*[50] in allen Programmen der WHO unsere Aufgabe. Obwohl die Mehrheit der Ziele im Bereich der menschlichen

---

50  Zur Erinnerung, diese 8 Ziele, die kurz nach 2000 formuliert wurden und bis 2015 erreichten werden sollten, sind: 1. Kampf gegen Armut und Hunger, 2. Erreichung universeller Grundschulausbildung, 3. Förderung der Gleichstellung und Bevollmächtigung der Frauen, 4. Verringerung der Kindersterblichkeit, 5. Verbesserung der mütterlichen Gesundheit, 6. Kampf gegen HIV/AIDS, Malaria und andere Krankheiten, 7. Ökologische Nachhaltigkeit, 8. Globale Partnerschaft für die Entwicklung.

Gesundheit definiert waren, die stellvertretend für menschliches Wohlbefinden standen, waren viele Aktivitäten der WHO nicht auf die Erreichung der Ziele ausgerichtet. Eine andere Abteilung in meinem Cluster behandelte Fragen zu Menschenrechten, ethischen Standards und globalem Handeln im Gesundheitsbereich. Zwei weitere, schwer einzugliedernde Programme wurden mir auch zugeteilt: Die Nachfolgearbeit zum WHO-Bericht von 2001 über »*Macro-economics and Health*« und die Koordinierung der Arbeit in den Länderbüros der WHO sowie zwischen den Regionalbüros und dem Hauptsitz in Genf. Es war ein Potpourri an recht verschiedenen Aspekten der menschlichen Gesundheit, aber jeder war auf seine Weise wichtig und interessant.

Ich war mir nicht sicher, wie ich das Wiedereinleben in Europa meistern würde – nach 28 Jahren in Ländern auf anderen Kontinenten. Als Sicherheitsnetz hatte ich immer noch die VN. Aber das Ende meiner VN-Karriere war in Sicht und ich musste mich der Herausforderung stellen, wieder in Europa zu leben.

# WHO – Handeln auf globaler Ebene: Genf (2003–2005)

Ich hatte nicht viel Zeit, mich meiner Traurigkeit über den Abschied von China hinzugeben. Ebenso wenig Zeit blieb mir, lange über meine Rückkehr nach Europa nachzudenken. Nach einem kurzen Zwischenaufenthalt zu Hause flog ich nach Genf, wo für den neuen Generaldirektor und sein handverlesenes Team von beigeordneten Generaldirektoren die Vorstellung in der ganzen WHO geplant war. In einer Sitzung im Saal des Exekutivrates der Organisation sollte das neue Führungsteam der *Assistant Director Generals* (ADGs) sich und die von ihnen geführten und neu gestalteten Cluster bei allen Mitarbeitern der Organisation in kurzen Statements vorstellen. Die Mitarbeiter in den Regionalbüros waren über eine Videokonferenzschaltung mit Genf verbunden. Nachdem der Generaldirektor, Dr. J.W. Lee, gesprochen hatte, kam die Reihe an jeden von uns. Ich war begeistert. So hatte ich mir immer den Einsatz von neuer Kommunikationstechnologie gewünscht.

Nach einer kurzen Pressekonferenz hielt ich eine ebenfalls kurze Sitzung mit den Mitarbeitern meines Clusters ab. Dann reiste ich wieder ab, um meinen Jahresurlaub zu nehmen, denn formell arbeitete ich noch für UNDP. Mein Vertrag mit der WHO fing erst einen Monat später an. So fuhr ich nach Hause und kümmerte mich um Haus und Garten und meine gealterte Mutter, die nun mehr Zuwendung brauchte als zuvor. Auch war eine Kindheitsfreundin in einer schwierigen Situation, so lud ich beide zu einer Reise mit dem Glacier Express von Chur nach Zermatt ein, die sich meine Mutter schon lange gewünscht hatte. Für mich war dies eine hervorragende Gelegenheit, mich mit der Schweiz wieder vertraut zu machen, die nun für die kommenden 2 Jahre auch mein Arbeits- und Wohnort sein würde. Das letzte Mal war ich längere Zeit in Genf als Doktorandin gewesen, als ich 1972 bei der ILO forschte.

Ich genoss es und hatte gleichzeitig jedoch große Vorbehalte, wieder im guten, alten und komfortablen Europa zu sein. Zwar gaben mir die VN noch einen gewissen Schutz, aber auch VN-Organisationen sind nicht immun gegenüber ihrem gesellschaftlichen Umfeld. So irritierte mich ein Aspekt besonders stark. Viele politische Aktionen in Europa sind darauf gerichtet, einen gewonnenen Status zu erhalten, und viele Aktionen sind darauf gerichtet, die Beachtung individueller Rechte und Ansprüche strikt durchzusetzen. Diese Einstellung machte auch vor den Türen der WHO nicht halt. Hier war ich nun oft recht hilflos gegenüber diesen »europäischen Werten«. In China hatte ich in einem Land gelebt und gewirkt, wo die Dynamik des »wir können alles schaffen« dominierte; in New York hatte ich erfahren, dass man es überall schafft, wenn man sich dort durchgesetzt hat; in Afrika hatte ich gelernt, dass man das Leben von einem Tag zum nächsten lebt, so gut wie es eben geht. All diese Erfahrungen erschienen im Arbeitsumfeld der Schweiz und der WHO fremdartig. Welch ein Kulturschock für mich!

Als ich meine ersten Gespräche mit meinen neuen Mitarbeitern führte, so wie ich es immer getan hatte, stellten sich diese unterschiedlichen Einstellungen und Verhaltensweisen als vordringliche Herausforderungen heraus. Mehrere Mitarbeiter hatten die Vorstellung, dass langjährige und harte Arbeit durch eine Beförderung anerkannt werden müsste und diese demnach für sie überfällig sei. Andere waren der Meinung, dass die Finanzierung ihrer Arbeit nicht gesichert wäre, dies aber nicht in ihrer Verantwortung läge, sondern die Aufgabe von anderen sei. So war relativ schnell und deutlich klar, dass in meinem Cluster sehr unterschiedliche Vorstellungen darüber herrschten, wie die Ziele der Organisation umzusetzen seien. Die meisten Spannungen ergaben sich aus der Verweigerung, sich als Teil eines Teams zu sehen und im Team zu arbeiten. Ich musste mir meine Erfahrungen aus der Zeit vor meiner Abreise aus Europa vor 28 Jahren wieder ins Gedächtnis rufen, um dieses Verhalten eines ausgeprägten Individualismus, diese Unzufriedenheit und Selbstgerechtigkeit zu verstehen und darauf angemessen zu reagieren. Die Unzufriedenheit war immer verbunden mit der Einstellung, dass andere oder anderes im Wege waren und jenseits der eigenen Kontrolle lagen. Es war diesen Mitarbeitern nur schwer zu vermitteln, dass ihr Mangel an Teamgeist möglicherweise die Quelle ihrer professionellen Unzufriedenheit und ihrer fehlenden Erfolge war.

Viele fühlten sich darüber hinaus sozial isoliert. Sie wohnten in Frankreich und arbeiteten in der Schweiz, sahen sich aber weder mit dem einen noch mit dem anderen Land verbunden. Ich wollte diese Isolation vermeiden und suchte mir daher eine Wohnung in Genf, gerade einmal 10 Autominuten vom Gebäude der WHO entfernt. Die Lage meiner Wohnung hatte auch den Vorteil, dass ich die täglichen Autostaus von der beziehungsweise über die französisch-schweizerische Grenze vermeiden konnte. Die Parks entlang des Sees waren nur ein kleiner Umweg auf meinem Arbeitsweg, und so konnte ich während der Mittagspause oder abends noch leicht einen Spaziergang dort machen. Nach einigem Zögern trat ich außerdem einem der luxuriösesten Sportclubs in der Genfer Umgebung bei. So hatte ich meinen Rhythmus und auch eine Möglichkeit gefunden, mich von dem ständigen unterschwelligen Stress auf angenehme Weise zu erholen.

## Umstrukturierungen – wieder einmal

Der Generaldirektor hatte uns als eines der Ziele vorgegeben, zu einer rationaleren Verteilung der Aufgaben zwischen dem Hauptsitz und den Regional- und Länderbüros zu kommen. Er wollte, dass am Hauptsitz der Focus auf der Formulierung von globalen Strategien und der Erarbeitung von Standards im medizinisch-gesundheitspolitischen Bereich lag. Dies sind sehr bedeutende Funktionen der Sonderorganisationen des VN-Systems, die meistens von der breiten Öffentlichkeit nicht wahrgenommen werden, obwohl sie zum Schutz der Bevölkerungen in allen Ländern sehr wichtig sind. So wurden zum Beispiel in meinem Cluster Standards für Trinkwasserqualität festgelegt, die für alle Mitgliedsstaaten galten. Oft maßen die Entwicklungsländer diesen WHO-Standards größere Beachtung bei als die OECD-Länder, da diese Länder eigene Kapazitäten für die Setzung von Standards hatten und darüber hinaus die OECD-Länder die Standards mit eigenen finanziellen Mitteln umsetzen mussten, während die Entwicklungsländer technische Hilfe beantragen konnten. Allerdings wollte kein Land auf der WHO-Liste der Länder stehen, die durch Missachtung auffielen.[51]

---

51  Darüber hinaus gab und gibt es aber keine Sanktionen seitens der VN-Organisationen.

Es gab eine solide Methodik für diese Arbeit. Von Genf aus konnten wir alle gesundheitspolitischen und medizinisch-wissenschaftlichen Einrichtungen in jedem Land erreichen und in diese Arbeit einbinden. Über den Exekutivrat und die Weltgesundheitsversammlung WHA *(World Health Assembly)*, die einmal im Jahr tagt, konnten wir auch alle Gesundheitsminister über die Strategien und Standards abstimmen lassen und, bei Annahme, für diese Strategien und Standards den größtmöglichen gesundheitspolitischen Rückhalt gewinnen. Die Unterstützung globaler Vereinbarungen sollte dann im Bereich der Regional- und Länderbüros liegen. Dr. Lee war bereit, auf der Basis einer solchen besseren Arbeitsteilung einen größeren Anteil des Budgets an die Regional- und Länderbüros weiterzuleiten und den Personalstand am Hauptsitz zu verringern.

Wir als ADGs der technischen Cluster am Hauptsitz wurden in die Pflicht genommen, diese neue Arbeitsteilung durchzusetzen und unsere Abteilungen zu verkleinern, um Finanzmittel freizumachen. Aber die Regionaldirektoren waren von dieser neuen Arbeitsteilung nicht leicht zu überzeugen. Sie wollten zwar die zusätzlichen Geldmittel, aber nicht notwendigerweise die anderen Funktionen aufgeben. Sie waren gewählt, wir waren »lediglich« ernannt. Ich verstand zwar nie, warum dieser Unterschied so wichtig in diesem Zusammenhang war, aber er wirkte als ein Totschlagargument, sobald Veränderungen vorgeschlagen wurden. Dennoch, in einigen Bereichen gelang es uns, die drei Ebenen besser zu vernetzen und die knappen Mittel da einzusetzen, wo sie am nötigsten gebraucht wurden: auf der Länderebene.

Aufgrund meiner UNDP-Tätigkeit hatte ich wenige Probleme mit dem Kurs, den uns der Generaldirektor vorgab. Es gelang mir, insbesondere die beiden Direktoren für Gesundheit und Umwelt und für Lebensmittelsicherheit zu überzeugen und in unsere Arbeit einzubinden. So gewannen Aspekte des Schutzes vor Chemikalien und Strahlungen, aber auch die Sicherheit von Nahrungsmitteln in den regionalen und Länderprogrammen an Bedeutung. Obwohl unsere finanziellen Mittel weiterhin knapp waren, wuchsen unsere Programme in diesen Bereichen – einfach deshalb, weil wir unsere Ressourcen besser koordinierten und zusammenlegten.

Die Beauftragten in den Regionalbüros waren dankbar für die am Hauptsitz gewachsene Aufmerksamkeit für ihre Arbeitsgebiete. Wir sprachen regelmäßig über Videolink miteinander – und sparten somit erhebliche Gelder durch die Reduzierung internationaler Reisetätigkeit. Stattdessen widmeten wir in Genf der Formulierung von Richtlinien und Standards mehr Zeit und verbesserten unser globales Netzwerk mit Forschungseinrichtungen in allen Erdteilen. Die Regionaldirektoren sowie die anderen ADGs beobachteten mich zwar weiterhin mit einer gewissen Zurückhaltung und einigem Misstrauen, aber da ich in 5 der 6 Regionen selbst schon gearbeitet hatte, fiel es mir relativ leicht, zu einem konstruktiven *modus vivendi* zu kommen.

## Menschliche Gesundheit schützen – Kontrolle von umweltbedingten Einflüssen und Faktoren

Um die Jahrtausendwende hatten sich die gängigen Argumente für eine »grüne Agenda« ziemlich abgenutzt. Die Umweltbewegungen suchten deshalb nach neuen Argumenten und fanden sie im Schutz der menschlichen Gesundheit vor schädlichen Umweltfaktoren. Aber zum einen war wenig gesichertes Wissen vorhanden, zum anderen nahmen die Gesundheitsminister kaum Notiz von dieser Entwicklung, sie hatten dringendere Probleme, wie zum Beispiel die Kontrolle epidemischer Krankheiten. Auch in der WHO war das Interesse gering unserer Arbeit. Die technischen Abteilungen in meinem Cluster führten ein Nischendasein in der Organisation.

Zwar erhielten wir ständig Anfragen von Wissenschaftlern, NGOs und der Industrie in Bezug auf Studien- und Forschungsprojekte in unseren Bereichen, aber die meisten dieser Anfragen blieben unbeantwortet. Zum einen lag es daran, dass – wie gesagt – die wissenschaftliche Aufarbeitung lückenhaft war und wir keine Antworten geben wollten, die zu Fehlinterpretationen führen könnten. Zum anderen hatten wir aber auch kein Mandat seitens der Entscheidungsgremien der WHO und konnten uns deshalb nicht im Namen der WHO äußern. So arbeitete ich mit den technischen Abteilungen meines Clusters einen Zeitplan aus, der festlegte, auf welcher Sitzung des Exekutivrates und der darauffolgenden Weltgesundheitsversammlung wir mit einer entsprechenden Vorlage ein solches Mandat erlangen wollten. Einerseits wollte ich von den Gesundheitsministern hören, welches aus ihrer Sicht unsere Prioritäten sein sollten, andererseits wollte ich sie darüber informieren, was andere öffentliche Mandatsträger von uns erwarteten, zum Beispiel UNEP und die Umweltminister oder die FAO und die Landwirtschaftsminister. Ganz abgesehen davon, dass solche Mandate mir dann auch eine legitime Basis gaben, um einen größeren Teil des Haushaltes zu erlangen und neues Personal einzustellen – wenn auch nur als Ersatz für bisherige Mitarbeiter, deren Spezialisierung nun weniger oder in anderer Form gebraucht wurde.

Im Großen und Ganzen fanden unsere Themen ein wohlwollendes Echo in den Gremien und wurden wenig kontrovers diskutiert. Aber einige Vertreter von Mitgliedsländern hatten dennoch »Bauchschmerzen« mit unseren Vorlagen. Sie wollten nicht in Bereichen aktiv werden müssen, die sie als außerhalb ihres Gesundheitsmandates ansahen. Diese Haltung spiegelte das ewige, ungelöste Problem wider: Wie wird »Gesundheit« definiert? Diejenigen, die einen medizinischen Hintergrund hatten, tendierten dazu, Gesundheitsversorgung als Kontrolle von Krankheiten zu verstehen. Andere verstanden »Gesundheit« als Kontrolle aller Einflüsse auf menschliche Gesundheit und die Vorsorge, dass solche Einflüsse nicht zu Krankheiten führen würden. Die WHO bemühte sich, eine Balance zwischen beiden Sichtweisen zu finden. Trotzdem war unsere Position, die sich offensichtlich mit den Einflüssen beschäftigte, nicht immer leicht durchzusetzen, da Krankheiten und ihre Gegenmittel, vor allem pharmakologische Produkte, klarer zu bestimmen sind.

So wurde schließlich ein Kompromiss gefunden: Dieser sah vor, dass wir ein Mandat bekamen, allerdings keine zusätzlichen Haushaltsmittel. In einem Fall wurden wir sogar aufgefordert nachzuweisen, dass wir die nötigen Ressourcen zur Verfügung hatten, da die Mitglieder des Rates besonders abgeneigt waren, uns in diesem Fall ein Mandat zu erteilen. Der Fall behandelte den Schutz intellektuellen Eigentums an pharmakologischem Wissen in Entwicklungsländern sowie die Ergebnisse von klinischen Studien zu Medikamenten, die von großen internationalen Pharmakonzernen zur Behandlung von tropischen Krankheiten in Entwicklungsländern durchgeführt wurden. Die *World Trade Organisation* (WTO) hatte 1995 ein Abkommen zu den handelsbezogenen Aspekten der Rechte geistigen Eigentums verabschiedet (TRIPS)[52]. Auf Anfrage von WTO veröffentlichte eine Abteilung in meinem Cluster 2002 eine Studie zum Thema »WTO-Abkommen und öffentliche Gesundheit«, die außerhalb der WHO auf großes Interesse stieß. Wir erhielten ständig Anfragen, inwieweit TRIPS für den Handel von medizinischen Produkten relevant sei und ob der Schutz auch für die traditionelle Medizin gelte. Leider war den Gesundheitsministern dieses Eisen zu heiß und, wie gesagt, sie erteilten uns nur

---

52  TRIPS: *Trade Related Aspects of Intellectual Property Rights*

mit großem Widerwillen ein Mandat und versagten uns Haushaltsmittel. Dennoch, wir hatten nun eine offizielle WHO-Plattform, mit der wir öffentlich auftreten konnten.

In anderen Bereichen waren die Debatten über die Themen meines Clusters bereichernd und die Resolutionen, die wir zum Schluss verabschiedeten, waren besser als die Texte, die der Cluster als Entwurf eingereicht hatte. Zum Beispiel wurden wir aufgefordert, einen Bericht und einen Resolutionsentwurf über die ethischen Aspekte von Organtransplantationen vorzulegen. Meine Mitarbeiter hatten einen umfassenden Bericht und einen soliden Entwurf vorbereitet, der sich mit den technischen und medizinischen Aspekten beschäftigte. Aber wir hatten das Interesse unterschätzt, das einige Ländervertreter hatten in Bezug auf Organhandel und »medizinischen Tourismus«, wie sie es nannten. Da es große Unterschiede in Bezug auf nationale Standards und Praktiken gab, konnten es sich die wirtschaftlich besser gestellten Familien leisten, ihre Angehörigen in andere Länder zu schicken, um so eine Behandlung zu erhalten, die sie sonst nicht hätten haben können. Auch hatten wir die Bedeutung unterschätzt, die der Gleichstellung von Männern und Frauen in der Frage der Transplantationen beigemessen wurde. So wurde der hypothetische Fall angeführt, dass in einer Familie eine Tochter von den Eltern bestimmt werden würde, ohne ihre Einwilligung ein Organ für ihren Bruder zu spenden, was aber im umgekehrten Fall nicht zutreffen würde. Die Beachtung der persönlichen Einwilligung des Spenders ohne Ansehen des Geschlechts wurde so in die Endfassung der Resolution aufgenommen.

Auf der Liste meines Clusters, für die ich ein Mandat von den politischen Entscheidungsgremien der WHO suchte, war als nächstes der Bereich Menschenrechte und Gesundheit auf meiner Agenda. Ich wusste, dass die WHO diesen Aspekt nicht als prioritär ansah. Dennoch war es einen Versuch wert. Einige Probleme in den Gesundheitssystemen der Mitgliedsländer könnten so möglicherweise unter einem – für Mediziner ungewöhnlichen – Aspekt angegangen werden, wie zum Beispiel die differenzierte, aber gleichgestellte medizinische Behandlung von Frauen und Mädchen, von ethnischen Minoritäten und, *last but not least,* von Menschen mit einer anderen als heterosexuellen Orientierung. Die Berücksichtigung von Menschenrechten im Gesundheitswesen wurde insbesondere von den Vertretern der *public health* – und weniger denen der medizinischen Schule – vertreten. Dr. Lee, selbst ein Mediziner, war misstrauisch und nahm an, dass eine Behandlung dieses Themas zu

Kontroversen führen könnte, insbesondere zwischen China und den USA. Selbst als ich ihm versichern konnte, dass beide Delegationen informell angedeutet hatten, dass sie keine Einwände hätten, blieb er standhaft. Er versprach sich von einer Agenda, die sich auf epidemische Krankheiten konzentrierte, größere politische und finanzielle Unterstützung. Und tatsächlich behielt er recht. WHOs verstärkter Focus auf HIV/AIDS, SARS, TB und Malaria sowie die Bedrohung durch die Vogelgrippe und die verbesserte Zusammenarbeit zwischen Regionalbüros und dem Hauptsitz der Organisation führte zur Verabschiedung eines um 3 Prozent gestiegenen Haushaltes. Dies war eine völlig ungewöhnliche Entwicklung, die seit Jahren keine VN-Organisation mehr erlebt hatte.

Meine Mitarbeiter arbeiteten aber weiterhin mit meiner aktiven Unterstützung daran, andere Abteilungen in der WHO für die Aspekte des Schutzes der Menschenrechte zu sensibilisieren. Dr. Lee nahm dies ohne weitere Einwände zur Kenntnis. So hatten wir einen brauchbaren Kompromiss gefunden.

## Wirtschaftspolitik und Gesundheitswesen

Es gab einen weiteren Bereich in meinem Cluster, der Dr. Lee ein großer Dorn im Auge war. Unter seiner Vorgängerin, Dr. Brundtland, hatte es eine Kommission unter der Leitung von Jeffrey Sachs gegeben, die sich dafür einsetzte, dass eine sozial orientierte Gesundheitsversorgung – mit Focus auf ärmere Schichten in der Gesellschaft – den größtmöglichen Effekt auf eine Verbesserung der Gesundheit in einem Lande habe.[53] Die Empfehlungen der Kommission waren damit im Widerspruch zu den Studien und Empfehlungen der Weltbank, die Richtwerte darüber festgelegt hatte, welcher Prozentsatz des BIP eines Landes für die Gesundheitsversorgung und welche öffentlichen Zuschüsse und Anreize aus öffentlichen Haushalten wirtschaftspolitisch vertretbar seien. Prof. Sachs dagegen argumentierte, dass solche Richtwerte von Land zu Land unterschiedlich sein sollten und in den meisten Fällen schon eine geringe Erhöhung der Richtwerte großen wirtschaftlichen Nutzen ermöglichen würden.

Als der Bericht 2001 veröffentlicht wurde, hatte er große internationale Aufmerksamkeit erregt. Daraufhin hatte die Gates-Stiftung der WHO eine hohe Spende zukommen lassen, um die Ergebnisse der Kommission in Ent-

---

53  Der schon erwähnte Bericht war 2001 erschienen unter dem Titel »*Macro-economics and Health*«.

wicklungsländern zu verbreiten. Als ich die Aufsicht über diesen Bereich übernahm, rollten die Anfragen aus Entwicklungsländern bei uns in Genf fast wie
eine Lawine ein, die wir mit einem kleinen Sekretariat kaum bewältigen konnten. Dr. Lee wollte jedoch die Unterstützung von der Gates-Stiftung für andere
Prioritäten nutzen. Somit signalisierte er mir, dass wir die Arbeit auslaufen lassen sollten. 2005 bearbeiteten wir deshalb die restlichen Anfragen im Zusammenhang mit der MDG-Agenda. Zwar widersprach er nicht den Ansichten der
anderen ADGs, dass nur ein finanziell und personell besser ausgestattetes Gesundheitswesen eine verbesserte Gesundheitssituation schaffen würde, aber
er blieb bei seinem Fokus auf Krankheitskontrolle und Vorsorge. Er tolerierte
dann später eine Diskussion um die Stärkung von Gesundheitssystemen, aber
diese fand außerhalb meines Clusters statt.

## WHO als geeinte arbeitsteilige Organisation

Wie schon erwähnt hatte der Generaldirektor eine Zielvorstellung, der zufolge
die WHO arbeitsteilig, aber als eine geeinte Organisation zu agieren habe.
In meinem Cluster hatte ich eine Abteilung, die sich der Koordinierung der
drei Ebenen (globale, regionale und Landesebene) widmete. Wir hatten dafür
ein Budget erhalten, das wir einsetzten, um auf der Länderebene mehrjäh-
rige Kooperationsprogramme mit den Regierungsstellen zu vereinbaren. Auch
wollten wir das Budget nutzen, um die Arbeit der WHO besser in die Arbeit
der VN-Länderteams einbringen zu können. Dr. Lee schaute sich diese Praxis eine Weile an, war aber an einem anderen Aspekt interessiert. Er suchte
unsere Unterstützung dafür, dass WHO-Ländervertreter zwischen den Regionen rotierten, und auch zunehmend ein Austausch von Mitarbeitern zwischen
dem Hauptsitz und den Regionalbüros und den Ländervertretungen erreicht
wurde. Ich verstand sehr wohl seine Absicht. Ich hatte ja selbst miterlebt, wie
in UNDP durchgreifende Veränderungen erst dann ermöglicht wurden, nachdem eine rigorosere Rotationspraxis eingeführt worden war. Ich war also gerne
bereit, Kriterien für die Selektion von Ländervertretern zu entwickeln, die normalerweise von den Regionaldirektoren vorgeschlagen und dann vom Generaldirektor ernannt wurden. Nur hatte ich weder die Autorität noch die Macht,
solche Kriterien durchzusetzen. Hinzu kam, dass mich meine Abteilungsleiterin für die Koordination nicht rechtzeitig in den Arbeitsvorgang involvierte,

weshalb ich erst vom Büro des Generaldirektors von den Vorschlägen erfuhr. Meistens war es dann so spät, dass Dr. Lee nur noch ja oder nein sagen konnte. Ich fand mich also in einer äußerst unangenehmen Situation wieder. Darüber hinaus war ich der Meinung, dass eigentlich die Personalabteilung solche Kriterien entwickeln und anwenden sollte – und nicht wir, eine technische Abteilung. Allerdings war diese Vorstellung so fremd in der WHO, dass ich nur in der Personalabteilung für meine Sicht der Dinge Sympathie fand.

Mir war zudem bewusst, dass die Ernennung von Ländervertretern ein heftiger Machtkampf zwischen dem Generaldirektor und den Regionaldirektoren war. Ich hatte keine Lust, zwischen die Fronten zu geraten und andere Bereiche unseres Clusters in Schwierigkeiten zu bringen. Ich beschloss, die Dinge laufen zu lassen und intervenierte nur noch, wenn ich gefragt wurde. Dann griff ich zum Telefon und verhandelte. Aber das wollte nun die Personalabteilung nicht mehr, obwohl der Generaldirektor die Funktion immer noch bei mir angesiedelt sah. Es war eine »No-win«-Situation, und eine der frustrierendsten in meiner fast 30jährigen VN-Karriere.

Trotzdem gab es nach wie vor erfolgreiche und zufriedenstellende Bereiche. Einer davon war die MDG-Agenda, mit der ich aus meiner Zeit in China aufs Beste vertraut war.

## Die MDGs als richtungsweisende Agenda für die Gesundheit

Von den insgesamt 8 MDGs[54] waren 3 direkte gesundheitspolitische Ziele und die anderen durch gesundheitspolitische Indikatoren stark auf Gesundheit bezogen. Menschliche Gesundheit galt zu Beginn des Jahrtausends als messbare Größe für menschliches Wohlbefinden. Aber die WHO hatte sich niemals zu dieser Agenda bekannt. Wir entwarfen also eine WHO-Kampagne, um die Ziele besser bekannt zu machen. Dann legten wir den politischen Gremien einen Entwurf vor, der vorsah, dass die Arbeit der WHO bis 2015 – dem Zielpunkt der MDG-Agenda – nachweislich auf eine Erreichung der genann-

---

54   Die gesundheitsbezogenen Ziele waren: 4. Die Kindersterblichkeit verringern; 5. Gesundheit von Müttern verbessern; 6. Gegen HIV/AIDS, Malaria und andere Krankheiten kämpfen. Die sich indirekt auf Gesundheit beziehenden Ziele waren: 1. Armut und Hunger verringern; 3. Geschlechtergleichheit herstellen; 7. Nachhaltigkeit und Zugang zu sauberem Trinkwasser und zu Abwasserversorgung verbessern; 8. Globale Partnerschaften herstellen.

ten Ziele hinarbeiten sollte. Damit hatten wir der Arbeit in allen Bereichen einen stärkeren entwicklungspolitischen Akzent gegeben und erleichterten so die Zusammenarbeit mit UNDP und UNICEF, die schon seit mehreren Jahren der Erreichung der MDGs einen zentralen Platz in ihren Programmen eingeräumt hatten.

## Lebensmittelsicherheit – ein zunehmend wichtiger Aspekt in der WHO

Den größten Erfolg hatten wir im Bereich der Lebensmittelsicherheit. Einige Anfragen kamen von den politischen Gremien, weitere Themen wurden von uns vorbereitet. Zu den letzteren gehörten die Standards, die WHO gemeinsam mit FAO im *codex alimentarius*[55] setzte und veröffentlichte. Diese Standards wurden zum Beispiel von der WTO übernommen und in den Verhandlungen zum internationalen Handel von Agrarprodukten angewandt. Unser Interesse war, die Erarbeitung von diesen Standards fest im Arbeitsprogramm der WHO zu verankern. FAO beschuldigte uns immer mal wieder, dass die WHO dieser Arbeit nicht genügend Beachtung schenkte, und zum Teil war diese Kritik berechtigt. Die finanziellen Mittel, die die WHO zur Verfügung stellte, waren sehr viel geringer als die der FAO. Obwohl 1963, bei der Schaffung des Codex, der Schutz der menschlichen Gesundheit an erster Stelle genannt wurde, stand zunehmend der zweite Aspekt im Vordergrund, nämlich faire Handelsbedingungen für Agrarprodukte zu schaffen. Hinzu kam die immer größere Bedeutung von genmanipulierten agrarischen Rohstoffen (GMOs)[56], die in die Lebensmittelkette eindrangen. Hier waren die Gesundheitsbehörden besonders zögerlich mit ihren Stellungnahmen. Zwar gab es keinen klar nachzuweisenden Einfluss auf die Gesundheit der Menschen, aber die Beunruhigung bei Verbrauchern war vorhanden, und somit musste sich auch die WHO dazu äußern. Unsere Experten empfahlen Langzeitstudien über den Verzehr von GMO-Lebensmitteln, aber dafür hatten wir keine Budgetmittel.

Die Festlegung von Lebensmittelstandards und deren Anwendung ist eine gemeinsame Aufgabe für Gesundheits- und Landwirtschaftsministerien. Ei-

---

55  Für Einzelheiten zur Arbeit des Codex siehe www.fao.org/fao-who-codexalimentarius
56  GMO: *genetically modified organism*

nige Gesundheitsministerien waren empfänglicher für die Behandlung dieser Fragen als andere, aber alle fanden es schwierig, mit ihren jeweiligen Landwirtschaftskollegen zusammenzuarbeiten. OECD-Länder hatten in den meisten Fällen unabhängige Institute geschaffen, aber in vielen Ländern war die nationale Lebensmittelsicherheit einer kleinen nachgeordneten Abteilung im Landwirtschaftsministerium zugeordnet, die für die Belange ihrer Kollegen aus dem Gesundheitsministerium wenig Zeit hatten. Wenigstens arbeiteten wir auf der VN-Ebene bestens zusammen. Ich führte ein, dass wir mit gleichlautenden Empfehlungen zu unseren jeweiligen politischen Gremien gingen – die unsere Vorschläge annahmen, aber uns bei der WHO keine zusätzlichen Budgetmittel gaben. Wir wurden beauftragt, Studien zu initiieren und darüber zu berichten. Aber aus Organisationen, die der Industrie nahestanden, gab es niemanden, der solche Studien finanzieren wollte. Entwicklungspolitische Stiftungen und Geber von Entwicklungshilfe hatten das Thema nicht auf ihrem Radar. Wir mussten somit akzeptieren, »nur« mit mageren finanziellen Beiträgen als Juniorpartner von FAO zu fungieren.

Dafür ergriffen wir eine Initiative, die nur wenig Budgetmittel brauchte, aber einen hohen und erkennbaren Einfluss gewann. Wir etablierten ein elektronisches Netz aller Lebensmittelbeauftragten in den Mitgliedsländern und versandten in regelmäßigen Abständen Neuigkeiten und gaben Warnungen heraus. Darüber hinaus organisierten wir gemeinsam mit FAO eine erste weltweite Konferenz dieser Beauftragten für Lebensmittelsicherheit und diskutierten darüber, wie die entsprechenden Behörden organisiert werden und welche Aufgaben und Mandate sie wahrnehmen sollten. Besonders die Gruppe der afrikanischen Vertreter wurde aktiv, denn sie sahen, dass sie im internationalen Vergleich weit hinterherhinkten. Selbst wenn die USA und die EU ihre Märkte für Agrarprodukte öffnen würden, wären sie sehr schlecht aufgestellt, um die Lebensmittelstandards garantieren zu können. Wenn sie nicht dokumentieren konnten, dass sie die Standards beachteten, dann konnten entsprechende Importe verboten werden. Aber abgesehen von der internationalen wirtschaftlichen Bedeutung war die Beachtung der Standards natürlich ebenso wichtig für den Schutz nationaler Konsumenten. Immer wieder kam es in Mitgliedsländern zu Skandalen, aber die waren nur die Spitze des Eisberges.

Ein solcher Skandal war aus den USA bekannt geworden. Babynahrung in Krankenhäusern war bakteriell verseucht worden; es war sogar zu Todesfällen gekommen. Wir schickten sofort eine Warnung über unser Netzwerk. Gleichzeitig übte eine internationale NGO heftigen Druck auf uns aus und wollte, dass wir jede industriell hergestellte Babynahrung als gefährlich einstuften und darüber hinaus über die Gesundheitsministerien in Entwicklungsländern die Einfuhr einschränken oder gar ganz verbieten lassen sollten. Ich war zu solch einer radikalen Maßnahme nicht bereit, ich konnte auch nicht einsehen, auf welcher Grundlage ich dies dem Generaldirektor und den Gesundheitsministern empfehlen könnte. Stattdessen beriefen wir eine Expertenkommission ein, die Sicherheitsstandards erarbeiten sollte. Die Einrichtung einer solchen Kommission ist immer der erste Schritt in dem etablierten Procedere. Die erste Sitzung der Expertenrunde lieferte uns eine Liste der Aspekte, die behandelt werden mussten. Wir gaben den Bericht ausnahmsweise an die NGO weiter. Ihnen war unser Vorgehen allerdings nicht schnell genug und sie wollten das Ergebnis nicht abwarten. Zusammen mit anderen NGOs wandten sie sich deshalb während der Weltgesundheitsversammlung 2004 an die Delegationen einiger Mitgliedsstaaten und überredeten diese, eine Resolution einzubringen, die diese NGOs vorbereitet hatten.[57]

Meine Kollegen und ich trafen uns daraufhin mehrfach mit den Delegationen. Wir erklärten ihnen, dass wir bereits an dem Problem arbeiteten und im darauffolgenden Jahr einen Bericht mit Standards und Empfehlungen an die Mitgliedsländer vorlegen würden. Wir warnten, dass sie, wenn sie zu diesem Zeitpunkt auf ihrem Resolutionsentwurf bestünden, viele Gegenstimmen und möglicherweise eine Niederlage einstecken müssten. Dieses wollten wir im Interesse aller, vor allem zum Schutz der Kleinkinder, vermeiden. Bei einer Generaldebatte passierte dann genau das, was wir vorhergesehen hatten. Wir konnten ein Desaster nur vermeiden, indem wir den Resolutionsentwurf auf Betreiben anderer Mitgliedsstaaten dahingehend abänderten, dass die Versammlung uns aufforderte, einen umfassenden Bericht für die nächste WHA *(World Health Assembly)* 2005 vorzubereiten.

Aber nun war die Industrie mobilisiert, ich kam unter enormen Druck von dieser Seite. In der Vergangenheit hatte es WHO-Personal immer abgelehnt, mit Vertretern der Industrie direkt zu sprechen. Ich hatte da weniger Vorbehalte. Ich ging davon aus, dass in diesem Falle die Industrie ein Interesse daran

---

57 In diesem Zusammenhang muss erwähnt werden, dass NGOs keine Resolutionsentwürfe direkt einbringen können, sondern nur die Mitgliedsländer. NGOs haben zwar Rederecht, können aber auch an Abstimmungen nicht teilnehmen.

haben müsste, dass internationale Standards gesetzt werden. Mein Treffen mit einer Vertreterin der Industrie bestätigte meine Vermutung. Ich erklärte, dass die Standards nicht gegen ihre Industrie gerichtet seien, sondern übergreifend nützlich werden könnten. Wir wollten uns an das medizinische Personal und an Mütter wenden, die – aus welchen Gründen auch immer – diese Babynahrung nutzten. Wir wussten, dass die Quelle der Kontamination meistens das Wasser oder die Milch waren, die bei der Zubereitung dazugegeben wurden. Wir wollten auch, dass die Industrie entsprechende Warnungen auf ihren Produkten in den jeweiligen Sprachen gaben.

Als unser Bericht im darauffolgenden Jahr an unseren Exekutivrat ging, berief dieser eine ergebnisoffene Arbeitsgruppe ins Leben, um zu einem Resolutionsentwurf zu kommen, der einstimmig angenommen werden würde. Dieser Konsens war leichter zu erreichen, als alle gedacht hatten. Aber dann passierte etwas Unvorhersehbares. Die WHA bestellte noch einmal eine ergebnisoffene Arbeitsgruppe. Eine ungewöhnlich große Gruppe von Ländervertretern kämpfte tagelang um jeden Satz in dem Resolutionsentwurf. Es war ein anstrengender Prozess, aber er führte zu einer Resolution, die einstimmig und mit viel Applaus angenommen wurde. Die einzigen, die unzufrieden blieben, waren die Delegationen, die im Jahr zuvor den damaligen Entwurf unterstützt hatten. Sie waren nun unzufrieden, dass der Prozess aus ihren Händen geglitten war. Die NGOs dagegen sahen sich als Sieger und triumphierten. Sie glaubten, dass sich die WHA ohne sie nicht mit diesem Problem beschäftigt hätte. Es war ein bedeutungsloser Punkt für uns und nicht wert, sich darüber zu streiten.

Wir hatten einen soliden Prozess durchlaufen und ein Ergebnis erzielt, mit dem alle leben konnten. Die WHA-Resolution hatte unsere Formulierung von Standards der Lebensmittelsicherheit beflügelt, und wir setzten den Prozess mit erhöhter Energie fort.

## Zum Schluss – ein fulminanter Endspurt

Ich gehörte noch zu der Generation von VN-Beamten, die mit 60 Jahren in Pension gehen konnten – ohne Beeinträchtigung ihrer Altersbezüge. Im August 2005 wurde ich 60 und freundete mich mit dem Gedanken an, meinen Vertrag nicht zu erneuern. Ich hatte auch den Eindruck gewonnen, dass der Generaldirektor mich nicht bitten würde zu bleiben, so ließ ich die Dinge laufen. Aber bis es soweit war, gab es noch mehrere internationale Konferenzen, auf denen ich die WHO vertreten musste.

Zum einen war da die erste Konferenz der Vertragsparteien für das internationale Abkommen zur Kontrolle von POPS[58], die in Punta del Este in Uruguay im April 2005 stattfand. Die Abteilung für den Schutz vor Chemikalien in meinem Cluster war federführend daran beteiligt gewesen, die gesundheitsgefährdenden Substanzen zu benennen, und hatte aktiv an der Formulierung der Konvention teilgenommen. Die Mitarbeiter waren nun aufgefordert worden, die notwendigen Mechanismen zu entwickeln, die für eine Umsetzung gebraucht wurden. Insbesondere war es wichtig, Methoden und Instrumente zu bestimmen, mit denen die Einhaltung der Konvention in den Ländern beobachtet werden konnte, die die Konvention unterschrieben und ratifiziert hatten. Allerdings hatte die Konferenz einen großen Fehler: Es waren nur Vertreter der Regierungen als Teilnehmer zugelassen. Hersteller von Chemikalien, Händler und Verbraucherschutzorganisationen durften nicht teilnehmen. Einzig die Hersteller hatten in den Korridoren des Konferenzzentrums Informationsstände aufgebaut, und einige NGOs hielten in Nebenräumen Informationsveranstaltungen ab. Aber in einem Bereich, in dem die Industrie eine dominante Rolle einnimmt, muss ein freier Austausch von allen interessierten Parteien stattfinden, selbst wenn man es dabei belässt, dass nur die Regierungsvertreter ein Stimmrecht für die Verabschiedung von Beschlüssen haben. Ich sprach mich deshalb in meiner Rede für eine entsprechende Änderung der Konferenzgestaltung aus und hoffte, dass bei der nächsten Konferenz diese Anregungen aufgegriffen werden würden.[59]

Die zweite internationale Konferenz, auf der ich die WHO zusammen mit meinen Mitarbeitern vertrat, war die Jahressitzung der Kommission des *codex alimentarius* in Rom. Unter anderem berichteten wir zusammen mit den Mitarbeitern der FAO über die Ergebnisse der ersten weltweiten Konferenz aller Lebensmittelbeauftragten, die wir im Herbst in Bangkok abgehalten hatten. Wir betonten, wie schwach in einigen Ländern die staatliche und wissenschaftliche Aufsicht war, und hoben hervor, welche Gefahren für die Gesundheit der Menschen durch kontaminierte Lebensmittel bestanden. Die afrikanischen

---

58  Diese Abkürzung steht für *Persistent Organic Pollutants.*
59  Die Konvention war 2001 in Kraft getreten, 2014 hatten 179 Staaten die Konvention angenommen.

Teilnehmer, die in Bangkok aufgerüttelt worden waren, trafen sich hier wieder und diskutierten darüber, wie sie vorgehen könnten, um in ihren Ländern eine Verbesserung zu erreichen. Gerne übersehen Hersteller und Händler von Lebensmitteln die tatsächlichen oder möglichen Auswirkungen ihrer Produkte auf die menschliche Gesundheit. Sie waren mehr damit beschäftigt, eine verpflichtende Ursprungskennzeichnung durchzusetzen. Jahrelang beschäftigte sich die Kommission damit, welcher Schinken als Parmaschinken gelten dürfe. So wichtig diese Fragen waren, aus unserer Sicht war es bedeutender, den Zusammenhang zwischen Herstellung/Handel und Gesundheitsschutz wieder deutlich in den Mittelpunkt der Arbeit des *codex* zu stellen.

Um dies zu erreichen, war es notwendig, dass auch die Gesundheitsbehörden ein größeres Interesse an der Arbeit des *codex* zeigten. Ich unterstützte deshalb auf dieser Sitzung eine Resolution, die sowohl FAO wie auch die WHO verpflichtete, ihre politischen Gremien über den Stand der Standardentwicklung für Lebensmittelsicherheit regelmäßig zu informieren. Einige Wochen später fand die WHA statt und verabschiedete eine Resolution, in der sie die Abteilung für Lebensmittelsicherheit aufforderte, sie jährlich über die Arbeit des *codex alimentarius* zu informieren. Wir waren demnach einen großen Schritt weitergekommen, um die gesundheitlichen Aspekte in der zukünftigen Arbeit an Lebensmittelstandards besser berücksichtigt zu sehen.

Ich nahm persönlich zu diesen Konferenzen eine ambivalente Haltung ein. Einerseits hatte ich für diese großen Versammlungen nie viel übrig. Andererseits bildeten sie eine Plattform, um alle Länder mit Informationen und Wissen zu erreichen. Insbesondere kleinere Länder in Asien und Afrika erhielten so Zugang zu Erkenntnissen, die ihnen sonst wohl verschlossen bleiben würden. Zunehmend wurden diese Konferenzen auch zu einer Begegnung von allen Beteiligten wie staatlichen Verwaltungen, NGOs, Industrie, Wissenschaft und Medien, um globale Probleme und Herausforderungen zu diskutieren. Nicht immer kam es zu tragfähigen Beschlüssen, die überall umgesetzt wurden, aber es gab zumindest einen Ansatz dafür.

So verließ ich diese Konferenzen mit einem gemischten Gefühl. Ich wollte gerne weiterhin einen Beitrag leisten, andererseits gab es in Genf Probleme, denen ich mich zunehmend nicht mehr stellen wollte. Es war also Zeit, mich zu verabschieden und ein neues Kapitel in meinem Leben zu beginnen.

Doch bevor ich dies tat, ging es einerseits darum, Abschied zu nehmen, und andererseits darum, meine Rückkehr nach Deutschland vorzubereiten. Dafür blieben mir die drei Sommermonate. Da ich noch viele ungenutzte Urlaubstage angesammelt hatte, nahm ich mir frei und unternahm endlich die Ausflüge mit Freunden und Bekannten oder auch allein, die ich schon immer machen wollte.

Die Umgebung des Genfer Sees ist heute eine quasi großstädtische Gegend, die viel kulturelle, freizeitliche und kulinarische Abwechslung bietet. Die Städte auf der schweizerischen Seite – Genf, Lausanne, Nyon, Rolle und Montreux – werden auf der französischen Seite ergänzt von Evian, Thonon und Yvoire, mit vielen lebendigen Kleinstädten und Dörfern dazwischen. So konnte man leicht einen Besuch in einem Museum mit einem langen Spaziergang durch die Weinberge und einem guten Essen in einem kleinen Restaurant verbinden. Gerne fuhr ich in den französischen Jura, entlang des *Vallée des Joux,* wo einige der angesehenen Genfer Uhrenmarken ihre Produktionsstätten haben, hinunter zum Kloster *Romainmoutier* und über den Pass *Col de Mollendruz.* An einem klaren Tag sieht man bei der Abfahrt den ganzen Genfer See zu Füßen der Alpenkette mit dem *Mont Blanc*-Massiv vor einem liegen. Ein anderer Ausflug, der wunderbare Aussichten bot, waren Wanderungen auf dem *Salève,* dem Hausberg der Genfer, von dem man auf der einen Seite den See und auf der anderen die französischen Alpen sehen kann.

Besonders gern blieb ich aber in Genf selbst, und suchte die Spuren einer starken sozialistischen und bürgerlichen Tradition. Die meisten Ausländer, die heute in Genf leben, wissen gar nicht, dass Genf einmal eine Industriestadt mit einer starken Arbeiterbewegung und dem entsprechenden Einfluss auf die kantonale Politik war. Auch heute gibt es noch ein hervorragendes System öffentlicher Bibliotheken, öffentlicher Bäder und kostenloser Badestellen am Seeufer, die von Bürgerbewegungen vor Kommerzialisierung geschützt werden. Oft werden heute diese Einrichtungen von arabischen Familien genutzt beziehungsweise von den Kindermädchen mit den ihnen anvertrauten Kindern, oder von Einwanderungsfamilien. Schweizer Familien sind inzwischen in die Dörfer auf beiden Seiten entlang der Grenze zu Frankreich gezogen und benutzen diese Einrichtungen weniger.

An einem regnerischen Tag bot es sich an, eines der vielen Privatmuseen zu besuchen, wie die Kunstsammlung der *Foundation Bodmer* oder das Schloss *Prangins* mit seiner Spielzeugsammlung aus dem 19. und frühen 20. Jahrhundert. Ein Juwel ist auch der Garten der 5 Sinne in Yvoire in seiner mittelalterlichen Anlage, wo eine Auswahl von Pflanzen und Tieren einlädt zum Sehen

(Farbe), Schmecken (Früchte), Riechen (Düfte), Tasten (Blätter) und Hören (Vögel). Ein Besuch dort war selbst im tiefsten Winter ein Erlebnis. Kaum einer meiner Besucher entkam diesem Ausflug.

Ende August hatte ich dann eine Wohnung in Berlin gefunden, von wo aus ich 30 Jahre zuvor mein Nomadenleben begonnen hatte. Die Umzugsfirma war für die letzte Septemberwoche bestellt, und so hieß es ins Auto zu steigen und endgültig Abschied zu nehmen.

# Leben nach den VN:
# Berlin (2005 bis heute)

Mit meiner Rückkehr nach Europa musste ich mich auch auf ein Leben außerhalb der VN vorbereiten. Manchmal dachte ich darüber nach, nach New York zurückzugehen. Letztlich entschied ich mich, nach Deutschland zurückzukehren, denn meine Familie war dort, und ich hatte noch viele langjährige Freunde, vor allem in Berlin. Dies war die einzige Stadt, wo ich mir ein Leben nach den VN vorstellen konnte. Also suchte ich eine Bleibe in der deutschen wiedervereinten Hauptstadt. 2004 verkaufte ich meine Wohnung in New York, und nun hieß es, den Erlös in Berlin zu investieren.

Eine Freundin schickte mir den wöchentlichen Immobilienteil der Berliner Zeitungen, ich flog auch ein paar Mal für ein langes Wochenende nach Berlin. Mitte Juli musste ich mich entscheiden. Eine Maklerin hatte 3 Wohnungen in der Gegend im Angebot, in der ich gerne wohnen wollte. Aber alle hatten doch den einen oder anderen Nachteil. Ganz zum Schluss sagte sie, es gäbe noch eine Dachwohnung im betreffenden Viertel, und fragte, ob ich diese sehen wollte. Was hatte ich zu verlieren? Also sagte ich ja. Wir gingen hin und kamen gerade noch rechtzeitig ins Trockene, bevor ein mächtiges Gewitter losging.

Mein erster Eindruck war sofort: Die ist es! Die Maklerin konnte es gar nicht glauben. Aber ich blieb dabei. Auf dem Rückflug nach Genf fragte ich mich, ob ich mich vorschnell entschlossen hatte. Aber bis heute bereue ich die Entscheidung nicht. Ich hatte endlich die Gewissheit, in Berlin anzukommen und eine neue Wohnung beziehen zu können.

Zwei Monate hatte ich noch Zeit, um den Umzug zu organisieren. Die Frage war nur: Wie sollte ich es anstellen? Erst einmal tat ich 2 Dinge: Ich arrangierte mit der Spedition, dass der Umzug Ende September stattfinden sollte, und unterschrieb einen deutschen Handyvertrag, der mir erlaubte, noch in der Schweiz zu leben, aber virtuell schon in Deutschlang zu sein. So mancher Anruf oder manche E-Mail erreichten mich auf diese Weise, als ich in den Bergen wanderte oder bei Freunden in Norditalien weilte. Denn ich nahm ab Mitte Juli meinen ungenutzten Urlaub und besuchte all die Orte, Bekannten und Freunde in der Schweiz, in Norditalien und Frankreich, für die ich bis dahin nicht die Zeit gefunden hatte. In der letzten Septemberwoche setzte ich mich in mein Auto und fuhr von Genf nach Berlin, während mein Umzugsgut die gleiche Reise per LKW machte. Ich kam einen Tag vorher an, so konnte ich den Arbeitern sagen, was wohin sollte. Ausgereist war ich vor 30 Jahren mit 2 Koffern, mit 200 Kisten und Kartons kam ich wieder. Ich belegte mich sofort mit einem Bann für weitere Einkäufe.

Nach ein paar Tagen war die Wohnung so weit in Ordnung, dass ich mich um meine zukünftigen, außerhäuslichen Aktivitäten kümmern konnte. Zum einen nahm ich Kontakt mit meiner Alma Mater, der Freien Universität Berlin, auf und vereinbarte, dass ich in meinem Fachgebiet Politische Wissenschaft ein Seminar über die VN anbieten würde. Der Titel war »Die VN: zunehmende Anforderungen, neue Herausforderungen und die Notwendigkeit von Reformen«. Ich war sehr überrascht von dem großen Interesse der Studierenden und der gleichzeitigen Unkenntnis über das VN-System. Es stellt sich immer wieder die Frage, wie wir – ohne bessere Kenntnisse über die Arbeit der VN in der Öffentlichkeit – zu nicht-militärischen Lösungen von politischen Konflikten kommen wollen. Jede Generation muss entsprechend ausgebildet werden, wir brauchen viele Übungen in gewaltfreier Konfliktbeilegung, um militärische Lösungen auszuschließen. Militärische Kämpfe zu beenden und eine friedliche Situation für die Bevölkerung zu schaffen, das ist immer wesentlich schwieriger, als einen Krieg zu führen. Aber wir haben dies wohl immer noch nicht gelernt. Eine friedliche Welt ist nicht frei von Konflikten, aber sie ist frei von kriegerischen Auseinandersetzungen. Dafür wurden die VN 1945 gegründet. Heute in einer globalisierten Wirtschaft ist das Mandat der VN gewachsen, aber die Mittel, diesem Mandat gerecht zu werden, sind knapper als jemals zuvor. Auf diese Aspekte wollte ich meine Lehrtätigkeit konzentrieren, um einen Beitrag zu leisten, dass die nächste Generation besser auf diese Aufgaben vorbereitet ist.

Neben der Tätigkeit an der Universität nahm ich auch an der Arbeit von *Transparency International* teil, sowohl in der deutschen Sektion wie auch im internationalen Sekretariat. Darüber hinaus übernahm ich die Rolle eines Beraters für ein Programm der WHO, das zum Ziel hatte, der Korruption in der medizinischen Versorgung entgegenzuwirken.[60] Aber vor allem kümmerte ich mich um meine Mutter, die mir nach Berlin folgte. So konnte sie in einer sehr komfortablen Residenz für ältere Menschen die letzten Jahre ihres Lebens ganz in meiner Nähe verbringen.

Mein Bewegungsradius wurde kleiner, aber nicht uninteressanter. Ich lebte nun im vereinten Deutschland, wo es in der Umgebung von Berlin viele Städte und Stätten zu entdecken gab. Viele der mittelalterlichen Orte waren mit EU-, Bundes- und Länderhaushaltsmitteln restauriert worden und erstrahlten nun mit ihrer Renaissance- und Barockarchitektur in neuem Glanz. Leider war der wirtschaftliche Aufschwung nicht ebenso lebendig und kraftvoll. So waren diese Ausflüge eine zwiespältige Erfahrung. Man konnte nicht übersehen, dass die Menschen in einer prachtvollen, aber ansonsten doch stagnierenden Umgebung lebten.

War es schwierig zurückzukehren? Ja und nein. Es war schwierig zu hören, zu sehen und zu lesen, dass ein großer Teil der deutschen Gesellschaft nicht offen war für Veränderungen. Fast 30 Jahre meines Lebens hatte ich damit verbracht, mich für Wandel und Entwicklung einzusetzen – und hier war ich nun in einem Land, das Wandel und Entwicklung nicht wollte. Die meisten beklagten sich über alles, was sie nicht hatten, statt das zu sehen, was sie hatten. Und das war im internationalen Vergleich nicht wenig. Die Menschen in den neuen Bundesländern waren ganz offensichtlich wenig vorbereitet auf das für sie neue wirtschaftliche, soziale und politische System des wiedervereinigten Deutschlands. Mindestens eine Generation war in der DDR geboren und groß geworden, für sie waren dies verlorene Jahre und nutzlose Erfahrungen. In den Diskussionen mit Freunden und Bekannten war ich oft diejenige, die für mehr Verständnis warb, aber mit dieser Stimme blieb ich alleine.

Die Arbeitslosigkeit in den neuen Bundesländern war hoch. Viele arbeiteten schwarz. Alle wussten davon, aber wenig wurde getan, um die Situation zu verbessern und die Arbeitslosigkeit zu reduzieren. Es gab mehrere Programme der Bundesregierung, diese arbeitenden Arbeitslosen in sozialversicherte Positionen zu transferieren, aber der Erfolg blieb weitgehend aus. Einerseits be-

---

60  Das Programm lief unter dem Titel »*Good Governance in Medicines*«.
    Für Einzelheiten siehe http://www.who.int/medicines/areas/policy/goodgovernance/

vorzugten die Arbeitnehmer eine flexible Arbeit, andererseits war es den Unternehmern ganz recht, Lohnkosten niedrig zu halten. In Teilen Berlins gab es Armut, die Presse berichtete nur, dass diese Probleme unlösbar erschienen. Täglich las man von Gewalttaten junger Menschen und sogar Kinder. Aber abgesehen von einigen wenigen kommunalen Projekten schienen die Armut und die Gewalt den größten Teil der Gesellschaft nicht besonders zu interessieren. Es war eine deprimierende Situation, die ich im Sommer 2005 in Deutschland vorfand.

Die regierende rot-grüne Koalition organisierte vorgezogene Wahlen und verlor diese knapp. Die reformwilligen und die reformunwilligen Wähler bekamen eine große Koalition, unter der ersten Frau im Amt des Bundeskanzlers: Angela Merkel. Interessanterweise kehrte Selbstvertrauen zurück und die Wirtschaft wuchs. Öffentliche Einnahmen nahmen zu, der Anstieg der öffentlichen Schulden konnte gebremst werden. Endlich bewegte sich etwas! Es war erstaunlich zu sehen, wie viel Wissen und Können, materieller Wohlstand und Energie in einer kurzen Zeitspanne mobilisiert werden konnten. Innerhalb von 2 Jahren produzierte ein gutes Zusammenspiel von öffentlichen Initiativen und privaten Investitionen eine dynamische Veränderung.

30 Jahre hatte ich ein privilegiertes Leben mit viel alltäglicher Unterstützung von Kollegen und Hausangestellten geführt. Nun war ich wieder eine Privatperson und musste mich selbst um alles kümmern. Ich musste mich selbst anmelden und andere Behördengänge vornehmen. Aber ich wurde angenehm überrascht. Viele Behörden waren bürgerfreundlich geworden, über das Internet konnten Termine vereinbart und Formulare heruntergeladen und damit schon ausgefüllt mitgebracht werden. Ich war beeindruckt und fand diesen Teil meines Wiedereintritts leicht und einfach.

Vermisse ich die VN? Ja, es gibt nach wie vor viele Gelegenheiten, wo ich die Offenheit für Andersdenkende, das positive Denken und die Internationalität meiner mich unmittelbar umgebenden Menschen vermisse. Aber im Ganzen bin ich froh, in Deutschland zu sein. Und ich bin dankbar, dass ich ohne Schwierigkeiten in das Land zurückkehren konnte, in dem ich aufgewachsen war und von dem ich einmal meine Reise in die Welt begonnen hatte. Nicht alle meine VN-Kollegen können dies. In unserer heutigen Welt ist eine solche Rückkehr ein Privileg, das man nicht hoch genug schätzen kann.

# II

# Postskriptum:
# War es das alles wert?

Wie anfangs erwähnt habe ich diese Memoiren auf Anregung von anderen geschrieben. Aber es gab noch einen weiteren Grund: Als ich 2005 nach 30 Jahren aufhörte, wollte ich dieses Kapitel meines Lebens für mich beenden mit einer kritischen Rückschau. Ich wollte noch einmal meine Erfolge und Fehlschläge überdenken und einer selbstkritischen Analyse unterziehen. Nicht alle Erkenntnisse sind hier veröffentlicht, aber einige, die mir für andere interessant erscheinen, vertraue ich nun den Lesern an.

Mein Leben war einzigartig – so wie das Leben aller Menschen; und es kann so, wie ich es gelebt habe, nicht kopiert werden. Trotzdem gibt es Erfahrungen, die wohl jeder macht, der ein internationales Wanderleben wählt. Die Globalisierung wird mehr und mehr Menschen erfassen und freiwillig oder unfreiwillig zur internationalen Mobilität zwingen. Meine Mobilität war freiwillig gewählt, es gab sowohl Faktoren, die mich wegzogen, wie auch Faktoren, die mich von einem Bleiben in Deutschland nach meinem Universitätsexamen abhielten. Entscheidend für eine befriedigende Erfahrung ist, dass die *Pull*-Faktoren stärker sind als die *Push*-Faktoren. So war es in meinem Fall. Deshalb bin ich gerne gegangen und dann auch gerne nach Deutschland zurückgekehrt, als meine VN-Zeit zu Ende war.

Vieles kann man nicht vorhersehen, vor allem in den ersten Jahren. Eine Portion Glück, es richtig getroffen zu haben, gehört schon dazu, ebenso wie das Vertrauen darauf, dass man Glück haben wird. Man muss allerdings daran glauben, dass man seines Glückes Schmied ist!

Als ich 1975 begann, war mir nicht klar, dass ich in mehrfacher Hinsicht eine Pionierin war. Zum einen waren die beiden deutschen Staaten erst 1973 der VN beigetreten, die Anzahl der Deutschen bei den VN war gering. Es war nur möglich gewesen, in den Sonderorganisationen der VN zu arbeiten, in denen Deutschland schon Mitglied war, zum Beispiel in der ILO. Zum anderen war es damals noch ungewöhnlich – mit Ausnahme von einigen wenigen Berufen –, dass Frauen nach ihrem Examen eine berufliche Karriere begannen. Dies traf damals insbesondere auf Westdeutschland zu. Eine Kombination von Familie und Beruf erschien unmöglich, als Frau musste eine Wahl getroffen werden. In anderen Ländern war die Gleichstellung der Frau schon weiter, es gab einige Kolleginnen, die auf die unterschiedlichste Weise Beruf und Familie miteinander verbanden. Bei den VN waren die offenen Stellen für Frauen in erster Linie auf der Ebene der Sekretärinnen und Führerinnen durch die VN-Gebäude zu finden. So manche weibliche Mitarbeiterin, die es später bis zur Führungsebene schaffte, hatte so in den 50er/60er Jahren begonnen.[61]

## Beruf und Familie

Es gab verschiedene Möglichkeiten, die Verbindung von Familie und beruflicher Karriere bei den VN zu leben. Einige heirateten und hatte keine Kinder, andere hatten Kinder, aber ließen sich scheiden, wenn die Ehepartner den beruflichen Weg nicht mehr mitgehen wollten, und erzogen ihre Kinder als alleinstehende Mütter. Andere heirateten ältere Männer, die mobil genug waren, ihren Frauen zu folgen. Wieder andere waren mit Künstlern verheiratet, die ihrer Kunst überall nachgehen konnten. Eine andere Gruppe unterhielt eine lose Partnerschaft oder ging nur zeitweise Verbindungen ein. Somit waren die Lebensentwürfe nicht grundsätzlich unterschiedlich von denen in

---

61    Siehe als Beispiel: Margaret Joan Anstee »*Never learn to type. A Woman at the UN*«, 2004

den Industrieländern, aber sehr unterschiedlich zu denen in den meisten Entwicklungsländern, wo die Großfamilie noch häufig bestand. China war ein
Sonderfall. Als ich das erste Mal in China war, war zwar ab einem bestimmten Alter jeder verheiratet, aber die Eheleute lebten oft in großer geographi-
scher Trennung, da ihre berufliche Tätigkeit dies verlangte. Das war sicherlich
auch ein Grund dafür, dass ich mich in China so wohl fühlte. Meine Entscheidung, allein zu leben, war dort Anfang der 80er Jahre im täglichen Leben weniger ungewöhnlich als in anderen Ländern.

Viele nehmen an, dass ein Leben in ständiger Bewegung einsam sei. So habe
ich es nicht wahrgenommen. Im Gegenteil, die, die ein eher konventionelles
Leben führten, erlebten häufig schwere persönliche Krisen, denen ich entkam,
da ich nur »mit leichtem Gepäck« unterwegs war. Aber selbst wenn man ein
nomadisches Leben führt und dabei auf sich selbst gestellt ist, heißt dies nicht,
dass man ungebunden durchs Leben geht. Die Verpflichtung gegenüber Eltern
und Kindern bleibt immer bestehen. Letztere stellen eine besondere Herausforderung dar, da die ständigen Versetzungen sozial und kulturell orientie-
rungslos machen können. Viele dieser »VN-Kinder« wählen daher später für
sich ein sehr sesshaftes Leben.

Allerdings haben sich 40 Jahre nach meinem Eintritt in die VN die Bedingungen entscheidend geändert. Heute findet man Frauen in vielen mittleren
und auch in den höchsten Positionen. Aber der Anteil derer, die eine lebens-
lange Karriere bei den VN absolvieren, hat stark abgenommen. So kann man
durch beruflichen Wechsel den Anforderungen der Familie eher Rechnung
tragen. Dafür ist die berufliche Sicherheit, die wir kannten, deutlich zurück-
gegangen.

## Was motivierte mich, für die VN zu arbeiten?

Ich wollte gerne außerhalb Europas arbeiten und leben. Meine erste Erfahrung
als Doktorandin in Kenia war ein solch positives Erlebnis gewesen, dass ich den
sozialen Konventionen in Deutschland entkommen und damit die Einschrän-
kungen, die seinerzeit für eine Frau galten, hinter mir lassen wollte. Ich war bei
meinen Studienaufenthalten in Genf und dem Kontakt mit dem UNDP-Büro
in Nairobi so sehr von der Offenheit beeindruckt worden, über soziale, wirtschaftliche und politische Probleme zu diskutieren, dass ich der Tabuisierung

vieler dieser Themen im damaligen Deutschland entkommen wollte. Es war die internationale Atmosphäre, in der weitestgehend vorurteilsfrei über jede Situation gesprochen werden konnte, die mich anzog. Später dann war es auch die Zusammenarbeit mit Kollegen aus aller Herren Länder, die mich begeisterte. Gerade diese Kombination ist es, die mich zur Überzeugung brachte, dass alle Probleme lösbar sind, wenn der politische Wille, ausreichende Kenntnisse sowie menschliche und finanzielle Ressourcen zur Verfügung stehen. Nur der Himmel war die Grenze, so wie es der Titel dieser Erinnerungen in der englischen Ausgabe beschreibt.[62] Im nationalen Zusammenhang sind wir oft darauf fokussiert, was nicht möglich oder wünschenswert ist. Bei den VN sind wir immer darauf fokussiert, genau das zu finden, was möglich ist. Wünschenswert ist alles, was der Mehrheit der Menschen zugutekommt. Fehlschläge werden als korrigierbare temporäre Situationen verstanden. So ist dieser Geist der Hoffnung und des Optimismus, der selbst noch den schlimmsten bürokratischen Prozess ertragbar macht, aufregend und anregend. Es ist dieser zukunftsorientierte, konstruktive Geist, der die Arbeit täglich mit Spannung erfüllte.

## Was hielt mich bei den VN?

Wenn ich zurückblicke, dann hat mich neben der Internationalität und dem Optimismus das ständige Bemühen gehalten, eine gemeinsame globale Perspektive zu entwickeln und zu vertreten. Oft stand dieses Bemühen leider im Gegensatz zur vorherrschenden internationalen Politik und der politischen Machtkonstellation. Während des Kalten Krieges zerfiel die Welt in einen westlichen Teil und einen sowjetischen Block, dazwischen gab es die Gruppe der 77 und China, die sich als ungebunden ansahen. Nach 1989 bestimmten die ungezügelte Marktwirtschaft und die Hegemonie der USA vieles. Aber es gab eben auch die Universalität der Menschenrechte. Kofi Annan, der damalige Generalsekretär der VN, machte es zu unserer Pflicht, die Akzeptanz der Menschenrechte zum Kernstück unserer entwicklungspoltischen Arbeit zu machen. Gleichzeitig wurden wir aufgefordert, globale Herausforderungen wie den Klimawandel in unsere Programme einzubauen und auf nationale Politik entsprechend Einfluss zu nehmen. Später dann kamen die MDGs und die nachfol-

---

62 Siehe www.kerstinleitner.net

genden SDGs *(Sustainable Development Goals)* dazu, um global eine gerechtere Entwicklung zu erwirken.

Die Spannungen zwischen nationalen und internationalen Interessen konstruktiv in Lösungen münden zu lassen, die auf beiden Ebenen eine Verbesserung bringen, ist die Quintessenz allen Handelns bei und durch die VN. Bei den VN tätig zu sein ist somit eine unglaubliche Bereicherung und lehrt, die Sichtweise anderer zu respektieren und sich dennoch auf gemeinsame Positionen und Handlungsweisen zu einigen.

Um letzteres zu erreichen, braucht es viele und manchmal ermüdende Debatten und Diskussionen. Aber sie sind diese Mühe wert. Denn sie zeigen, dass ein alle befriedigender Konsens zwar nicht leicht zu finden ist, jedoch belegen sie gleichermaßen, dass Konflikte im direkten Austausch ohne Gewalt ausgetragen werden können. Es ist bedauerlich, dass diese Einsicht und dieses Verhalten nach wie vor auf einen kleinen Kreis von Diplomaten und internationalen Beamten beschränkt sind. Der Kreis der Menschen, die so denken und agieren, muss um ein Vielfaches erweitert werden. Nur dann werden wir die politischen Instrumente und Handlungsweisen zum Wohle aller entwickeln und anwenden können. Daher bleibt in dieser Hinsicht noch viel zu tun. Trotzdem gab es in der täglichen Arbeit immer wieder Erfolge, die zeigten, dass dies machbar ist.

## Erfolge und Fehlschläge

Ich bin überzeugt, dass man für einen persönlichen Erfolg ständig bereit sein muss, sich neuen Ideen und Vorstellungen zu öffnen, sie zu verarbeiten und dann umzusetzen. Dabei gilt, dass nicht alles, was für den einen eine neue Vorstellung ist, für den anderen nicht eine lang gehegte Sicht der Dinge darstellt. In einer solchen Situation kommt es darauf an, sich nicht triumphierend als rechthaberisch zu zeigen, sondern einfach eine Übereinstimmung der Sichtweisen zu begrüßen und auf dieser Basis zusammenzuarbeiten. Nach 1989 haben wir leider wenig von dieser Haltung in der internationalen Politik gesehen. Mit den Konsequenzen leben wir noch heute, wie zum Beispiel die neue Frontstellung zwischen Russland und dem Westen zeigt.

Zwar sind die Äußerungen von Ideen frei, aber sie werden dennoch in einem politischen Umfeld geäußert. Es gibt heute nach wie vor zu viele Machthaber, die der Meinung sind, Informationen seien ein wichtiges Element der

Machtausübung und des Machterhalts und können daher nur begrenzt geteilt werden. Die VN, als ein weitgehend machtpolitisch-freier Raum, sind daher unerlässlich, um den freien Fluss von Informationen zu garantieren. Schon als Studentin war ich begeistert von Stil und Arbeitsweise der VN, die es zuließ, über viele Themen zu sprechen, die in den nationalen Zusammenhängen als Tabus galten. Diese Freiheit verbunden mit einer großen sprachlichen Kunstfertigkeit entscheidet oftmals über Erfolg oder Scheitern. Leider ist diese Kunst des Diskutierens nicht weit genug verbreitet, als dass sie die politischen Auseinandersetzungen bestimmen würde. Aber als internationale Beamtin habe ich immer wieder Situationen erlebt, in denen es uns gelang, neue Ideen und Vorstellungen im nationalen Rahmen zu verankern und so einen echten Wandel herbeizuführen. Oftmals ist für den Erfolg entscheidend, sich darüber klar zu werden, mit wem man den Dialog über eine Idee beginnt, die möglicherweise Veränderungen nach sich ziehen wird. In China war es zum Beispiel nicht hilfreich, den Dialog auf der höchsten Ebene zu eröffnen. Viel wichtiger war es, zunächst auf der Arbeitsebene eine gewisse Übereinkunft zu erreichen. Wenn dann die Führungsebene anfragte, was man von diesen VN-Vorschlägen halten solle, musste die Arbeitsebene eine positive Antwort geben, um die Annahme zu erreichen und zu einer Übereinkunft zu kommen.

Nicht immer gelingt dies. Vor allem in einem Umfeld, in dem mehrere Interessen aufeinanderprallen, kann ein Dialog schnell aus dem Ruder laufen, es sei denn, man kennt die Spielregeln gut genug, um den Prozess zu steuern. Dies war vor allem in meiner Tätigkeit bei der WHO wichtig, wo Regierungsvertreter, NGOs, Medien und die Industrievertreter in vielen Dingen nicht die gleiche Sichtweise hatten. Dann war es von großer Bedeutung, den Verlauf einer Debatte so zu beeinflussen, dass am Ende ein für alle befriedigendes Ergebnis erzielt werden konnte. In mancher Hinsicht ist dies ein Spiel mit mehreren Spielern, die allerdings nicht immer gleichermaßen die Regeln kennen oder beachten. Diese zu vermitteln ist die Aufgabe eines internationalen Beamten – und wichtiger, als eine vorher bestimmte Position durchzusetzen.

Wissenschaftliche Erkenntnisse bestimmen die Arbeit der VN, aber auch diese sind nicht unumstritten, wie die verhärteten Positionen zeigen in Bezug auf die Faktoren des Klimawandels. In solchen Situationen ist es unumgänglich, Widerspruch ernst zu nehmen. Wenn dieser nicht ausgeräumt werden kann, müssen andere Aspekte in den Vordergrund gestellt werden, um handlungsfähig zu bleiben. Dies kostet Zeit, und manchmal ist die Zeit kostbar. Aber

Geduld und Ausdauer sind unerlässliche Voraussetzungen für einen nachhaltigen Erfolg.

Wie mehrfach erwähnt, so gab es für mich und für die VN im Allgemeinen Fehlschläge. Aber diese dienten dazu, sich neu zu orientieren und den verlorenen Faden wieder aufzugreifen. In einer persönlichen Laufbahn bleibt unter Umständen dafür keine Zeit. Aber ich glaube, oder zumindest empfinde ich es so, dass ich mehr Erfolge als Fehlschläge erlebte. Oft kam der Erfolg nur nach harter Arbeit und unermüdlichem Einsatz. Aber das Vertrauen, das mir dann aufgrund dieses persönlichen Einsatzes entgegengebracht wurde, kompensierte manche Entsagung.

## Die entwicklungspolitische Arbeit der VN – klein und einzigartig

Die entwicklungspolitische Arbeit der VN umfasst die Zusammenarbeit in Bezug auf alle Aspekte der gesellschaftlichen Entwicklung, mit Ausnahme militärischer Zusammenarbeit. In Ländern, wo VN-Friedenstruppen stationiert sind, gibt es Berührungspunkte. Allerdings habe ich nie in einem solchen Land gearbeitet und kann daher nichts aus eigener Erfahrung beitragen. Selbst die Zusammenarbeit mit Polizei oder Gefängnisverwaltungen zum Schutze der Menschenrechte, insbesondere für politische Angeklagte und/oder Gefangene, die ich sowohl in Malawi wie auch in China initiierte, erntete einiges Kopfschütteln in New York. Nach 1989 wurde *Good Governance* zum alles umspannenden Thema für UNDP, aber selbst dann waren dies Bereiche, die bei vielen meiner Kollegen keine Beachtung fanden. Dies war aus meiner Sicht eine Lücke im entwicklungspolitischen Spektrum, die eigentlich nur die VN vorbehaltlos füllen konnten.

Gemessen an allen entwicklungspolitischen Organisationen sind die VN vom finanziellen Volumen her klein. In den meisten Ländern decken alle VN-Programme weniger als 5 Prozent der ausländischen Hilfe oder Partnerschaften ab. Trotz dieser finanziellen Begrenzung sind die VN-Programme von großer Bedeutung. Anders als bilaterale Programme oder diejenigen von Entwicklungsbanken sind wir bei den VN keinem unmittelbaren politischen oder wirtschaftlichen Interesse verpflichtet. Wir können und müssen darauf konzentriert sein, die Schwierigkeiten bei einer internationalen Zusammenarbeit abzubauen und gleichzeitig zu zeigen, dass der Abbau solcher Hürden insbesondere der Bevölkerung des Landes zugutekommt. Oft schützen die bestehenden Hürden die lokalen Interessen von machtvollen Gruppen oder Familien, und daran scheitern andere Geber. Wir als VN sind neutral in Bezug auf individuelle Interessen, in erster Linie dem Schutz der Menschenrechte verpflichtet. Somit genießen die VN ein Vertrauen, das anderen oft nicht gewährt wird. Unsere Vorschläge basieren strikt auf technischen, moralischen und Effektivitätsgesichtspunkten. Diese in den Vordergrund treten zu lassen, erfordert viel Verhandlungsgeschick, Ausdauer und den Willen, einen unter Umständen langen Prozess durchzustehen, um zu einer Lösung zu gelangen. Je dicker das Brett ist, das gebohrt werden muss, umso länger dauert es. Oft braucht man dazu eher Geduld als viel Geld. Deshalb ist für eine Lösung von entwicklungspolitischen Problemen nicht die Menge des Geldes ausschlaggebend, sondern die Geduld und der lange Atem.

Ich wurde nach dem Ende des 2. Weltkrieges groß, und so war ich überzeugt davon, dass zu allen Zeiten die Lösung von Konflikten durch menschliches Verhandeln den militärischen Lösungen vorzuziehen ist. Allerdings muss man für solche friedlichen, nicht-militärischen Lösungen viel in die Bildung und das Training jeder heranwachsenden Generation weltweit investieren – gerade das ist seit vielen Jahren vernachlässigt worden. Und so finden wir uns zum Zeitpunkt, an dem ich diese Memoiren beende (Sommer 2016), weit davon entfernt, zur Lösung von sozialen, politischen und wirtschaftlichen Konflikten erfolgreiche internationale und nationale Verhandlungen zu führen.

## Die Zukunft der Entwicklungspolitik

Heute mehren sich die Stimmen, die sagen, dass die Entwicklungshilfe versagt hat. Sicherlich muss sich jeder, der in diesem Bereich gearbeitet hat beziehungsweise noch arbeitet, fragen, ob wir alles richtig gemacht haben und wo das Potenzial für Verbesserungen liegt. Eine Veränderung ist ganz dringend notwendig. Wir müssen Empfehlungen für eine friedliche und stabile Entwicklung geben und die dann gefassten Beschlüsse und Entscheidungen in die Tat umsetzen. Seit Jahrzehnten gibt es die Empfehlung, dass die Regierungen der reichen Länder einen Betrag, der 0,7 Prozent ihres Bruttonationaleinkommens entspricht, aus ihren öffentlichen Haushalten für internationale Zusammenarbeit zur Verfügung stellen sollen. Nur einige wenige europäische Länder (Niederlande, skandinavische Länder) und Saudi-Arabien haben dieser Empfehlung bisher Folge geleistet. Saudi-Arabien aber auch nur, wenn man die Finanzierung von neuen Moscheen in den islamischen Ländern dazuzählt. Selbst ein Land wie Deutschland, das seinen Wohlstand der engen Verknüpfung mit der globalen Wirtschaft verdankt, hat diese Zielvorstellung nie erfüllt. Diese wurde übrigens 1980 von einer internationalen Kommission unter dem Vorsitz von Willy Brandt, dem ehemaligen deutschen Kanzler, dem Generalsekretär der VN vorgelegt. Seit über 40 Jahren liegt dieses Ziel also auf Eis. Aber es ist nicht nur eine Frage des zu wenig oder zu spät, sondern es geht gleichermaßen um die Frage, was wir mit diesen Geldern machen. Zum einen müssen wir uns darüber im Klaren sein, dass Globalisierung nicht nur freier Handel von Gütern, Dienstleistungen und Investitionen bedeutet, sondern auch eine geordnete internationale Mobilität der Menschen betrifft. Es gibt zwar Ansätze, die in diese Richtung gehen, zum Beispiel für die akademische Ausbildung – allerdings sind diese nicht ausreichend. Andere Bereiche müssen ebenso internationalisiert werden. Wenn es trotzdem zu kriegerischen Auseinandersetzungen in einigen Ländern kommt, in denen alle internationalen Konventionen zum Schutz der Zivilbevölkerung von den kriegführenden Parteien missachtet werden, kommt es zu einem Ausmaß an Flucht und Migration, das schwer zu bewältigen sein wird, wie wir in Europa seit dem Herbst 2015 unmittelbar erfahren.

## Entwicklungspolitische Zusammenarbeit und internationale Stabilität

Entwicklungspolitische Zusammenarbeit kann einen wichtigen Beitrag leisten, um internationalen Frieden und Stabilität zu erhalten oder wieder herzustellen. Sie ist wie die Soße, die den Geschmack eines Salates verfeinert, oder wie die Instrumente des Kontrapunktes in der Musik, der die anderen Instrumente eines Orchesters erst so richtig zum Klingen bringt. Das heißt aber auch, dass entwicklungspolitische Arbeit allein und isoliert von anderen Formen der internationalen Zusammenarbeit nicht ausreichend ist, selbst dann nicht, wenn die gewünschten Geldmittel von 0,7 Prozent des BNE von allen OECD-Ländern zur Verfügung gestellt würden. Für ein friedliches Zusammenleben der Nationen und in einer Nation braucht es eine vielfältige Kooperation, um erfolgreich zu sein. Wissenschaftliche, künstlerische, wirtschaftliche und politische Zusammenarbeit im privaten wie im öffentlichen Raum sind dafür notwendig. Die entwicklungspolitische Zusammenarbeit kann helfen, Hürden zu überwinden. Manche Länder erhalten nur über die Entwicklungshilfe Zugang zu internationalem Wissen, Geldmitteln und Partnerschaften.

Die internationale Zusammenarbeit mit und über die VN ist für viele Länder der einfachste Weg zur Teilnahme an der Globalisierung, obwohl dieser Weg nicht immer der direkte Weg zu den wirtschaftlichen Machteliten ist. Die VN sind dem Wohl aller Menschen verpflichtet, egal wo sie leben, welchen Geschlechts sie sind oder welchem Glauben sie folgen. Das klingt vollmundig und ist in der Realität eine enorme Herausforderung. Das macht die Arbeit der VN auch parteiisch, denn wo immer ihre Mitarbeiter agieren, müssen sie sich mit Mut und Engagement gegenüber Vorurteilen und eng definierten Interessen behaupten. Zumindest habe ich so meine Aufgabe verstanden. Dies ist manchmal einfach, manchmal auch nicht möglich. Aber wenn wir im 21. Jahrhundert eine friedliche globale Entwicklung erreichen wollen, dann müssen staatliche und politische Instanzen die internationalen Konventionen in ihrem Einflussbereich so umsetzen, dass die Bevölkerungen, zumindest mehrheitlich, davon profitieren. Dies bedeutet häufig, traditionelle Verhältnisse in Frage zu stellen. Entwicklungspolitische Zusammenarbeit kann sehr hilfreich sein, einen Weg zu suchen und zu beschreiten, der die Mächtigen herausfordert, aber die Gefahr ihrer Ablehnung bannt, indem sie in den Prozess mit eingebunden werden. So kann die entwicklungspolitische Zusammenarbeit die Grundlagen für einen erweiterten internationalen Handel, Investitionen und eine geordnete Mobilität der Menschen zwischen den Ländern schaffen, indem sie die Formulierung entsprechender staatlicher Politik unterstützt. Die Gestaltung einer menschenwürdigen Migration zwischen den Ländern, sei sie auf kurze oder lange Sicht, muss dabei einen viel höheren Stellenwert in der Entwicklungspolitik erfahren. Denn wichtig ist es, dass jegliche staatliche Politik die Aspekte sozialer und wirtschaftlicher Ungleichheit im nationalen wie im internationalen Bereich im Auge behält. Hierin liegt die Forderung nach einer Erhöhung der Haushalte für Entwicklungspolitik begründet.

Aber allein mehr Geld wird es auch nicht richten. Wir brauchen darüber hinaus Menschen, die sich auf entwicklungspolitische Arbeit spezialisieren und entsprechend aus- und weitergebildet werden. Leider muss angemerkt werden, dass allzu oft ausländische Berater in der technischen Entwicklungszusammenarbeit nicht das volle Ausmaß nationaler Opposition oder die Widerstände gegen die angestrebten Veränderungen kennen. In solchen Fällen dümpeln Projekte und Programme vor sich hin, ohne nennenswerte Erfolge zu erzielen. Dann ist es wichtig, den Mut zu haben, eine Zusammenarbeit zu beenden, und den angestrebten Wandel von einem anderen Punkt oder mit einem neuen Ansatz anzugehen.

Aber Entwicklung ist nicht nur eine Frage des Wandels oder der Veränderung, die ihre Impulse von außen erhält, sondern gleichermaßen eine Frage der Nachhaltigkeit. Das heißt, es geht um eine Entwicklung, die durch die Dynamik ihrer eigenen Ressourcen (intellektuell, finanziell und materiell) vorangetrieben wird. In den VN-Programmen haben wir oft das Problem – und ich habe einige Beispiele dafür gegeben –, dass wir zwar den richtigen Ansatz haben, aber nicht die Mittel, um das Stadium der Nachhaltigkeit zu erreichen. In China war dies ein geringeres Problem, da nationale Beiträge die Nachhaltigkeit garantierten – im Gegensatz zu den afrikanischen Ländern, wo solche Mittel von ausländischen Partnern wie der Weltbank geliehen werden mussten. Dadurch wirkten sich die Investitionen zum Beispiel in den Erziehungs- und Gesundheitssektoren langfristig zwar positiv aus, gleichzeitig nahm jedoch die Verschuldung der öffentlichen Haushalte zu. Auch der teilweise Schuldenerlass hat diese Situation nicht grundlegend verbessert. Wenn darüber hinaus eine Epidemie wie HIV/AIDS durch die Länder rollt, werden viele der erlangten Ergebnisse wieder zunichtegemacht. Hier liegen einige Herausforderungen, die bisher noch auf eine Lösung warten.

## Entwicklungspolitik und das Zusammenspiel mit anderen Akteuren

Entwicklungspolitik wird in einem internationalen Umfeld betrieben, das von anderen Akteuren und deren Vorstellungen bestimmt wird. Seit 1989 dominiert die Vorstellung, dass Märkte die dynamischste Form der Entwicklung und privatwirtschaftliches Handeln der effektivste Motor für Wachstum und Wohlstand sind. Zusammengefasst werden diese Vorstellungen im wirtschaftspolitischen Denken des Neoliberalismus und in der Entwicklungspolitik im *Washington Consensus* der späten 80er Jahre, der insbesondere vom IWF und der Weltbank seit 1990 verfolgt wurde. Ich habe mich weniger gegen einzelne Teile dieses Bündels an politischen und wirtschaftlichen Forderungen gewandt als vielmehr gegen die Orthodoxie und die Arroganz, mit der viele Mitarbeiter der beiden Institutionen diese Politik durchzusetzen suchten. Seit Jahren sehen wir, dass dieses Verhalten zu Ressentiments und Ablehnung führte, vor allem zu einem Abbau an staatlichen Maßnahmen zur Erhaltung des Gemeinwohls, ohne dass diese angemessen durch private Vorsorge und Investitionen ersetzt wurden. Wenn aber die Beachtung des Gemeinwohls und die Fürsorge für die schwachen Mitglieder der Gesellschaft aus dem ethisch-moralischen Konzept einer Gesellschaft verschwinden, dann werden überbordendem individuellem Interesse, um nicht zu sagen individueller Gier und Korruption Tür und Tor geöffnet. Wir erleben zurzeit die Konsequenzen dieser Politik, die die Entwicklungspolitik völlig an den Rand des öffentlichen Interesses geschoben hat.

Dennoch bin ich der Meinung, dass durch Allianzen von staatlichen Vertretern, Nichtregierungsorganisationen, den Medien, der Wissenschaft und einigen mit Umsicht agierenden Unternehmern dem erfolgreich entgegengewirkt werden kann – und muss. Die Welt ist vielfältiger geworden. Es gibt zunehmend gleichberechtigte Teilnehmer an der internationalen Entwicklung. Vieles geschieht unstrukturiert, aber gerade die VN haben in den letzten Jahren große Fortschritte gemacht, ihrem Mandat gerecht zu werden und dem Interesse der Menschen durch die Beschlüsse der Regierungsvertreter der Mitgliedsländer zu dienen. In den Beratungen werden die anderen *stakeholders* beteiligt und ihre Ansichten in die Beschlüsse aufgenommen. Meine Erfahrungen bei der WHO in Genf waren bereichernd, und ich hoffe sehr, dass diese Entwicklung so weitergehen wird.

Angesichts dieser Vielfalt der Akteure auf internationaler Ebene müssen entwicklungspolitische Grundlagen neu durchdacht werden. Die westliche Entwicklungspolitik hielt lange – manche werden sagen: zu lange – daran fest, dass wirtschaftliche Kooperation und staatlich finanzierte entwicklungspolitische Zusammenarbeit (*Official Development Aid,* ODA) strikt zu trennen seien. Interessanterweise bündelt China seine Zusammenarbeit mit Entwicklungsländern, das heißt Investitionen werden eng mit entwicklungspolitischer Hilfe verbunden. Damit schützt China seine Investitionen und betont das Prinzip des gegenseitigen Nutzens in seiner Auslandstätigkeit. Ob das ein effektiveres Modell ist, muss sich noch zeigen.[63] In meinem unten angegebenen Artikel bin ich dieser Frage anhand vieler Beispiele nachgegangen.

---

63  Siehe dazu Kerstin Leitner »*China's Policy of South-South Cooperation: An Examination of China-Africa Relations*« in: Berliner China-Hefte 2013 Vol. 42

In den westlichen Ländern kann die Hilfe für die Armen in Entwicklungsländern oder für den Wiederaufbau nach Naturkatastrophen und Kriegen politisch noch relativ einfach erklärt werden, um dafür die notwendige Unterstützung der Steuerzahler zu bekommen. Die Beitragszahlungen an die Weltbank und die VN-Organisationen sind schon schwieriger zu begründen, denn diese sind einen Schritt weit von der Vertretung nationaler Interessen entfernt. Regierungsvertreter einigen sich in den Gremien dieser internationalen Organisationen darauf, den Entwicklungsländern zu helfen, sich wettbewerbsfähig in die globale Wirtschaft zu integrieren. Dies ist schon sehr viel schwieriger den Steuerzahlern in den OECD-Ländern zu verdeutlichen, vor allem, wenn diese Menschen wegen der Globalisierung ihren Arbeitsplatz verloren haben. Dennoch: Die internationalen Verknüpfungen haben zugenommen und werden voraussichtlich zunehmen. Wir haben deshalb in dieser Hinsicht keine Wahl. Die Wahl, die wir haben, liegt in der Frage, ob wir uns kooperativ oder selbstsüchtig verhalten wollen. Solidarität und Verständnis für Andersartigkeit sind im politischen Geschäft aus der Mode gekommen. Beides ist nicht ersetzt worden durch die Bereitschaft, immer wieder neu auszutarieren, und zwar dort, wo einerseits unsere gemeinsamen Interessen liegen, und andererseits in der Frage, wie wir zusammenarbeiten können, um diese gemeinsamen Interessen in der realen Politik zu verwirklichen. Die kleine Gruppe der internationalen Nomaden, seien sie in der Entwicklungspolitik, in den Medien, in der Wissenschaft oder der Industrie tätig, haben gelernt, sowohl national wie international zu denken und zu handeln. Auch ihnen gelingt dies sicherlich nicht immer, beziehungsweise nicht immer können sie sich gegen weniger weltoffene Vorstellungen durchsetzen. Aber dies sind aus der Sicht meiner Lebenserfahrung die Herausforderungen unserer Zeit.

## Weitergabe des Stabes

Ich hoffe, dass ich mit diesen Memoiren einer jüngeren Generation, die sich international engagieren will, anschaulich zeigen konnte, wie viel es zu tun gibt, aber auch wie befriedigend es ist, sich diesen Aufgaben zu widmen. Ich habe 2005 den Stab im Staffellauf der Generationen an die Jüngeren abgegeben. Heute teile ich meine Erfahrungen in Lehrveranstaltungen an deutschen Universitäten mit Studierenden aus vielen Ländern. Dies geschieht in der Hoffnung, dass das, was meine Generation unvollendet gelassen hat, von der nächsten Generation aufgegriffen wird. Und sie nach Lösungen suchen und diese auch finden werden.

# Anhänge

# Abkürzungen

ADG: Assistant Direktor General, beigeordnete Generaldirektor/in

Administrator: Der offizielle Titel des Leiters von UNDP

ASEAN: Association of South East Asian Nations

AsDB: Asiatische Entwicklungsbank

BIP: Bruttoinlandsprodukt

BNE: Bruttonationaleinkommen

CCA: Common Country Assessment

CASS: Chinese Academy of Social Sciences

CPPCC: Chinese Political Parties Consultative Conference

CCTV: Central Chinese Television

DPRK: Democratic People's Republic of Korea

EU: Europäische Union

FAO: Food and Agricultural Organization

GEF: Global Environment Facility

ICT: Information and Communications Technologies

ILO: International Labour Organisation

IWF: Internationaler Währungsfonds

JPO: Junior Professional Officer

HDI: Human Development Index

HDR: Human Development Report

HIV/AIDS: Human Immunodeficiency Virus/Acquired Immune Deficiency
   Syndrome

LDC: Least Developed Country

MDG: Millennium Development Goal

MOFTEC: Ministry of Foreign Trade and Economic Cooperation

NGO: Non-governmental Organization

NSB: National Statistics Office (China)

ODA: Official Development Aid

OECD: Organization of Economic Cooperation and Development

Resident Representative: Der offizielle Titel des UNDP Vertreters auf Länderebene

Resident Coordinator: Teamleiter aller VN-Organisationen auf Länderebene

SARS: Severe Acute Respiratory Syndrome

TOKTEN: Transfer of Knowledge through Expatriate Nationals

UNAIDS: UN Consortium of Organizations against HIV/AIDS

UNDAF: UN Development Assistance Framework

UNCDF: UN Capital Development Fund

UNCTAD: UN Conference for Trade and Development

UNDGO: UN Development Group Office

UNDTCD: UN Department of Technical Cooperation for Development

UNDP: UN Development Programme

UNESCO: UN Educational, Scientific and Cultural Organization

UNFCCC: UN Framework Convention on Climate Change

UNHCR: UN High Commissioner for Refugees

UNICEF: UN Children's Fund

UNOPS: UN Office for Project Services

UNV: UN Volunteers

VN: Vereinte Nationen

WFP: World Food Programme

WHO: World Health Organization

WTO: World Trade Organization

# Danksagung

Wie immer ist ein solches Buch nicht ohne die aktive Hilfe von vielen anderen möglich. Nicht allen kann hier gedankt werden. Aber erwähnen möchte ich doch die Lektorinnen des Herder Verlages, Frau Sarah Mayer-Voigt und Frau Ulrike Lange, die mir mit Rat und Tat zur Seite standen.

Besonders dankbar bin ich auch Karoline von Köckritz und meinen Freundinnen Renate Funk und Friederike Hausmann, die das Manuskript sorgfältig lasen und mir viele Hinweise gaben, wo etwas nicht klar und verständlich dargestellt war.

Hervorheben möchte ich auch Herrn Ekkehard Griep, der mir den Kontakt mit dem Verlag ermöglichte.

Zum Schluss noch ein Wort des Dankes an Sigrid Hacker, die die vorherige englische Ausgabe mit Zeichnungen belebte. In diesem Buch ist nun leider nur das Wolkenbild auf der Titelseite übrig geblieben. Aber alle anderen Bilder ebenso wie den englischen Text kann man auch auf meiner Webseite www.kerstinleitner.net sehen beziehungsweise lesen.

Start einer 30jährigen Reise: Abflug Berlin Tegel, Oktober 1975

Gespräch mit dem Minister für Erziehung,
Militärregierung, Cotonou 1978/79

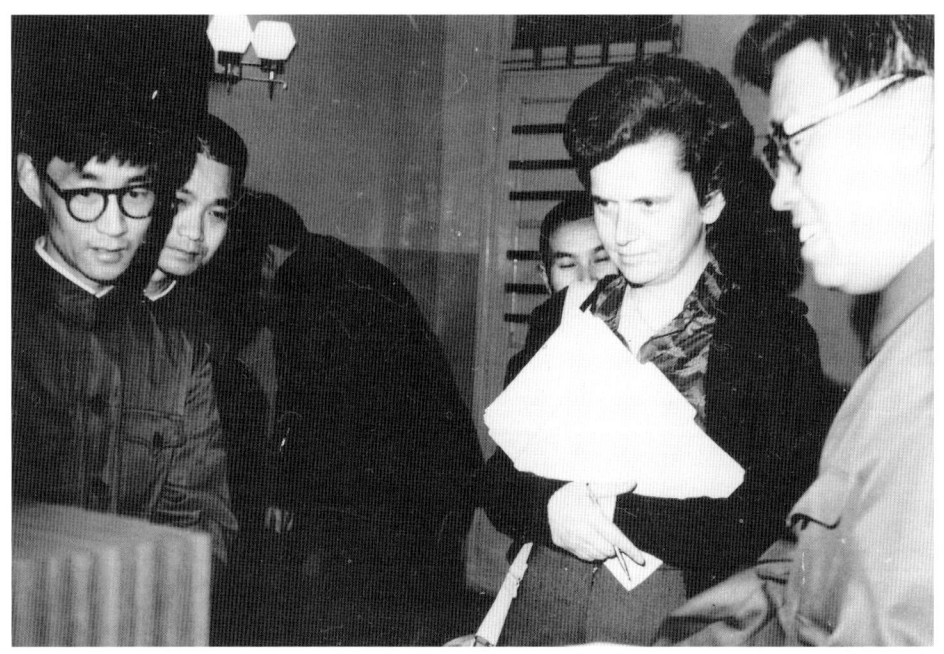

Projektbesichtigung, China frühe 1980er Jahre

Fortbildungskurs für chinesische Mitarbeiter,
Konferenzraum UNDP Beijing, 1981/82

Begrüßung des UN-Generalsekretärs Perez de Cuellar in Beijing, 1982

Im noch autoarmen Beijing fotografieren sich Chinesen vor meinem kleinen Privatauto in der Verbotenen Stadt

Die damalige Mauer für Ausländer um Beijing, 1980

Wie üblich: die einzige Frau unter (netten) Männern, Tunis 1983

Auf Heimaturlaub aus New York, Mitte der 80er Jahre

Mit dem UNDP-Team in Malawi, 1988

Malawis Präsident und die First Lady erhalten einen UN-Habitat-Preis
für kostengünstiges Bauen in ländlichen Gegenden,1989

Als *UN Resident Coordinator* in China, März 1998. Besuch des *UN Secretary-General* Kofi Annan und Treffen mit Mitgliedern des *UN Country Teams*

Erster Besuch in Lhasa/Tibet, Frühling 1999

Als Sprecherin auf einer der vielen
Tagungen, 2001

Mit einem kleinen nordostasiatischen
Tiger auf dem Schoß, Harbin 2002

Offizielles Dinner in der Großen Halle des Volkes aus Anlass des 50. Jahrestages
der Gründung der Volksrepublik China, Oktober 1999

Treffen mit Xi Jinping, dem Gouverneur der Fujian Provinz, China, 2002

Der WHO-Generaldirektor, Dr. JW Lee, und sein Team der ADGs, Juli 2003